W0055959

Wladimir Fedorowski
Der Kreml

Wladimir Fedorowski

Der Kreml

Rußland und seine Herrscher

Aus dem Französischen
von Annalisa Viviani

Mit 25 Abbildungen auf Tafeln

Piper
München Zürich

Die Originalausgabe erschien 2004 unter dem Titel
»Le Roman du Kremlin«
bei Éditions du Rocher, Monaco.

Für dieses Buch wurde Wladimir Fedorowski
in Aosta (Italien) mit dem Preis » Bestes Dokument des Jahres «
ausgezeichnet, der vom Zentralverband der Schriftsteller französischer
Sprache verliehen wurde.

ISBN 3-492-04701-7
© Éditions du Rocher, 2004
Deutsche Ausgabe:
© Piper Verlag GmbH, München 2005
Satz: seitenweise, Tübingen
Druck und Bindung: GGP Media GmbH, Pößneck
Printed in Germany

www.piper.de

Inhalt

Vorwort

Verleitet St. Petersburg zum Träumen, so fasziniert der Kreml wegen seiner bewegten Vergangenheit. Orgien, Morde, Ränke, Revirements und Rückschläge wechseln einander ab. Die Kremlmauern bleiben das Symbol dieses »geheimnisumwitterten Rätsels«, wie Winston Churchill zu sagen pflegte.

Von jeher haben diese Mauern sowohl Schlechtes als auch Gutes geborgen: Träume von Größe, Ausbruch, Abenteuer, Flucht nach vorn. Die Herrscher haben mittels Triumphe, Niederlagen, Tragödien oder Wahnsinn oft die gleichen Ziele verfolgt. Siege oder aus Niederlagen gezogene Lehren führten immer wieder in den Kreml zurück, wo sich Votiv- und Sühnekathedralen erheben.

Seit Iwan dem Schrecklichen bis in die heutige Zeit hinein befindet sich diese anläßlich einer wundertätigen Jagd gegründete Befestigungsanlage im Mittelpunkt der Geschichte.

Mit Wladimir Putin schließt sich der Kreis: Der Geheimagent ist Chef des Kreml geworden. Die überraschende Doppelfunktion des Herrschers und Geheimagenten bietet die einmalige Möglichkeit, die geheime Welt dieses Machtzentrums zu entschlüsseln.

Hier haben die Slawen ihrem Geist im Guten und im Bösen freien Lauf gelassen und das kartesianische

9

Denken in Verwirrung gestürzt. Mutet St. Petersburg den Reisenden europäisch an, so zieht der Kreml ihn in die ungewöhnliche Welt des echten Rußland hinein. Waghalsige Unternehmen, große Herausforderungen und vor allem Blut haben seinen Steinen ihr Siegel aufgedrückt und all seine Ikonen beschmutzt.

Es fiel mir nicht leicht, einen Führer zu finden, der den Leser durch das Labyrinth der Geheimnisse des Kreml leiten könnte. Meine Entscheidung ist einer zufälligen Begegnung zu verdanken.

Vor zwei Jahren schilderte mir ein schillernder Zeitgenosse in einem der traditionellen Moskauer Restaurants am Puschkin-Platz, was ihn dazu getrieben habe, in die trüben Gewässer der Kreml-Spionage einzutauchen.

Oberst Joseph – so stellte er sich vor – bat in diesem volkstümlichen Lokal oft Gefährten aus den unterschiedlichsten Milieus zu Tisch, die seine Vorliebe für die berühmten russischen Fleischravioli und den mit Bisongras aromatisierten Wodka mit ihm teilten. Dieser einer Romangestalt Dostojewskis würdige Mann versinnbildlicht in besonderer Weise den schmalen Grat, den Geheimagenten oft entlanggehen.

Joseph wurde aus dem russischen Geheimdienst, dem er über fünfundzwanzig Jahre lang angehört hatte, ausgeschlossen, weil er die Demokraten über die Vorbereitungen des Putsches vom August 1991 gegen Gorbatschow informiert hatte. Jetzt lehnt ihn der Westen ab, weil er zum KGB gehörte, und da er halb Jude, halb Armenier ist, wird er weder von den einen noch von den anderen akzeptiert. Kurzum, ein überflüssiger oder, wie es so schön heißt, ein »unerwünschter« Mann, das Abbild eines Landes, das sich im Zwiespalt zwischen seiner Vergangenheit, seinem Nationalismus und seinen Widersprüchen befindet.

Dieser undurchschaubare Mensch bahnte sich seinen Weg durch den mit einem Kuppelgewölbe versehenen Restaurantsaal, der früher zur Moskauer Freimaurerloge gehörte, und hängte seinen Mantel an einem Kleiderhaken auf. Mit einem Taschentuch trocknete er sich das verschwitzte Gesicht ab und gab dem Oberkellner mit einer leichten Kopfbewegung ein Zeichen. Er warf einen kurzen Blick durchs Fenster auf das Schneegestöber im Schein der Straßenlaternen und ging dann auf den Tisch neben meinem zu, wo Freunde auf ihn warteten. In einem Zug leerte er eine Sektschale und forderte mit einer Handbewegung die Zigeuner zum Singen auf. Zusammen mit zwei Frauen, die trippelnd und barfuß herbeigeeilt waren, stimmte ein alter Mann ein wehmütiges Lied an, zu dem die Frauen tanzten. Ein mattes Lächeln spielte um den Mund von Oberst Joseph, der von Zeit zu Zeit einen verständnisinnigen Blick auf seine Tischgenossen warf. Unter dem Einfluß des Champagners rückten wir unsere Tische zusammen. Oberst Joseph scheute sich nicht, über seine Vergangenheit zu sprechen, und wenn ihm jemand Fragen stellte, flackerte ein sonderbares, beinahe faustisches Licht in seinem Gesicht auf: »Im Laufe der Jahrhunderte«, sagte er, »hat sich in Rußland im Geheimdienst eine besondere Elite herausgebildet. Es handelt sich um die Geheimpolizei, auch ›das Geheimnis des Kreml‹ genannt.«

Um zu erklären, was er damit meinte, verglich der frankophile Oberst diese mit dem *secret du roi*, dem Spionagesystem Ludwigs XV. Dann fuhr er fort: »In diesem Land ist über die Jahrhunderte und die Regierungssysteme hinweg – im Zarenreich wie in der Sowjetunion – alles auf die Geheimpolizei zurückzuführen: die Abschaffung der Sklaverei im Jahre 1861, Stolpyns Reformen von 1907, Gorbatschows Durchbruch von 1985 oder das Hervorzaubern Putins im Jahre 1999.«

In der Tat hat sich in Rußland nach dem Zusammenbruch der Sowjetunion eine schwindelerregende Wandlung vollzogen. Darum fällt es leichter aufzuzählen, was sich in diesem Land nicht geändert hat, als zusammenzufassen, was sich gewandelt hat. Zu den Konstanten der Geschichte des Kreml zählte mein Gesprächspartner den besonderen Auftrag der Geheimpolizei, die sich schon immer ein hohes Ziel gesteckt hat: Wie früher strebt sie auch heute noch die Stellung eines »Tempelwächters« an und erhebt den Anspruch, die vorrangigen Interessen des Landes wahrzunehmen.

Oberst Joseph und seinesgleichen identifizieren sich voll und ganz mit ihrer Rolle als Geheimagenten und behaupten felsenfest, daß man nur dank ihrer Sicht der Dinge die Geheimnisse des Kreml ergründen kann. Das vorliegende Buch wird sie nun also anhand der zwangsläufigen Triade dieser sonderbaren Geschichte – Zaren, Geheimdienstchefs und ihre charismatischen Agenten – zu enthüllen versuchen.

Diese legendären oder verkannten Gestalten führen uns in die unterirdischen Gänge Iwans des Schrecklichen oder in Stalins Untergrundbahn und regen uns an, über vergangene und jüngste tragische Ereignisse sowie über die Manipulationen nachzudenken, denen wir ausgesetzt sind.

Die Legende des Kreml

Die Geschichte des Kreml beginnt mit einer Legende aus einer alten russischen Chronik:

»…Die Nacht war schwarz und gewittrig, als ein Bojar namens Kutschka zu einem Wäldchen in der Nähe eines Nebenflusses der Moskwa kam. Der Mann und sein Gefolge verbrachten die Nacht in einer Jagdhütte. Am folgenden Morgen, als die Sonne mit ihren ersten Strahlen die Wipfel der Birken und der Tannen rötete, ließ er das Horn blasen, um die Jagd nach einem plötzlich aufgetauchten, übergroßen, wutschnaubenden Wildschwein anzukündigen.

Die Jäger wollten schon die Flucht ergreifen, als sie vom Himmel her einen Vogel kommen sahen, der sich auf das Wildschwein stürzte. Es war ein sonderbarer Raubvogel mit zwei Köpfen. Seine Krallen und Schnäbel ähnelten Zinken… Der Bojar und seine Leute fürchteten sich vor diesem Ungeheuer noch mehr als vor dem Wildschwein. Sie brachen sofort die Jagd ab. Der Raubvogel schoß auf das Wildschwein nieder, packte es mit seinen mächtigen Krallen und trug es auf einen Hügel am Ufer der Moskwa…«

Tief beeindruckt von dieser sonderbaren Begebenheit, beschloß der Bojar, an dieser Stelle, die im Mittelpunkt des europäischen Teils von Rußland lag, ein Jägerdörfchen zu errichten. Es sollte später die Stadt

Moskau werden. Auf dem höchsten Punkt des Hügels aber, wo der zweiköpfige Vogel (ein »Vorfahre« des russisch-byzantinischen Doppeladlers) das zerstückelte Wildschwein hatte liegenlassen, wurde später der Kreml errichtet. Die Wälder und Torfmoore, die ihn von allen Seiten umgaben, boten ihm einen wirksamen Schutz.

Es wurde ein Graben ausgehoben und durch Zweige und Baumstämme getarnt; so begann der Bau des Kreml, denn auf russisch bedeutet *kreml* Festung.

1147 gehörte diese Siedlung bereits Juri Dolgoruki[1], dem Fürsten von Susdal, der noch im selben Jahr den Fürsten von Nowgorod-Sewersk, seinen Freund und Bundesgenossen, zu Besuch einlud.

»Ich kann es kaum erwarten, Dich wiederzusehen, mein Freund«, schrieb er. »Ich erwarte Dich in der befestigten Siedlung an unseren Landesgrenzen, in dem ›Dorf namens Moskau‹.«

Zum erstenmal wurde hier der Name »Moskau« erwähnt in Anlehnung an den Namen des Flusses, der durch das Dorf floß: die Moskwa. Aus diesem Anlaß fand an seinen Ufern ein großartiges Festessen statt.

Der außerordentliche Gesandte des Kalifen von Bagdad, der damals diesen Landstrich bereiste, hat folgenden Bericht abgefaßt:

»Da ich, Ahmed ben Foszlan ben Abbas, Wert darauf lege, daß man die Wahrheit über diese sonderbaren Völker erfährt, bestätige ich folgendes: Der Fürst der Russen von Nowgorod-Sewersk zählt zu seinen Untertanen vierhundert der tapfersten und zuverlässigsten Krieger, die es gibt. Sie gehören zu seinem Gefolge und begleiten ihn auf seinen Reisen. Diese Krieger sind bereit, sich für ihren Herrn töten zu lassen oder mit ihm zu sterben. Jeder von ihnen hat ein junges Mädchen bei sich, das ihn bedient, ihm die Haare wäscht, ihm die Mahlzeiten zubereitet, ihm zu trinken einschenkt und sein Lager teilt. Diese vierhundert jungen Mädchen hocken sich auf den Boden, am Fuße des hohen, fürstlichen Podiums, das mit Edelsteinen von jenseits des Urals geschmückt ist, wo man Smaragde, Türkise, Rubine, Amethyste und Saphire findet...«[2]

Dieses erste Moskauer Festessen war prunkvoll und dauerte drei Tage und drei Nächte. »Wenn die russischen Fürsten diplomatische Verhandlungen führen«, berichtete der außerordentliche Gesandte des Kalifen von Bagdad, »beginnen sie mit einem ausschweifenden Trink- und Eßgelage. Ich habe jedoch gelegentlich bemerkt, daß die russischen Fürsten nur so taten, als ob sie tränken, und einfach Wasser schlürften, während sie ihren Gästen Riesenmengen Met vorsetzen ließen. Ohne Zweifel hofften sie, auf diese Weise die Geistesklarheit ihrer Gesprächspartner zu beeinträchtigen. Ich war einmal Augenzeuge bei der Unterzeichnung einer Abmachung zwischen zwei russischen Fürsten: Einer der beiden Fürsten war gänzlich außerstande zu begreifen, was er überhaupt tat. Sobald die Wirkung des Alkohols nachgelassen hatte, bestritt er die Gültigkeit seiner Unterschrift. Ich habe ebenfalls bemerkt, daß die jungen Mädchen, die an diesem Gelage teilnehmen, ihren Herren dadurch Hilfestellung leisten, daß sie mit ihrem Charme die Unterhändler der Gegenpartei bezaubern. Zu diesem Zweck ist ein besonderer Raum vorgesehen, in dem sie diese mit frischem Wasser begießen und wieder zu Bewußtsein bringen. Sodann bieten sie sich selber an, wobei sie die Diplomaten in eine Holzhütte führen, die zwar äußerlich sehr dürftig aussieht, im Inneren aber von erlesener Pracht ist.« (Erwähnenswert ist in diesem Zusammenhang, daß Stalin achteinhalb Jahrhunderte später die gleichen Methoden anwandte.)

Wie dem auch sei, diese erste festliche Begegnung

wurde zu einem vollen Erfolg. Die beiden Fürsten tranken, tanzten, sangen und schlossen sodann einen Vertrag ab, der das Bündnis zwischen den beiden Fürstentümern stärkte. Jedoch hatten die beiden Verhandlungspartner ein gewisses Mißtrauen gegeneinander, zumal die *lasutschiki* (wie Spione auf altrussisch hießen) des Fürsten von Susdal ihrem Herrn eine beunruhigende Nachricht überbrachten: Im Dorf Lopassnaja des nahegelegenen Fürstentums Nowgorod-Sewersk würden gerade beträchtliche Befestigungsanlagen errichtet. (So tauchten Spione zum erstenmal in der Geschichte des Kreml auf.) Aber welchen Zweck mochten denn diese Befestigungen haben? Hatte der Fürst von Nowgorod-Sewersk vielleicht die Absicht, eines Tages bis nach Moskau vorzudringen, nicht als Verbündeter, sondern als Feind? Die Kundschafter fanden überzeugende Beweise für das Doppelspiel des Fürsten. Sogleich nach der Begegnung zwischen den beiden Pseudo-Verbündeten gab Fürst Dolgoruki daher den Befehl, eine regelrechte Festung – den Kreml – auf dem Hügel zu errichten.

Im Jahre 1156 erwähnt die russische Chronik die Vollendung dieser Festung. Gewiß, Moskau hatte damals noch nicht das hehre Aussehen, das ihm später die ersten russischen Zaren geben sollten. Dolgorukis Hof war von einer hölzernen Einfriedung umgeben, die Pfeiler und ebenfalls hölzerne Türme verstärkten. Auf der Hügelkuppe hatte man einen Hof vorgesehen, den eine Mauer aus Steinen oder getrockneten Ziegeln umschloß. Moskau war damals bestenfalls eine Grenzfestung, ein obligatorischer Durchgangspunkt zwischen Nord und Süd und ein Knotenpunkt der Flußschiffahrt. Der Kreml sollte die Sicherheit des Wasserweges gewährleisten.

Das Schicksal des Kreml nahm im Winter 1237/38

zum erstenmal eine Wendung, als Dschingis Khans Horden unter dem Kommando seines Neffen Khan Baty I. die russische Ebene durchquerten, die Städte und Dörfer in Brand steckten, plünderten, vergewaltigten und ein Blutbad unter den Einwohnern anrichteten.

Auf ihrem Marsch nach Nordwesten hatten sich die Mongolen Moskau genähert in der Meinung, Nowgorod erreicht zu haben, wo sie nach Auskunft ihrer Kundschafter »eine Stadt voll von Schätzen« vorzufinden hofften. Von den Sperlingsbergen aus, der Anhöhe, auf der Napoleon im Jahre 1812 träumte, die Bojaren brächten ihm die Schlüssel des Kreml zum Zeichen der Übergabe der Hauptstadt, erblickte der Anführer der Mongolen die Festung des Kreml. Der Neffe Dschingis Khans erhoffte nicht, in Moskau reiche Beute zu machen, aber als erfahrener Krieger erkannte er die strategische Bedeutung der Stadt. Rasch faßte er seinen Entschluß: Hundertzwanzigtausend Krieger überrumpelten die dreitausend Verteidiger des Kreml.

Am Abend des gleichen Tages war Moskau in mongolischer Hand. Im großen Saal des Kreml tranken die Angreifer auf ihren Sieg, ehe sie ihn anzündeten. Die Schale, aus der Dschingis Khans Neffe trank, war aus dem Schädel eines russischen Fürsten gemacht, der von der mongolischen Reiterei getötet worden war.

Von nun an hing die Verleihung des Titels »Großfürst« vom guten Willen des Khans ab. Im Jahre 1317 verlieh er ihn seinem Schwager, dem Fürsten Georg von Moskau. Diese symbolische Geste war ein deutliches Zeichen dafür, daß sich das Fürstentum den Mongolen restlos unterworfen hatte und daß die Moskowiter über große Macht verfügen sollten.

Eigentlich war der Aufstieg Moskaus schon seit einiger Zeit erkennbar. Im Jahre 1263 hatte Alexander Newski, der mächtigste russische Fürst, Moskau seinem jüngsten Sohn Daniel geschenkt. Dieser ausgesprochene Tatmensch hatte es verstanden, die Stadt zu vergrößern, ohne den Khan zu beunruhigen. Sein Sohn Georg (1303–1325) setzte seine ausgeklügelte Expansions- und Unterwerfungsstrategie fort, was ihm den Titel eines Großfürsten eintrug.

Georgs Bruder, der Fürst Iwan I. Danilowitsch, genannt Kalita (»Geldsack«, seit 1325 Fürst von Moskau, seit 1328 Großfürst von Wladimir, gestorben 1341), festigte die Macht des Kreml und wurde zu einer Symbolgestalt. Als gutem Verwalter, vorausschauendem Finanzmann und glänzendem Feldherrn gelang es ihm, das wichtige Fürstentum Wladimir zu annektieren. Durch hohe Tributzahlungen gewann er die Unterstützung des Khans der Goldenen Horde. Seinem Geschick ist die Übersiedlung des Metropoliten »aller Russen« von Wladimir, wo er seit dem 13. Jahrhundert residierte, nach Moskau zu verdanken. Kurz vor seinem Tod führte er einen wichtigen Brauch im Kreml ein, indem er sein »privates« und sein »politisches« Testament aufsetzte.

»Im Namen des Vaters, des Sohnes und des Heiligen Geistes. Ich, der sündhafte, geringe Sklave Gottes, Iwan, verfasse dieses Testament, ohne von irgendjemandem dazu gezwungen zu sein, bei klarem Verstand und vollkommener Gesundheit. Für den Fall, daß Gott meinem Leben ein Ende macht, hinterlasse ich meinen Söhnen und meiner geliebten Fürstin folgende Verfügungen: Ich vermache das Fürstentum Moskau allen meinen Söhnen, mit Ausnahme des Kreml, der meinem ältesten Sohn Simeon, dem Großfürsten von Moskau, zukommen wird.«

Dieses von den Bojaren am Hofe und vom Metropoliten gegengezeichnete Testament machte aus dem Kreml den Privatbesitz des Großfürsten, der seinem

Vater nachfolgte. Der namhafte russische Historiker Kliutschewski strich mit ironischem Unterton folgende Stelle im Testament an: »Zwei meiner leicht von Motten angefressenen Pelze, die sich in der kleinen Garderobe im Untergeschoß des Kreml befinden, überlasse ich meiner Frau, damit sie ihre ergebensten und eifrigsten Diener damit beschenken kann.«

Iwan Kalita, »der Sammler der russischen Erde«, hatte also in seiner Todesstunde nach den wichtigsten Staatsgeschäften nicht seine zwei mottenbeschädigten Pelze vergessen! Dieses »private« Schloß, der Kreml, sollte von nun an zum Schauplatz eines ständigen, erbitterten Kampfes werden.

Simeon, der vor allem vom Metropoliten als »besonderer Großfürst« anerkannt werden wollte, forderte diesen auf, in der Osterpredigt sein Lob zu verkünden. Der schlaue Geistliche tat so, als füge er sich seinem Wunsch, in Wirklichkeit aber prangerte er vor allem den Verfall der Sitten und die Giftmorde an, die den Kreml weithin in Verruf brachten. Doch Simeon, der den Beinamen »der Stolze« hatte, vergaß diese Predigt nicht… Der unbequeme Metropolit starb kurze Zeit nach der Salbung des Fürsten.

Die Kundschafter kümmerten sich jedoch nicht nur um die Beseitigung der Feinde Simeons. Sie mußten auch die »Brautschau« der jungen Mädchen überwachen, die dem Großfürsten zur Heirat vorgeführt wurden.

Man brachte aus allen Teilen des Landes die Bojarentöchter zusammen, die als Brautanwärterinnen auftreten sollten. An den Terem, den Palast, in dem sich die Gemächer der Frauen befanden, wurde ein neuer Saal, der »Bräute-Saal«, sowie ein abgesondertes Gebäude, das »Bräute-Haus«, angebaut, das auch über Badeeinrichtungen verfügte, in denen sich die Brautanwärterinnen auf die Zeremonie vorbereiteten. Eine besondere Aufseherin wurde mit ihrer Bewachung beauftragt. Ungefähr dreißig Frauen standen den jungen Mädchen zur Seite, um ihnen beim Hervorheben ihrer Vorzüge, beim Schmücken, beim Baden, bei den Vergnügungen behilflich zu sein, ohne daß die »Bräute« jemals den Kreml hätten verlassen müssen. Die Aufseherin sollte auch ein »ausführliches Inventar« über alle Anwärterinnen erstellen. Dieses »Inventar«, das Angaben über deren moralische und intellektuelle Eigenschaften enthielt, wurde dem Großfürsten überreicht, bevor ihm die jungen Mädchen vorgeführt wurden. Dieses ungewöhnliche Verzeichnis gab auch Auskunft über »anatomische« Besonderheiten, wobei Sommersprossen oder Warzen, die eine eigentümliche oder verdächtige Form aufwiesen, akkurat vermerkt wurden, damit nicht etwa eine Hexe Großfürstin von Moskau und Herrin des Kreml würde. Selbstverständlich wurde die Jungfräulichkeit der Anwärterinnen aufs genaueste untersucht. Der Kampf, den die adligen Familien ausfochten, die dieser Zeremonie beiwohnten, war unerbittlich, sie ließen nichts unversucht, um zum Ziel zu gelangen, einschließlich Bestechungsgelder. Der überlastete Kremlchef sah sich sogar genötigt, dem Metropoliten das Amt des »Oberaufsehers der Jungfräulichkeit« der Anwärterinnen anzutragen. Dem Historiker Viktor Alexandrow zufolge bat jedoch der alte Kirchenfürst, von diesem skurrilen Amt entbunden zu werden: »Ich bin nicht der heilige Antonius«, rief er aus, als ihm der Großfürst auftrug, an der Jungfräulichkeitsprüfung teilzunehmen. Da aber der Großfürst auf seinem Ansinnen bestand, entgegnete ihm der geistreiche Metropolit: »Verwechsle mich nicht mit dem Begleiter des heiligen Antonius, Großfürst.«[3]

Da der Metropolit sich standhaft weigerte, das Amt

des »Oberaufsehers der Jungfräulichkeit« der Brautanwärterinnen zu übernehmen, beauftragte der Großfürst einen ausgewählten Bojaren mit dieser Aufgabe, eine Art Offizier des Geheimdienstes, den er »unter den altersergrauten Männern auswählte, die einen mönchsähnlichen Lebenswandel pflegten«. Trotz dieser »moralischen Garantien« weiß die Skandalchronik des Kreml von mehreren Fällen zu berichten, in denen die hohen Kontrollbeamten sich von den körperlichen Reizen dieser jungen Mädchen verführen ließen. Nicht ohne Grund haben die russischen Dichter die Überschreitung dieser imaginären Linie, die vom Bauch zur Rundung der Knie führt, als »die lieblichste Reise ins Land des Terems« beschrieben!

Der Aufstieg Moskaus

Unter Wassili I. (1371–1425, Großfürst von Moskau 1389–1425) sowie unter seinem Sohn Wassili II. (1415–1462, Großfürst von Moskau 1425–1462) setzte sich der Aufstieg des Kreml fort und profitierte bekanntlich von der Schwächung der Goldenen Horde, die durch innere Auseinandersetzungen zerrüttet war.[4] Das Großfürstentum Moskau war der größte russische Staat seit der Glanzzeit von Wladimir II. Wsewolodowitsch, genannt Wladimir Monomach (1053–1125), dem Großfürsten von Kiew (1113–1125). Zur gleichen Zeit ging unter den Angriffen der Türken das Byzantinische Reich allmählich seinem Ende entgegen. Sultan Murad hatte 1424 Byzanz belagert und tributpflichtig erklärt. Kaiser Johannes VIII. (1392–1448) unternahm einen letzten Versuch und bat den Westen um Hilfe, selbst auf die Gefahr hin, sich Rom unterwerfen zu müssen. Zu diesem Zweck war 1439 das Konzil von Florenz einberufen worden. Aus Treue zum Patriarchen von Byzanz nahm der Metropolit von Moskau daran teil. Es kam zu einer Krise, der Metropolit wurde im Stich gelassen, dann 1448 abgesetzt und ohne Rücksprache mit dem Patriarchen von Byzanz durch einen anderen ersetzt. Von nun an behielt sich der Großfürst das Recht vor, selbst den Metropoliten zu ernennen. Die russische Kirche war national und unabhängig geworden.

1453 eroberten die Türken Konstantinopel; die Hauptstadt des orthodoxen Glaubens war nun in muslimischer Hand. Angesichts dieser Bedrohung betrachteten sich die Russen von da an als das letzte Bollwerk des Christentums. Etwa zwanzig Jahre später wurde im Kreml die erste Steinkirche errichtet, die Mariä-Himmelfahrtskathedrale, auch Mariä-Entschlafenskathedrale genannt *(Uspenski Sobor),* die bald zu einem bedeutenden Wallfahrtsort wurde.

Moskau – der Sitz des Großfürsten sowie des Metropoliten, die Stadt der wiedererwachenden Stärke und der Wahrung des orthodoxen Glaubens! Dem Sohn Wassilis II. ist es zu verdanken, daß sich das Moskowitische Reich endgültig vom Tatarenjoch befreite. Iwan III. (1440–1505, Großfürst von Moskau 1462–1505) betrachtete sich als rechtmäßigen Nachfolger des Großfürsten von Kiew. Er ertrug nicht die geringste Abhängigkeit und hatte auch keine Bedenken, sich vom Khan den Titel eines Großfürsten bestätigen zu lassen. Er weigerte sich jedoch, ihm den Tribut zu zahlen.

Durch einen Geheimagenten änderte sich bald das Schicksal des Kreml. Im Jahre 1470 stellte sich dort ein geheimnisvoller Mann vor, der behauptete, aus Rom zu kommen. Er vereinigte das Auftreten eines hohen kirchlichen Würdenträgers mit dem eines Abenteurers. Er war groß, schlank, erfahren im Umgang mit dem Schwert, bewandert in der abendländischen sowie orientalischen Geschichte und sprach fließend Latein und Griechisch. Er stellte sich als Antonios Palaiologos, den Großcousin von Thomas Palaiologos, vor, dem Bruder des letzten Kaisers von Byzanz, Konstantin XI. Palaiologos, der 1453 im Kampf gegen die eindringenden Türken beim Fall von Konstantinopel gestorben war. Antonios Palaiologos war mit einer vertraulichen

Mission betraut: Die Tochter des Thomas Palaiologos von Morea, die Prinzessin Sophia Palaiologa (Zoë), hatte das Heiratsalter erreicht. Ihr Vater bot sie dem Großfürsten von Moskau zur Frau an…

Nach der Niederlage von 1453 und dem Tod des Vaters hatte Sophia in Rom Zuflucht gefunden und genoß den Schutz von Kardinal Bessarion. Sie strebte nach einem Bündnis gegen die Türken, und Rußland war nun eine ansehnliche Macht. Der Papst hoffte, daß diese Ehe eine Annäherung zwischen der russisch-orthodoxen und der römisch-katholischen Kirche im Sinne der auf dem Konzil von Florenz beschlossenen »Union« begünstigen würde, er hoffte also, Rußland auf diese Weise in seinen konfessionellen Machtbereich einbeziehen zu können. Iwan III. begriff sofort, daß er durch eine Ehe mit der Nichte des letzten byzantinischen Kaisers gleichsam einen Erbanspruch auf die Krone von Konstantinopel erwerben würde. In Rom war es bekannt, daß seine erste Ehefrau 1467 gestorben war und er eine neue Ehe mit einer Prinzessin aus dem hohen Adel anstrebte.

Sophia Palaiologa und ihr zahlreiches Gefolge kamen 1472 in Moskau an. Um den Aufstieg des Kreml deutlich zu signalisieren, fügte Iwan III. dem Wappen seines Geschlechts, dem heiligen Georg, den byzantinischen Doppeladler hinzu. Am Moskauer Hof führte er das kaiserliche Zeremoniell ein, scharte griechische Literaten sowie italienische Künstler und Fachleute um sich, deren Fähigkeiten Sophia in ihrem römischen Exil zu schätzen gelernt hatte. Die Prinzessin hatte aus Rom die Architekten Fioravanti, Alovisio Novi, Giuliani und Masconi nach Moskau mitgenommen. Iwan beauftragte sie, den Kreml und dessen Kirchen, die aus Holz gebaut waren, nun aus Stein – Symbol der Macht und des Reichtums – zu errichten. So wurden im Verlauf von dreißig Jahren vier Kirchen von größter Bedeutung errichtet.[5]

Wassili III. (1479–1533, Großfürst 1505–1533) fuhr in der Nachfolge seines Vaters fort, »russische Erde zu sammeln« und unterstellte die alten Fürstenfamilien sowie die Bojaren dem Kreml. Er begnügte sich nicht damit, den Mongolen den Tribut zu verweigern, er griff sie offen an. Der Kreml machte nun aus seinen Eroberungsansprüchen Richtung Osten keinen Hehl mehr. Von nun an wurde die Kirche eine weltliche Macht, die im Dienste der Idee des heiligen Rußland stand. Nun hatte diese einen Herrscher, in dessen Adern das Blut der byzantinischen Kaiser floß.

Unter Wassili III. hatte der Kreml die Aufgabe, den wahren Glauben zu verbreiten. Moskau fühlte sich berufen, ein »drittes Rom« zu werden, wie es der Patriarch von Konstantinopel Philotheos I. im 14. Jahrhundert vorausgesagt hatte. Das »erste Rom« war wegen des Überfalls der Barbaren und der Irrlehren der Häretiker zugrunde gegangen. Das »zweite« – Konstantinopel – war vom unheilvollen Einfall der Türken in den Untergang getrieben worden. Moskau war die dritte und letzte Stadt, die Gott zu seinem Dienst auserkoren hatte.

Mit Iwan IV., genannt Iwan der Schreckliche (1530–1584, Zar seit 1547) wurde der Kreml voll und ganz dem Großfürsten, der mit dem Titel eines Zaren den Thron bestieg, unterstellt. Es ging nicht mehr nur um die Wiederherstellung der Macht, sondern vor allem um die Sicherung des Triumphs des russisch-orthodoxen Glaubens.

Iwan der Schreckliche oder Die Wurzeln des Bösen

Iwan IV. war der Zar der Grausamkeit; schon von Kindheit an soll er solche Anwandlungen gezeigt haben. Es soll ihm zum Beispiel ein diebisches Vergnügen bereitet haben, Tiere von den Türmen des Kreml hinunterzuwerfen oder, wenn er beim Spiel verlor, den oder die Gewinner hinrichten zu lassen. Ganz zu schweigen von seiner Lieblingsvergnügung, der er sein Leben lang nachging und die darin bestand, einen rasenden Bären auf die Menge loszulassen, mit perverser Freude die Farbe des Blutes zu betrachten und sich den Geruch des menschlichen Fleisches in die Nase steigen zu lassen. Diese frühzeitige Grausamkeit mag bestimmt darauf zurückzuführen sein, daß Iwan von Kindheit an Zeuge von Gewaltakten war. Aufgrund des frühzeitigen Todes seiner Eltern kam er in die Obhut zweier Großbojarenfamilien.[6] In den düsteren Kellergewölben des Kreml schreckten diese beiden Sippen nicht davor zurück, blutrünstige Rechnungen zu begleichen, um die Macht zu übernehmen. Die Angst – die Geißel, die Tyrannen quält – setzte sich in der Seele des jungen Großfürsten fest und ließ ihn zeitlebens nicht mehr los. Seither hatte er nur noch ein Ziel: sich der Bojaren im Kreml zu entledigen. Trotz seines ungestümen Temperaments verfügte Iwan über eine erstaunliche Sensibilität und legte seit seinem vierzehnten Lebensjahr ein allgemein anerkanntes literarisches Talent an den Tag. Aufgrund seiner anschaulichen Sprache und seiner überraschenden Allegorien gilt er als einer der größten Schriftsteller seiner Zeit und zweifellos als der beste Stilist unter den russischen Herrschern.[7]

Als Jugendlicher ritt Iwan gern mit seinen Getreuen durchs Land, das die einfallenden Tataren in den letzten drei Jahrhunderten immer wieder verwüstet hatten. Manchmal machte er in einem der durch den Schnee von der Außenwelt abgeschnittenen Klöster Rast und stürzte sich in theologische Diskussionen mit den Mönchen. Aber er machte auch vor den hemmungslosesten Ausschweifungen nicht halt, um seine fleischlichen Gelüste zu befriedigen. Als einmal ein Bojar ihm seine Entgleisungen vorzuhalten wagte, zwang Iwan ihn, einen Kelch Wein in einem Zug auszutrinken. Da der unselige Mensch es nicht schaffte, den ganzen Wein hinunterzustürzen, warf Iwan ihm vor, nicht auf sein Wohl trinken zu wollen, und gab Anweisung, ihn zu erdrosseln. In den darauffolgenden Tagen machte er sich einen Spaß daraus, mehrere Einladungen an die Witwe des Bojaren überbringen zu lassen, und gab vor, sich über das Ausbleiben des Verstorbenen zu wundern.

Iwan ließ sich von seinen Vormündern nicht beeinflussen und behauptete sich bald als der wahre starke Mann des Kreml. Am 13. Dezember 1546 teilte der Sechzehnjährige dem Metropoliten und den Bojaren mit, er habe sich entschlossen, zu heiraten und mit der Investitur als Zar den Thron zu besteigen. Die feierliche Krönung fand mit unvergleichlichem Prunk statt. Zu diesem Anlaß stellte er sein literarisches Talent unter Beweis und erfand die Legende, daß Kaiser Konstantin die Halskette, das Zepter und die Krone, die er bei seiner Krönung trug, ihm als »Enkel« vermacht habe, der sie verwahren würde, bis ein würdiger Nachfolger des byzantinischen Herrschers auftauchte. War es nicht ein hervorragendes Mittel, um der Welt zu zeigen, daß der junge Zar sein Reich als das Erbe des Oströmischen Reichs begriff und Moskau das »dritte Rom« werden sollte, wie Philotheos, der Patriarch von Konstantinopel, es einst vorausgesagt hatte?

Bei Regierungsantritt besiegelte der junge Monarch die Union mit der Kirche und maßte sich dadurch alle Rechte an. Als erstes entzog er den Familien der Großbojaren die Macht, die sie seit seiner Kindheit in Händen gehalten hatten. Er räumte ihre Günstlinge aus dem Weg und setzte schonungslos seine Autorität durch, verließ sich auf eine kleine Gruppe von Vertrauten und schaffte dadurch eine Art Geheimkanzlei. Seiner ausgesprochenen Vorliebe für das Blutvergießen waren nun keine Grenzen mehr gesetzt. Ohne zu zögern ließ Iwan wegen einer Lappalie einen Diener oder einen Jagdgefährten, der sein Mißfallen erregt hatte, hinrichten. Und obwohl er seine erste Frau Anastasia ebenso aufrichtig wie sinnlich liebte, gab er sein ausschweifendes Leben nicht auf, bis an jenem berüchtigten 20. April 1547 eine Nachricht eintraf, die im Kreml größte Bestürzung auslöste.

Die Glocke einer Kirche war hinuntergefallen und zerschmettert. Seit alters her galt – und gilt heute noch – ein solches Ereignis als Vorbote eines großen Unglücks. Nicht weit davon entfernt kniete Basilius, ein »gottesfürchtiger Mann«, schluchzend vor der Mariä-Himmelfahrtskathedrale und streckte seine Hände nach dem Gebäude empor, als wolle er es streicheln. Die Menge, die sich um ihn versammelt hatte, deutete das als düstere Voraussage. Das Unheil ließ nicht lange auf sich warten. Ein verheerendes Feuer brach in der Kirche der Kreuzerhöhung mitten in Moskau aus; vom stürmischen Wetter geschürt, breitete es sich in der ganzen Stadt aus und zerstörte unzählige Häuser. Zum drittenmal wurde Moskau in jenem Jahr von einer Feuersbrunst heimgesucht, und es gingen die wildesten Gerüchte über die Gründe dieses Unheils um. Um diese Zeit bat ein aus Nowgorod stammender Pope namens Silvester um eine Audienz beim Zaren im Kreml. Er wies Iwan darauf hin, daß Gottes Strafe unabwendbar sei, wenn er seinem zügellosen Leben kein Ende setzte. Der Aufruhr, der nach der Katastrophe ausgebrochen war, sei nur der Vorbote eines schlimmeren Aufstands. Seine Worte trafen den Zaren ins Herz. Der Schreck ernüchterte ihn, zerknirscht sah er seine Fehler ein und gelobte Gott, die Vorschriften des Geistlichen zu befolgen.

Darauf begann die glänzendste Epoche des Kreml. In den folgenden Jahren trug Iwan mehrere Siege über die Tataren davon und weitete sein Reich nach Osten und Südosten aus. Nach langen Beratungen und feierlichen Gottesdiensten machte er sich von Moskau Richtung Wolga auf, um die Stadt Kasan, das Sinnbild tatarischer Präsenz auf russischem Boden, zu erobern. Am 2. Oktober 1552, nach sechswöchiger Belagerung, starkem Artilleriebeschuß und dem Einsatz von ungefähr zehn Tonnen Schießpulver, wurde die Stadt im Sturm genommen. Im Jahre 1556 nahm ein moskowitisches Heer auch das an der Wolgamündung gelegene Astrachan ein. So wurde der Itil, wie die Tataren den Fluß nannten, zum heiligen Strom der Russen, zu »Mutter Wolga«.

Um die Eroberung von Kasan und Astrachan zu feiern, wurde in Moskau ein großartiges Fest veranstaltet. Der Zar hielt begeisterte Reden vor dem Volk. Zur Erinnerung an den Sieg wurden drei neue Türme im Kreml errichtet. Der Zar beschloß, im Festungsbereich eine

Kirche erbauen zu lassen, die alle in der Ringmauer bestehenden Kirchen an Pracht übertreffen sollte.[8]

Gleichzeitig leitete Iwan bemerkenswerte Reformen auf dem Gebiet der Verwaltung und der Rechtsprechung ein, indem er junge, glänzende Leute um sich scharte.

Der Zar und seine Ratgeber waren sich durchaus bewußt, daß der Erfolg der Moskauer Reformen der Neuorganisation des Landes diente. Die Macht des Staates und seiner zentralisierten Strukturen war gefestigt worden. Diese Epoche relativen Aufschwungs dauerte aber nur acht Jahre. Dann machte sich die Herrschsucht des Zaren wieder bemerkbar, seine krankhafte Unruhe gewann erneut die Oberhand, und sein Verhalten nahm eine radikale, dramatische Wendung.

Im Winter 1553 wurde Iwan ernsthaft krank. Da er glaubte, sterben zu müssen, wollte er seinen wenige Monate alten Sohn Dimitri zu seinem Nachfolger ernennen. Diese Regelung der Thronfolge, die eine lange Minderjährigkeit des Herrschers und damit eine Regentschaft der Zarin Anastasia zur Folge gehabt hätte, stieß jedoch bei seinen Ratgebern, darunter Silvester, auf Widerstand. Bald darauf genas aber der Zar wie durch ein Wunder und verzieh es seinen Ratgebern nicht, sich der von ihm gewünschten Nachfolgeregelung widersetzt zu haben. (Solche Momente sollten in der Geschichte des Kreml immer wieder eine entscheidende Rolle spielen.)

Die Erfahrungen, die der Zar während seiner Krankheit gemacht hatte, und der Tod seiner Gattin Anastasia im Jahre 1560 machten die Dinge nur noch schlimmer. Seine übersteigerte Empfindlichkeit und Unberechenbarkeit hinderten ihn daran, vernünftig zu handeln. Ängstlicher und argwöhnischer als je zuvor, witterte er überall Verschwörungen und verbreitete Furcht und

Schrecken um sich. Dem Terror konnte kein Halt mehr geboten werden. Von nun an wurden im Kreml keine Grenzen oder Tabus mehr respektiert.

»Überall lauern Verschwörungen«

Am 1. Dezember 1564 machte Iwan IV. einsam eine Runde auf den hohen Mauern des Kreml. Moskau versank im Schnee. Er nahm eine Handvoll mit Schlamm vermischten Schnee und zerrieb ihn zwischen seinen Fingern. Während er seinen Blick unruhig über die Stadt schweifen ließ, entdeckte er in der Ferne Blutspuren auf dem Schnee. Sein Entschluss stand fest, er würde den Kreml verlassen. Fliehen, der Welt entfliehen …

Mit einer abrupten Bewegung drehte er sich um; sein Kaftan machte ein knatterndes Geräusch. Hals über Kopf kehrte er in den Palast zurück. Er lief die erleuchteten Gänge entlang zu seinen Gemächern und flüchtete in sein kleines, reich verziertes Gebetskabinett, das an sein Schlafzimmer angrenzte. In der Geborgenheit dieses Raumes, umgeben von schützenden Ikonen, deren Goldverzierungen im Kerzenlicht leuchteten, kniete er nieder und begann zu beten.

Am nächsten Tag sprach es sich herum, daß der Zar die Hauptstadt verlassen würde. Vor dem Hof und den hohen kirchlichen Würdenträgern erklärte der Zar, daß die »Niederträchtigen«, die Bojaren, einen Fluch gegen ihn und seine Familie ausgestoßen hätten, ihn nicht mehr als Herrscher anerkennen würden und sich gegen ihn verschworen hätten. Dann fügte er hinzu, er ziehe es vor, Moskau zu verlassen, da alles darauf hindeute, daß er unbeliebt sei. Niemand, nicht einmal der Metropolit, wagte den Zaren zu fragen, wo er Zuflucht suchen würde.

Vier Tage vor seiner Abreise drängten sich zweihundert Adlige, die aus allen Himmelsrichtungen des Reichs gekommen waren, in den Thronsaal. Sie waren vom Zaren zusammengerufen worden, mußten aber lange in ihren schweren Bärenfellmänteln auf ihn warten. Das strahlende Licht der Armleuchter ließ ihren unruhigen Blick und die Ikonen, mit denen die Wände geschmückt waren, flackern.

Endlich erschien Iwan. Er teilte ihnen mit, daß er auf sein Reich verzichte und ihnen das ganze Land überlasse; dann legte er sein Zepter und seine Halskette nieder und warf ihnen seinen goldverbrämten, perlenbestickten Mantel vor die Füße. Die Bojaren waren sprachlos, jammerten und flehten ihn an zu bleiben. Umsonst. Nichts vermochte die Entscheidung des Zaren rückgängig zu machen. Zwei Nächte lang ging Iwan von Kirche zu Kirche und betete für den Erfolg seiner Flucht.

Am 3. Dezember 1564 verließ er den Kreml, gefolgt von seinen Günstlingen, seiner Familie und seinem Hofstaat. Entgegen seinen früheren Reisegewohnheiten nahm er diesmal all seine Kultgegenstände, seine Ikonen und mit Gold und Edelsteinen besetzten Kreuze sowie sein aus Gold und Silber geschmiedetes Tafelgeschirr, seine gesamte Kleidung und seinen Staatsschatz mit. Den Angehörigen des Hofes, die ihn begleiteten, hatte er befohlen, ihre Frauen und Kinder und all ihr Hab und Gut mitzuführen.

Noch heute streiten sich die Historiker über die Gründe, die den Zaren zu diesem scheinbar unbesonnenen Entschluß verleitet haben. War er auf das böse

Geschick zurückzuführen, das ihm sein Lieblingsprediger, der selige Basilius, vorausgesagt hatte? Oder auf seine Zwangsvorstellung einer im Kreml angezettelten Verschwörung? Oder handelte es sich um ein politisches Kalkül, eine List, um die Oberhand über seine Gegner, die Bojaren, zu gewinnen, indem er sich auf seine Geheimpolizei stützte? Wahrscheinlich war es sowohl das eine als auch das andere.

Der Zar hatte in der Tat allen Grund zur Unruhe, da man ihm den bevorstehenden Angriff der Letten im Westen und der Tataren im Süden angekündigt hatte. Es kann sein, daß er ihnen unter diesen Umständen »zuvorkommen« und dem Aufruhr vorgreifen wollte, den die Bojaren zeitgleich mit den feindlichen Angriffen entfacht hätten.

Der Zar suchte zunächst Zuflucht in einem kleinen Dorf in der Nähe des Kreml. Dort blieb er nur zwei Wochen, dann suchte er zum Gebet das Sergius-Dreifaltigkeitskloster auf.[9] Er brach im Morgengrauen auf und nahm als Frühstück einige gekochte Eier, Schwarzbrot und Salz mit. Er verließ die Befestigungsmauer durch das Heilige Tor. Die blauen, sternenbesäten Kuppeln leuchteten in der Sonne, ebenso die vergoldeten Kuppeln der Kathedralen. Er wählte die älteste und kargste dieser Kirchen aus, um in Andacht zu verharren. Iwan verbrachte einige Tage im Kloster und ließ sich dann in einem nahegelegenen Dorf nieder. Von dort aus sandte er seine berühmte Botschaft an den Metropoliten von Moskau, die eine Auflistung aller Vorwürfe enthielt, die er gegen die Bojaren erhob: ihre Verräterei, die Schäden, die sie dem Land zufügten, die Gewalt, die sie gegen die Bauern anwandten, ihre grenzenlose Gier. Der Zar ließ auch nicht unerwähnt, wie sehr er in seiner Kindheit unter ihnen gelitten hatte, und fügte hinzu, daß er lieber sein Reich verlasse als sich ihren hinterhältigen Angriffen auszusetzen. Wie ein Meister der Öffentlichkeitsarbeit richtete er eine weitere Botschaft an das Volk, in der er beteuerte, er habe ihm gegenüber keinen Grund zur Klage.

Die »verwaisten« Moskowiter waren beunruhigt und bestürzt über die Abreise des Zaren. Sie antworteten darauf mit einem Bittgesuch, er möge zu ihrem Schutz in den Kreml zurückkehren. Zweimal begaben sich Abgesandte des Volkes und der Kirche zu Iwan, um ihn flehentlich zu bitten, er möge zurückkehren.

Der Zar gab schließlich nach, denn er hatte erreicht, was er wollte. Er gab unverzüglich die drakonischen Maßnahmen bekannt, die er bei seiner Rückkehr zu treffen gedachte. Als erstes kündigte er die Konfiszierung des Vermögens seiner Verräter an. Ohne durchblicken zu lassen, ob er seine Abdankung widerrufen würde, teilte er mit, daß der Staat fortan in zwei Teile gegliedert sein sollte: Der eine, *Semschtschina* genannt, sollte nach bisherigem Brauch unter der Leitung eines aus Bojaren bestehenden Rates verwaltet werden; der andere, *Opritschnina* genannt, ein »Sondergebiet«, das dem Zaren unterstand, erhielt eine eigene Verwaltung. Beide Teile verfügten über gesonderte Höfe, ein eigenes Finanzwesen, eigene Regimenter und sogar über eine eigene Hauptstadt.

Am 2. Februar 1565 kehrte der Zar in den Kreml zurück. Er berief eine Versammlung der Bojaren und der kirchlichen Würdenträger ein. Er war kaum wiederzuerkennen: In den vergangenen zwei Monaten waren ihm die Haare ausgefallen. Er hatte trübe, unruhige Augen. An diesem Tag ordnete er den Bau eines neuen Palais inmitten von Moskau an, von dem aus er persönlich die *Opritschnina* verwalten könne.

Dieses Gebiet, das vom übrigen, der Rechtsprechung der Bojaren unterstehenden, russischen Territorium getrennt war, bestand zum einen aus Ländereien, die von den Feinden des Zaren konfisziert worden waren, und zum andern aus den reichsten Provinzen des Landes. In Moskau bemächtigte sich Iwan ganzer Stadtviertel und ließ sie umzäunen. Diese Gebiete, die ein Drittel des Landes ausmachten, unterstanden ausschließlich dem Zaren.

Iwan der Schreckliche hat viel von den Mongolen gelernt, die Rußland mehr als anderthalb Jahrhunderte lang beherrscht und dazu beigetragen hatten, einen Staat nach asiatischem Vorbild aufzubauen. Die Russen, die sich vom *Yam* der Mongolen hatten anregen lassen, richteten als erste in Europa eine »Staatspolizei« ein. Die mehrere tausend Mann starke Leibgarde des Zaren erwies sich bald als ein Instrument des furchtbarsten Terrors, das über Leben und Tod eines jeden entschied.

So wurde sozusagen die »Geheimpolizei des Kreml« ins Leben gerufen. Auch wenn sie damals noch nicht so hieß, entwickelte Iwan IV. das, was man die »Ideologie« dieser Institution nennen könnte. Seiner Auffassung nach war »die große Angst« die solideste Grundlage der Staatsmacht, und nur wenn man Schrecken verbreitete, sei es möglich, versprengte Völker um sich zu sammeln.

Diese Sonderrechtsprechung wurde bald für die Russen zu einem Synonym für Diktatur und prägte sich ihnen als eine Art »geheime Großpolizei« ein. Wie Todesengel ritten die *Opritschniki*, die Mitglieder dieser übelbeleumdeten Organisation, in ihren langen schwarzen, goldverbrämten Kaftanen mit einem langen Dolch an ihrem Gürtel durch die Lande. Sie setzten die Gesetze des Zaren oder vielmehr dessen Willkür in Kraft und begingen die brutalsten Verbrechen und Greueltaten.

Drei Monate nach seiner Rückkehr nach Moskau zog sich Iwan der Schreckliche in seine Holzfestung zurück, die von Schutzwällen und Gräben umgeben war und als Schauplatz des Schreckens in die Geschichte eingehen sollte. Ausländische zeitgenössische Gesandte berichteten: »Nicht einmal Satan hätte eine schlimmere Geißel für das Menschengeschlecht erfinden können.«

Um den dynastischen Fortbestand besorgt, suchte Iwan sodann eine neue Gemahlin aus weit entfernteren Gegenden. Er trug sogar der englischen Königin Elisabeth I. die Ehe an und wartete den ganzen Sommer 1570 auf eine wohlwollende Antwort. In ihrem Antwortbrief ging die Königin aber nicht auf seinen Antrag ein, sondern versicherte dem Zaren, sie heiße ihn jederzeit willkommen in England. Iwan hätte dann beinahe die Großnichte der Königin, Lady Mary Hasting, geheiratet, aber sie nahm ihr Eheversprechen zurück, als sie erfuhr, welches Schicksal den Frauen beschieden war, denen der Zar überdrüssig wurde. In der Tat hatte Maria Dolgoruki, eine seiner Eintagsehefrauen, das furchtbare Pech, daß er an ihrer Jungfräulichkeit Zweifel bekam. Iwan ließ einen Tag nach der Hochzeit Pferde, die mit in Bier getränktem Hafer gefüttert worden waren, vor einen Wagen spannen und lud die Frischvermählte zu einer Spazierfahrt ein. Statt sich neben sie zu setzen, wünschte er ihr in sarkastischem Ton »Gute Fahrt« und peitschte auf die Pferde ein. Der Wagen schoß in einem höllischen Tempo davon und versank einige hundert Meter weiter in einem Teich. Die unglückselige Maria und die scheuenden Pferde ertranken. Ein englischer Zeuge stellte später fest, daß es in diesem Teich, in dem zahlreiche Verurteilte zu Tode gekommen waren, besonders viele, fette Fische gab. Der Zar soll übrigens eine besondere Vorliebe dafür gehabt haben.

Ausschweifungen waren im Kreml gleichsam an der Tagesordnung. Nicht selten kam es beispielsweise vor, daß ein ganzer gebratener Hirsch, noch mit dem Geweih und mit Wildbeeren aus dem Norden und mit Saucen garniert, mitten auf der Tafel thronte. Die Saucen hatten die Farben des Regenbogens. In den folgenden Jahrhunderten haben immer wieder Köche versucht, die Gerichte nachzukochen, die bei diesem mit ausschweifender Phantasie ausgestatteten Zaren gereicht wurden. Bestimmte Kompositionen erinnerten in ihrer Farbenpracht an zeitgenössische Gemälde. Das Gelb von Zitronen kontrastierte mit dem Schwarz des gepreßten Kaviars aus Astrachan, mit dem Blau und Rot von Beeren und mit dem unnachahmlichen Rosa von Lachs in milchiger Marinade, den die Bojaren mit »der Farbe der Brustwarzen eines jungen Mädchens« zu vergleichen pflegten. Neben goldenem Eßgeschirr schmückten ziselierte Silberkelche die Tafel. Dieses ästhetische Raffinement war der reinste Hohn angesichts des orgiastischen Schauspiels, das die Festmähler boten, bei denen Iwan und seine Gefährten sich oft zu Vergewaltigungen und Sodomie hinreißen ließen. So wurde eine nackte, mit Creme und Honig bestrichene Frau, die auf der Festtafel dem Zaren und seinen Gästen dargeboten wurde, »Dessert nach Iwan des Schrecklichen Art« genannt. Fünf Jahrhunderte später sollten die Söhne der russischen »Nomenklatura«, als der Stern des Kommunismus unter Breschnew schon im Sinken begriffen war, diese dekadenten Spiele wieder aufnehmen.

Spät in der Nacht artete manches Fest in ein ausschweifendes Trinkgelage aus, bei dem jeder eine Maske tragen mußte. Iwan, der stets einen Holzstock mit Stahlspitze bei sich hatte, benutzte diesen immer wieder, um an Ort und Stelle diejenigen zu töten, die ihn beleidigt hatten, selbst wenn es sich um seine engsten Vertrauten handelte. Diese Ausschweifungen waren aber nicht dazu angetan, seinen krankhaften Argwohn zu zerstreuen. Er fühlte sich immer noch nicht sicher im Kreml; daher verließ er ihn wieder und zog sich in sein »Scheinkloster« zurück, in die Alexandrow-Sloboda, ein etwa siebzig Kilometer nordöstlich von Moskau gelegenes, großes Dorf. Abergläubisch wie er war, ließ er auf jeden Ziegelstein der Kirche ein Kreuz einritzen und ihren Altar mit Gold und Edelsteinen schmücken. Um seinen Wohnsitz, den er »Meine Freiheit« nannte, ließ er einen derart breiten und tiefen Graben ausheben, »daß der Teufel nicht über ihn springen konnte«. Niemand durfte ohne seine Genehmigung die Sloboda verlassen. In Begleitung seiner beiden Söhne läutete er zur Messe. Nach dem Gottesdienst wurde all seinen Getreuen ein Frühstück serviert, an dem Iwan aber nicht teilnahm. In Anwesenheit einiger Vertrauter betete er mit lauter Stimme im Stehen Litaneien. Die Reste des Frühstücks wurden den Bettlern gegeben. Danach nahm der Zar seine Mahlzeit ein.

Sein beliebtester Zeitvertreib bestand darin, die Gefängnisse aufzusuchen und dort selbst die Folter anzuwenden. Auf diesem Gebiet war er besonders einfallsreich: Er hinderte die Gefangenen am Schlafen, indem er sie mit kochendem oder eiskaltem Wasser übergoß, während seine Schergen vor ihren Augen ihre Frau oder Tochter vergewaltigten. Anschließend wurden die Leichen der Gefolterten auf einem öffentlichen Platz streunenden Hunden zum Fraß überlassen. Andere ließ er mit Hilfe eines dünnen Seils in der Taille durchschneiden. Es sei an dieser Stelle noch einmal darauf hingewiesen, daß Jahrhunderte später Stalin sich eingehend mit den Foltermethoden Iwans des Schrecklichen befaßte.

Iwan war von der Ausübung des Terrors besessen, und es bestand kein Zweifel daran, daß er geisteskrank war. Überall sah er unheilvolle Vorzeichen, und manchmal meinte er sogar, die Totenglocke im Kreml läuten zu hören.

Aber Iwan begnügte sich nicht damit, eine physische Schreckensherrschaft über sein Land auszuüben. Er begann, es auch moralisch zu vernichten, indem er alle sittlichen Schranken mißachtete: Seiner Willkür waren Tür und Tor geöffnet, Gunstbezeigungen und Strafen, vernünftiges Handeln und Greueltaten lösten einander ab.

So abrupt wie sie begonnen hatte, brach plötzlich im Jahre 1566 die Terrorwelle ab: Der Zar begnadigte zahlreiche Verurteilte, hob Verbannungen auf und berief den *Semski Sobor*[10] ein. Ungefähr vierhundert Repräsentanten des Adels, der Verwaltung, der Städte, der Kirche und sogar der Bauernschaft wurden im Kreml zusammengerufen und aufgefordert, in aller Offenheit ihre Meinung über die Staatsgeschäfte zu äußern. Einige Verwegene wagten jedoch, an der Einrichtung der *Opritschnina* Kritik zu üben. Der Zar ließ sie sofort hinrichten. Eine neue Welle des Terrors ergoß sich über das Land und hielt länger an als die vorangegangene. Vom Zorn des Zaren blieb niemand verschont, weder die Bojaren noch der Metropolit, der auf Befehl Iwans erwürgt wurde. Auch Iwan, der Thronfolger, wurde vom eigenen Vater erschlagen. Zur schrecklichen Gewaltherrschaft kam der Krieg hinzu. Er wütete unendlich lange gegen Polen und Schweden, die Widerstand zu leisten gewagt hatten.

Knapp sieben Jahre, nachdem sie ins Leben gerufen worden war, hörte die *Opritschnina* offiziell auf zu existieren, aber ihr Name wurde jahrhundertelang mit den schlimmsten Gewalttaten in Verbindung gebracht und später insgeheim für das brutale Verhalten der Geheimpolizei verwendet.

Iwan der Schreckliche war auch der Erbauer weiterer unterirdischer Gänge des Kreml. Zu Beginn des 20. Jahrhunderts begann der Archäologe Ignatius Steletski Nachforschungen anzustellen, um diese Gänge wiederzufinden, deren Existenz bekannt, deren Verlauf jedoch geheim geblieben war.[11]

Diese unterirdischen Gänge und verborgenen Orte Moskaus waren von den Zaren, der Kirche oder berühmten Geschlechtern heimlich in Auftrag gegeben worden.

Die ältesten unterirdischen Gänge waren von den Italienern gebaut worden, als sie auf Ersuchen Iwans III. die Kremlfestung anlegten. So gibt es beispielsweise einen Durchgang unter einigen Tortürmen des Kreml. Mehrere unterirdische Gänge befinden sich unter dem jetzigen Museum für Geschichte, und durch einen weiteren Gang gelangt man zur Moskwa. All diese geheimen Ausgänge waren für die Flucht im Fall von Unruhen oder Kriegen vorgesehen gewesen.

Eine besondere Vorliebe für dieses geheime Straßennetz legte Iwan der Schreckliche an den Tag, da es seinen unheilvollen Gedanken entgegenkam. Im übrigen ließ er sich ein geheimes Palais außerhalb Moskaus errichten[12], das durch einen langen Tunnel, den nur wenige Eingeweihte kannten, mit dem Kreml verbunden war. Der Klerus wandte sich ebenfalls an die Italiener, um sich ein System von Geheimtüren und -gängen entwerfen zu lassen. So beherbergen die Kathedralen des Kreml einige geheime »Doppelböden«. In ihren Kuppeln sind Geheimräume verborgen, die Feuer und Plünderungen standhalten sollten; dort wurden auch einige Schätze des Zaren eingelagert.

1584, als sein Ende nahte, rief Iwan seine engsten

Vertrauten im Kreml zusammen und ließ sich zur Basiliuskathedrale tragen, um diese außergewöhnliche Kirche mit den verschiedenen bunten Zwiebeltürmen, den kleinen Galerien und Kapellen, den versteckten Treppen und verschieden geformten Fenstern noch einmal zu sehen. Aber sein Blick trübte sich, und er bat, in den Kreml zurückgebracht zu werden. In der vertrauten Umgebung der Räume mit Kuppelgewölbe, das mit religiösen Gemälden auf goldenem Hintergrund übersät war, entspannte er sich allmählich. Sein Blick richtete sich auf den gewaltigen Holzbaldachin, der mit Schnitzereien und Emaillen mit den Wappen der russischen Provinzen verziert war. »So viele vereinigte Provinzen ...«, sagte er.

Dann ging er noch ein paar Schritte, warf einen Blick auf die mit ziselierten Goldplatten überzogene Tür, auf deren Wandfeld Fabeltiere dargestellt waren und die zu den unterirdischen Gängen führte. Wer würde all diese Reichtümer erben? Sein Sohn Fjodor? Er war so schwach. Sein tatkräftiger *Opritschnik*, Boris Godunow, würde gewiß über den Kreml wachen ...

Als der schicksalhafte Tag kam, rollte Iwan seit dem Erwachen Kugeln in seinen Händen, denen er eine magnetische Kraft zuschrieb. Am Nachmittag fühlte er sich wohler trotz seiner Mattigkeit und spielte Schach. Seltsamerweise fiel der Zar ohne ersichtlichen Grund dreimal hintereinander auf das Schachbrett. Kurz darauf bat er um ein Glas Wasser, dann brach er zusammen.

Iwan der Schreckliche verschied, als die Dunkelheit sich auf die Kremlgärten herabsenkte und die dunklen Konturen ihres satten Grüns sich gegen den Abendhimmel bedrohlich abhoben, ähnlich den Charakterzügen dieses innerlich zerrissenen Zaren, der weder Grenzen noch Mäßigung kannte.

Einer der größten Brüche in der Geschichte des Kreml fand in dieser Zeit statt. Die *Opritschnina* war der erste Versuch der Geheimpolizei, hundertfünfzig Jahre vor Peter dem Großen die unumschränkte Gewalt einzuführen. Die Schwächung der Bojaren und die Angliederung der russischen Provinzen an die Krone sollten dem Aufbau eines starken Staates dienen.

So hatten die Belange des Staates, repräsentiert durch den Herrscher, Vorrang vor allen anderen Interessen. Individuelle Interessen sollten vor denen der Gemeinschaft zurücktreten. Iwan der Schreckliche bleibt der Prototyp des russischen Autokraten, der in der Geschichte des Kreml in Peter dem Großen wieder aufscheinen wird, der zweifellos westlicher orientiert war, oder auch in der Person Stalins, der auf seine eigene Art die Tradition Iwans IV. wieder aufnahm und den Terror als Instrument des Klassenkampfes einsetzte. Der kommunistische Diktator des Kreml schreckte übrigens nicht davor zurück, diesen Zaren als einen Politiker von außergewöhnlichem Format zu bezeichnen, der die politischen Ziele seines Landes verwirklicht habe und dem der Staatsstreich gegen die Bojaren dank seiner Geheimpolizei und »des Bündnisses der Stadtbewohner und der Vasallen« als »nationale Einheit zur Abwehr feindlicher Angriffe« gelungen sei. Er bedauere nur, vertraute Stalin dem Schauspieler an, der im berühmten Film von Eisenstein Iwan den Schrecklichen darstellte (Nikolai Tscherkassow), daß dieser Zar sein Vorhaben nicht habe konsequent durchführen können, »da ihn sein Gott daran gehindert habe«.

Die Legende der Ruhmes- und Schandtaten Iwans des Schrecklichen hat sich in der Geschichte des Kreml durch die Jahrhunderte hindurch gehalten. Der Nachfolger Iwans IV., sein Sohn Fjodor Iwanowitsch (1557–

1598, Zar 1584–1598), galt als geistig beschränkt. Er war freundlich und bescheiden, hatte sich an den Verbrechen seines Vaters nie beteiligt, sich auf die Kirchtürme zurückgezogen und mit den Tauben und Störchen gesprochen. Da er kein Interesse für die Staatsgeschäfte zeigte, wurde ein großer Regentschaftsrat einberufen, um die Regierung zu übernehmen. Fjodors Schwager Boris Godunow, der den Titel eines »Ersten Bojaren« führte, eine überlegene Persönlichkeit, wurde dann der wahre Herrscher Rußlands. Für ihn und seine Familie wurde im Kreml ein Palais errichtet, wo er die ausländischen Diplomaten empfing und die Dokumente unterzeichnete, die die russische Innen- und Außenpolitik betrafen.

Boris Godunow war eine eigenartige Persönlichkeit. Trotz seiner überragenden Intelligenz hatte er es nie für nötig erachtet, lesen und schreiben zu lernen. Er unterzeichnete die Akten mit einem sonderbaren Gekritzel, das einer winzigen Lerche glich (*godun* heißt auf tatarisch »Lerche«).

Godunow, der selbst tatarischer Herkunft war, machte eine rasante Karriere. Er heiratete die Tochter Maljuta Skuratows, des berüchtigten Polizeichefs Iwans IV. Auf diese Weise gelang es ihm, die gesamte Zeit der Schreckensherrschaft ohne Schaden zu überstehen. Um seine Stellung gegenüber dem Zaren zu festigen, beschloß er, seine Schwester Irene mit Fjodor zu verheiraten. Er organisierte also die feierliche Vorstellungszeremonie der Brautleute, doch der schüchterne Fjodor, der die Frauen scheute, weigerte sich, daran teilzunehmen.

Godunow kam mit dem befreundeten Metropoliten überein, öffentlich zu erklären, daß Zar Fjodor seine Schwester zur Frau gewählt habe und die Hochzeit in Kürze in der Kathedrale des Kreml stattfinden werde.

Die Hochzeit wurde mit unglaublicher Pracht begangen. Fjodor kümmerte sich aber nicht um seine Gemahlin. Er ging weiterhin seinen Lieblingsbeschäftigungen nach: Er ritt durch die Schloßhöfe oder machte sich mit seinen Altersgenossen einen Spaß daraus, die Kirchenglocken zu läuten … Trotzdem gelang es ihm mit Hilfe Godunows, die russischen Städte wieder zu erobern, die sein Vater den Schweden hatte abtreten müssen. Und er brachte es auch fertig, zweifellos dank Godunow, den Metropoliten von Moskau »befördern« zu lassen. Er lud den Patriarchen von Konstantinopel offiziell in den Kreml ein und veranlaßte, daß er den Metropoliten feierlich zum Patriarchen von Rußland krönte.

Wie Iwan der Schreckliche stützte sich auch Boris Godunow auf die Geheimpolizei, um die Bojaren zu schwächen, und er bemühte sich, die Bauern an ihr Land zu binden. Seinem diplomatischen Geschick ist es zu verdanken, im Kreml die beiden Pfeiler des byzantinischen Reichs, Kaiser und Patriarch, zusammengeführt zu haben. Aber ein unglückseliges Ereignis überschattete seine Regentschaft: Dimitri, dem jüngsten Sohn Iwans des Schrecklichen, dem einzigen männlichen Thronfolger der Herrscherfamilie, wurde die Kehle durchschnitten.

Hatte Boris Godunow den Auftrag gegeben, Dimitri durch Mord zu beseitigen, um selbst den Thron zu besteigen? Das bleibt ein dunkles Rätsel: Dimitris Tod und Fjodors Kinderlosigkeit bedeuteten, daß die Dynastie erlöschen und der Thron vakant würde. Boris Godunow hatte die besten Karten, um die Nachfolge zu beanspruchen.

Fjodor starb 1598. Boris Godunow berief in seiner Eigenschaft als »Erster Bojar« den *Semski Sobor*, die Vertretung aller Stände, ein, um einen neuen Zaren zu wählen. Der Patriarch schlug als Thronanwärter sofort Godunow vor.

Nach einem feierlichen Gottesdienst in der Kathedrale des Kreml begab sich der Patriarch an der Spitze der Geistlichkeit, gefolgt von Bojaren und Menschen jeglichen Standes, zu dem in der Nähe von Moskau gelegenen Jungfrauenkloster (Nowodjewitschi Monastir), wohin sich Fjodors Witwe, Godunows Schwester, zurückgezogen hatte.

Während des Nachfolgedebakels war die Geheimpolizei im Kreml stets präsent. »Mit Stöcken bewaffnete Polizisten«, schreibt der Historiker Kliutschewski, »gingen hinter der Menge her. Die Pilger hatten den Befehl erhalten, gleich bei ihrer Ankunft im Kloster auf die Knie zu fallen, zu jammern, zu weinen und zu schreien, um der Zarin die Tiefe ihres Schmerzes kundzutun. Wer nicht weinen und schreien wollte, bekam von der Polizei so viele Stockschläge, daß er sich doch dazu entschloß. Der Patriarch hielt einen feierlichen Einzug ins Kloster und sagte der Zarin, indem er auf die jammernde Menge deutete: »Sieh dir dein Volk an! Es fleht dich an, die Bojaren aufzufordern, deinen Bruder Boris zum Zaren zu wählen ...«

Nach diesem theatralischen Auftritt wandte sich die Zarin an den *Semski Sobor*, der Boris Godunow zum »Zaren aller Russen« ernannte ... Aber kaum war die Krönungsfeier zu Ende, begannen die Bojaren und der Adel, Ränke zu schmieden und Komplotte anzuzetteln. Die Verschwörer warfen Godunow seine tatarische Herkunft vor und setzten das Gerücht in Umlauf, dieser »Stiefsohn eines Henkers« habe sich durch einen Mord des Thrones bemächtigt. Sie wiesen darauf hin, daß Dimitri, der junge ermordete Sohn Iwans, der einzige rechtmäßige russische Thronprätendent gewesen wäre.

Im Kreml herrschte eine unerträgliche Atmosphäre. Boris Godunow reorganisierte seine Geheimpolizei. Sie war zwar weniger blutrünstig als die Iwans IV., aber dafür wirksamer. Ein Netz von Denunziationen wurde geknüpft, das sich bald über das ganze Land spannte. Die Leibeigenen wurden ermutigt, ihre Herren zu denunzieren; als Belohnung erhielten sie Geld und sogar die Freilassung. Auf diese Zeit geht die Konfiszierung der Güter der Bojaren zurück, die Verbannung und Deportierung vermeintlicher Staatsfeinde nach Sibirien, das unter Godunows grausamem Vorgänger russische Provinz geworden war.

Die Polizei trug Boris Godunow alle Gerüchte zu, die ihn der Ermordung des Zarewitschs Dimitri beschuldigten; sie meldeten ihm auch die Kritik der Bojaren. Da beschloß der Zar zu handeln. 1602 berief er den Patriarchen, einige sorgfältig ausgewählte Vertreter des Adels, Kaufleute und Vertreter der Kleingewerbe in den Kreml. Dann faßte er den Entschluß, die Führer der Opposition in die Verbannung zu schicken.

Da seine Unerbittlichkeit berüchtigt war, hätte er wahrscheinlich noch erbarmungsloser zugeschlagen, wenn nicht 1604 eine besorgniserregende Nachricht im Kreml eingetroffen wäre: Polnische, ukrainische und kosakische Truppen hatten den Dnjepr überschritten – unter der Führung eines Mannes, der behauptete, der Zarewitsch Dimitri zu sein. Angeblich sei er den Soldaten entkommen, die Boris Godunow ausgesandt hatte, um ihn zu ermorden. Dieser »Dimitri« sei fest entschlossen, Boris Godunow vom Thron zu stürzen und seinen Platz als »rechtmäßiger Zar aller Russen« einzunehmen ...

Es begann die größte Täuschung der russischen Geschichte.

Die »Zeit der Wirren«

Diese Zeit der Kriege, der politischen Ungewißheit und des Machtschwunds, die von den Russen als »Zeit der Wirren« bezeichnet wird, nährte weiterhin die Phantome der Angst. Sie wurde in einer Tragödie Puschkins und in einer Oper Mussorgskis verewigt.

Zu dieser Zeit tauchten im Kreml eine Reihe von Hochstaplern oder »falschen Zaren« auf, wovon Dimitri der berühmteste war.

In den Chroniken von Kiew wird erwähnt, daß zu Beginn des 17. Jahrhunderts ein mittelgroßer Mönch mit Mondgesicht und hervorstehenden Backenknochen aufgetaucht sei, dem ein schmeichelhafter Ruf vorausging. Er kam aus dem renommierten Kloster von Tschudow, wo er wegen seiner außergewöhnlichen Intelligenz, seiner Eloquenz und seines diplomatischen Geschicks aufgefallen war. Aus dem niederen Adel stammend, war er nach dem frühzeitigen Tod seines Vaters ins Kloster eingetreten, wo er den Namen Grigori annahm. Dieser junge Mann hätte zweifellos eine glanzvolle Kirchenlaufbahn vor sich gehabt, aber in der labilen politischen Situation dieser »Zeit der Wirren« entschloß er sich, einen anderen Weg einzuschlagen.

Er durchwanderte das Land von Kloster zu Kloster und kam bis nach Polen, wo er sich niederzulassen beschloß. Da er besonders sprachbegabt war, lernte er rasch Polnisch und Litauisch und trat in den Dienst eines polnischen Fürsten.[13]

Grigoris Leben verwandelte sich nun in eine Art internationalen Spionageroman, dessen Handlung sich vor dem erhabenen Hintergrund des Kreml abspielte.

Hatte verwegene Kühnheit, die oft die großen Schicksale beseelt, Grigori zur Hochstapelei getrieben? Als er einmal erkrankt war, hatte er seinem Beichtvater anvertraut, daß er wirklich der Sohn Iwans IV. sei. Als der polnische Fürst davon Kenntnis erhielt, behandelte er den jungen Mann weniger herablassend und stellte ihn mehreren polnischen Adligen, unter anderen dem Grafen Mniszek, seinem Schwager, vor. Als Grigori einmal bei diesem weilte, verliebte er sich in Marina, die Tochter des Grafen.

Der schwer verschuldete, skrupellose Graf erkannte sofort, welchen Vorteil er aus der Beziehung seiner Tochter zu diesem sonderbaren Menschen für sich würde herausholen können. Und obwohl Marina nicht in den vermeintlichen Zarewitsch verliebt war, dem sie durch eine wunderbare Fügung begegnet war, gelang es ihrem Vater, sie für Grigori zu gewinnen. Sie erklärte sich auch damit einverstanden, eine Art Meisterspionin im Dienste ihres Landes zu werden.

Es bot sich die unverhoffte Gelegenheit zu einer privilegierten Beziehung zum polnischen König Sigismund III. Die Vorteile, die aus dieser Situation würden erwachsen können, waren mehr als beachtlich. Sie würden sogar unschätzbar sein, wenn es Grigori mit Hilfe der Polen gelingen würde, sich im Kreml niederzulassen ...

Der Graf stellte Dimitri dem polnischen König vor, der ihn ermunterte, seinen Thron wiederzuerobern. Dann versuchte er, sich die Unterstützung der Jesuiten zu sichern, die immer danach trachteten, sich in neuen Ländern zu behaupten.

Hinter diesem Abenteuer zeichneten sich gemeinsame geopolitische Interessen ab. Die Polen hofften dadurch, die Oberhand über die Russen zu gewinnen, die im Augenblick geschwächt waren, und den Bojaren bot sich die Gelegenheit, sich vom zentralistischen Zaren Boris Godunow zu befreien.

Es vollzog sich ein sonderbarer psychologischer Wandel. Der ehemalige Mönch spielte seine Rolle so gut, daß er selbst die Überzeugung gewann, der echte Dimitri zu sein.

An der Spitze einer Truppe von etwa tausendfünfhundert Mann, kampferprobten Kosaken sowie Glücksrittern und Abenteurern, marschierte er im Oktober 1604 in Rußland ein. Seiner bunt zusammengewürfelten Truppe gelang es, Richtung Moskau vorzurücken, da der inzwischen erkrankte Boris Godunow politisch und militärisch geschwächt war.

Mit dem Frühling schienen auch die Kräfte und die Zuversicht des Zaren Boris zurückzukehren. Wie gewohnt ging er hinaus, um Moskau von den Türmen des Kreml aus zu betrachten. Er warf einen nachdenklichen Blick auf die glitzernden, zwiebelförmigen Kuppeln der Kirchen, dann wurde er von plötzlichem Unwohlsein befallen. Der Patriarch von Moskau und Popen aus der nahe gelegenen Kathedrale eilten an sein Krankenbett und standen ihm in seiner letzten Stunde bei.

Der Tod Boris Godunows machte dem falschen Dimitri den Weg nach Moskau frei. Einige Tage später betrat er den Kreml über das Erlösertor. Er begab sich sofort zur Erzengelkathedrale. Feierlich verharrte er in stillem Gedenken vor dem Grab Iwans des Schrecklichen. Draußen knieten auch seine Kosaken nieder, die vom Don, aus dem Ural und von der Wolga gekommen waren. Die Banner der Geistlichkeit flatterten im Wind, die Trompeten schmetterten und die Chöre dankten jubilierend Gott.

Kurz darauf ließ Dimitri die sterblichen Überreste Boris Godunows ausgraben und sie zu denen seiner Frau und seines Sohnes überführen, die einige Tage zuvor im »Armenhaus«, einem Kloster in Zentralrußland, in das sie sich geflüchtet hatten, erdrosselt worden waren.

Das schauspielerische Talent des falschen Dimitri erreichte seinen Höhepunkt, als er in einem golddurchwirkten Gewand auf einem Schimmel, dessen Sattel- und Zaumzeug mit Edelsteinen besetzt war, durch Moskau ritt. Vorher hatte er seine »Mutter« durch einen hohen Bojaren aus dem Kloster, in dem sie sich aufhielt, nach Moskau holen lassen, um mit ihr seinen feierlichen Einzug in die Hauptstadt zu halten. Die Witwe Iwans des Schrecklichen[14], die im Kloster den Namen Marfa angenommen hatte, spielte perfekt die ihr zugedachte Rolle. Vor Tausenden von Menschen »erkannte« sie, umgeben von kirchlichen Würdenträgern, ihren Sohn und schloß ihn zärtlich in ihre Arme. Wußte sie eigentlich ganz genau, daß er nicht ihr Sohn war? Machte sie das Spiel mit, um sich für die Demütigungen zu rächen, die sie nach Iwans Tod erlitten hatte? Von welchen Beweggründen sie sich auch leiten ließ, sie verschaffte sich Genugtuung. Dimitri schritt zu Fuß neben der Karosse »seiner Mutter« bis nach Moskau. Der Einzug geriet zum Triumph.

Die Rückkehr des »legitimen« Zaren galt als echtes Wunder. An den Ufern der Moskwa war in der Nähe des Kreml ein riesiges Zelt aufgestellt worden. Nach altem Brauch empfing Dimitri dort Menschen aus dem Volk und Vertreter der Zünfte.

Am 10. November 1605 heiratete Dimitri seine polnische Braut Marina Mniszek[15] und nahm auf eine für den Kreml ungewöhnliche Weise die Staatsgeschäfte auf. Entgegen aller Gewohnheit verzichtete er auf den Mittagsschlaf nach dem Essen; statt die Folterkammern zu besichtigen, zog er es vor, den Handwerkern einen Besuch abzustatten und mit ihnen über den Handel und die Mittel zu sprechen, die das Gewerbe fördern könnten. In einem Brief, den er an die moskowitische Bevölkerung richtete, erklärte er übrigens, »er wolle niemanden ausbeuten und wünsche, daß sein Reich frei sei«; dann fügte er hinzu: »Ich will mein Land durch Handel bereichern.«

All diese Hoffnungen wurden nach kurzer Zeit enttäuscht. Zu den Polen, die sich mit Dimitri im Kreml niedergelassen hatten, gesellte sich ein sehr großes polnisches Gefolge, das Marina am 2. Mai 1606 mit nach Moskau gebracht hatte. Da Dimitri keine Anstalten machte, die Interessen des polnischen Staates so vorbehaltlos wahrzunehmen, wie man es von ihm erwartete, kam es bald zu immer heftigeren Auseinandersetzungen zwischen den Polen und den Russen. Die Moskowiter begannen sie zu hassen und sich offen beim Zaren über ihr Verhalten zu beschweren. Schlimmer noch, die Bojaren faßten einen Staatsstreich ins Auge: Der falsche Dimitri, der ihnen ermöglicht hatte, sich von Boris Godunow und seiner Familie zu befreien, war zu nichts mehr nütze…

Am 17. Mai 1606 wurden Dimitri und seine Gemahlin von stürmischem Glockengeläute geweckt. Eine von Bojaren angeführte Truppe war im Begriff, in Moskau einzudringen, und marschierte auf den Kreml zu. Der falsche Dimitri wurde gefangengenommen und ermordet. Sein Leichnam wurde in Stücke gerissen, durch ganz Moskau geschleift und dann verbrannt; seine Asche wurde in eine Kanone gestopft und symbolisch nach Westen verschossen, also in die Richtung, aus welcher der »Betrüger« gekommen war… Marina konnte fliehen, ihr widerfuhren noch zahlreiche Mißgeschicke.

Ein Augenzwinkern der Geschichte? Vor kurzem, beinahe vier Jahrhunderte nach der Ermordung des russischen Thronusurpators, rief eine in einen geflickten Mantel eingehüllte Moskauerin die Erinnerung an dieses weit zurückliegende Ereignis wach: »Unsere Machthaber, wie auch immer sie heißen mögen, ob Gorbatschow oder Jelzin, werden wie der falsche Dimitri enden. Man wird ihre Asche in Kanonen stopfen und sie in den Westen verschießen, der über uns spottet.«

Irrt Dimitris Geist noch in den unterirdischen Gängen des Kreml herum? Die zeitgenössischen Historiker sehen ihn nicht nur als einfachen Hochstapler oder als polnischen Spion. Sein Fall ist komplizierter: Zum einen war er fest überzeugt, der Sohn Iwans des Schrecklichen zu sein. Zum andern hat er sich, wie später Gorbatschow, als ein Meister des Doppelspiels, als geschickter Taktierer erwiesen, dessen Worte von jedem Gesprächspartner anders ausgelegt werden konnten; schließlich war er bestrebt, bei seiner Herrschaft Gerechtigkeit walten zu lassen.

»Es gibt zwei Arten, im Kreml zu herrschen«, schrieb er, »mit Barmherzigkeit und Großherzigkeit oder, wie üblich, mit Strenge und Blutvergießen. Ich habe Gott versprochen, die erste Art anzuwenden.«

Schließlich galt der falsche Dimitri als Anhänger der Öffnung des Landes, wenn nicht gar als Betreiber des »Verkaufs des Kreml« ans Ausland, was ihm die Russen nicht verziehen, da sie ihn als Werkzeug oder Agenten des Auslands betrachteten.

Nach der Ermordung Dimitris wurde Wassili Iwanowitsch Schuiski zum Zaren ausgerufen. Die »Zeit der

Wirren«, die *Smuta*, hatte begonnen; die Zahl der Thronprätendenten wurde immer größer: Wladislaw, der Sohn des polnischen Königs Sigismund III. – ein Katholik –, bestieg den Thron...

In dieser Zeit der Wirren und der drohenden Gefahr war die Kirche die einzige Macht, die die großen Ziele des Kreml weiterverfolgte. Mit dem Patriarchen an ihrer Spitze führte sie die nationale Bewegung an, die am 21. Februar 1613 die Ernennung von Michail Fjodorowitsch Romanow, dem Sohn des Metropoliten Philaret, zum Zaren durchsetzte. Er entstammte einer Familie aus dem mittleren Adel, die sich Sacharin-Jurjew und seit Ende des 16. Jahrhunderts Romanow nannte, zurückgehend auf Anastasia, die Tochter Roman Jurjewitschs, die 1547 Iwan den Schrecklichen geheiratet hatte.

Aus dieser Krise ging das Nationalbewußtsein, das auf den Kreml gerichtet war, gestärkt hervor: Um seine Zerrissenheit zu überwinden, brauchte das Land einen unumschränkten Alleinherrscher, einen zentralisierten Staat und eine mächtige Kirche.

Die ersten Romanows mußten ihre Rechtmäßigkeit und zugleich ihr Festhalten an der Vergangenheit und ihren Erbanspruch behaupten. Daraus resultierte eine Verfassung nationalen Stils, die sich das volkstümliche Erbe des Kreml zunutze machte. Denn die Kaufleute, die sich sowohl in Moskau als auch in der Provinz fest etabliert hatten, strebten, wie die Bojaren des Kreml, nach einer neuen Lebensart und fanden Gefallen an der Kunst. Die Stroganows, eine Unternehmerfamilie, die durch Salz- und Erzgewinnung sowie durch Pelzhandel die Grundlagen ihres riesigen Vermögens geschaffen hatte, spielten als »Mäzene des Kreml« eine bedeutende Rolle im russischen Kulturleben. Nach ihnen wurde ein prunkvoller Spätstil der altrussischen

Kunst um 1700 genannt. Sie erbauten Steinpaläste, und in ihren Werkstätten entwickelten sie das Verfahren des Silberreliefschmelzens. Sie förderten auch die Ikonenmalerei.

Rußland gehörte im 17. und 18. Jahrhundert zu den aufsteigenden Mächten Europas. Obwohl es ein rückständiges Land blieb, das mit eiserner Hand regiert wurde, entfaltete der Zarenhof des Kreml eine immer größere Pracht, während der gut ausgebaute Verwaltungsapparat sich der Mittel der Geheimkanzleien bediente.

»Zwischenspiel« St. Petersburg

Als Peter der Große 1694 nach dem Tod seiner Mutter tatsächlich die Macht übernahm, teilte er sich mit seinem Halbbruder Iwan die Herrschaft. Zar Alexei, der Vater der beiden, hatte aus seiner ersten Ehe mit Maria Miloslawskaja zwei Söhne, Fjodor und Iwan, sowie sieben Töchter und aus seiner zweiten Ehe mit Natalja Naryschkina einen Sohn, Peter. Der kränkliche Fjodor trat 1676 mit vierzehn Jahren die Nachfolge seines Vaters an, so daß in seinem Namen faktisch die Familie Miloslawski regierte. Fjodor starb sechs Jahre später, im April 1682, erst zwanzig Jahre alt, ohne Nachkommen zu hinterlassen.

Nach langwierigen Kämpfen um die Macht zwischen den Miloslawskis und den Naryschkins übernahm Prinzessin Sophia, die älteste Tochter aus der ersten Ehe des Zaren Alexei, die Regentschaft im Namen der beiden Minderjährigen Peter und Iwan. 1689 scheiterte ihr erster mit Hilfe der Strelitzen unternommener Putschversuch. Denn Peter scharte mehr Freunde und militärische Einheiten um sich als Sophia und ihr Gefolge. Er übertrug die Regentschaft seiner Mutter Natalja und einem Kreis von Ratgebern. Das waren die letzten Jahre der konservativen Kremlherrschaft, bis Peter das Ruder übernahm – ein Autodidakt, der in einem Dorf in der Umgebung von Moskau aufgewachsen war, sich von allen Fesseln der Überlieferung befreit, seine eigenen Interessen verfolgt und eine handwerkliche Ausbildung genossen hatte.

Schon damals begann der junge Zar, den durch Schwerfälligkeit und altüberlieferte Bräuche gekennzeichneten »Geist des Kreml« zu kritisieren. Dieses Gefühl wurde durch eine lange Reise ins Ausland verstärkt. Peter machte inkognito eine achtzehnmonatige Reise nach Preußen, Holland, England und Österreich. 1698 kehrte er überstürzt aus Wien zurück, um einen in Rußland ausgebrochenen Strelitzen-Aufstand zugunsten Sophias niederzuschlagen. Er hatte die schlechte Nachricht erhalten, daß Moskau durch heranrückende Rebellen bedroht sei. Die Aufständischen hatten einfach den Tod des Zaren verkündet und die Krönung Sophias, die ins Neue Jungfrauenkloster bei Moskau verbannt worden war, gefordert.

Aber auch dieser neue Putschversuch scheiterte, da die sieben Zar Peter getreuen Regimenter die Strelitzen aufhielten und niedermetzelten. Als er bereits Krakau passiert hatte, bekam der Zar vom Höchsten Gericht die Meldung, daß es gelungen sei, den Aufstand niederzuschlagen. Immer noch standen ihm die Erinnerungen an die schrecklichen Ereignisse des 15. und 19. Mai 1689 vor Augen, als ein Blutbad unter seinen Familienangehörigen angerichtet worden war. Er gab bekannt, daß er in dieser Angelegenheit selbst ermitteln wolle. Auf der Rückreise überlegte er, welche Maßnahmen er gegen die Aufständischen ergreifen würde …

Kaum zurück, begab er sich in das Büro der Geheimpolizei[16], wo die Scharfrichter die Angeklagten pausenlos quälten. In einem Wutanfall ließ er etlichen von ihnen vor seinen Augen den Kopf abschlagen. Die großen Richter standen ihm zur Seite, denn der Zar drohte ihnen und warf ihnen »Großherzigkeit« vor.

Diese Hinrichtungen, die das Ende des Einflusses des Kreml ankündigten, begannen am 10. Oktober 1698 auf dem Roten Platz. Der detaillierte Bericht des österreichischen Legationssekretärs[17], der dem Massaker beiwohnte, lautet wie folgt: »… Der Zar lud alle Diplomaten der ausländischen Herrscher und Machthaber ein, dem Schauspiel seiner schonungslosen Gerichtsbarkeit beizuwohnen. Vor der Kaserne des Regiments Preobraschenski befindet sich ein Stück Brachland, das von einer kleinen Anhöhe, die man Cholmik nennt, beherrscht wird. Dort fanden die Hinrichtungen statt. (…) Jeder Todeskandidat trug zwei brennende Kerzen. Dann begann die Köpfung. Die Bojaren und die Hofleute mußten wie der Zar eine Axt ergreifen und die Köpfe abschlagen. Nicht weit vom Ort der Hinrichtung standen hinter einer dreifachen Postenkette heulend die Frauen und Verwandten der Verurteilten. Die Schmerzensschreie der Opfer mischten sich mit dem Wehklagen des Volkes. Hundertdreißig Aufständische wurden aus dem Haus des Generals Schejn herbeigeschleppt: Diese erwartete ein schlimmerer Tod als die Enthauptung, nämlich der Pfahl und das Rad. Am Eingang aller Tore Moskaus hatte man auf Befehl des Zaren Doppelgalgen errichtet. Vom unvermeidlichen Menschikow egleitet, überprüfte der Zar, mit einem grünen Pelz bekleidet, die Galgen. In enggeschlossener Reihe, wie eine Herde Vieh, gingen die Verurteilten langsam voran, da Holzpflöcke sie am Gehen hinderten, und bestiegen die Leitern der Galgen; dreimal machten sie das Kreuzzeichen – mit zwei Fingern – und bedeckten, wie es in Rußland Brauch ist, ihr Gesicht mit dem Mantel. Keiner wartete, bis die Henker ihm den Strick anlegten; sie steckten selbst den Kopf in die Schlinge und warfen sich in die Tiefe. Ich sah einen sonderbaren Auftritt, der meinen Geist noch lange beschäftigte: Plötzlich kletterte der Zar auf einen Galgen und sprach mit einem der Verurteilten. Der Strelitze hörte ihm zu, rief dann aber: ›Weiche zurück, Antichrist!‹«

Peter verschonte Sophia, befahl aber, die Anführer des Aufstands unter dem Fenster ihres Zimmers zu hängen. An die Brust der Gehängten heftete man die Flugblätter und Bittgesuche, die diese an Sophia »nach ihrer Krönung« hatten richten wollen.

Die Hinrichtung der Strelitzen bildete den Auftakt eines unbarmherzigen Kampfes, den der Zar gegen die russische Tradition zur Modernisierung seines Landes führte. Eine ganze Reihe von Reformen war ohne Zweifel notwendig, wie beispielsweise die Gleichberechtigung der Frauen und die Schulpflicht für die Söhne der Adligen. Andere Ukasse (Erlasse) des Zaren dagegen befremdeten, so der, in dem er seinen Untertanen befahl, sich unverzüglich den Bart schneiden zu lassen und sich auf polnische Art zu kleiden. Wer sich dieser Anordnung widersetzte, galt als Feind des Zaren und der Regierung. Wer sich von seinem Bart nicht trennen wollte, wurde automatisch zum »Verräter«. Die Polizei nahm alle Bärtigen fest und »machte sie nach gewissen Rezepten auf der Wache gefügig«; danach schnitt man den Widerspenstigen Bart und Haare ab, die Rückfälligen wurden geköpft. Die lange, altrussische Kleidung wurde bei Männern wie bei Frauen gekürzt. Nach den in Holland und England gewonnenen Erkenntnissen hatte der Zar die Länge der Röcke und Kleider festgesetzt; er beschäftigte sich persönlich mit dieser Kleidungsreform und setzte sogar die Anzahl der Knöpfe fest, die ein Überrock haben durfte. Alle überzähligen wurden von der Polizei abgerissen... Ein Ukas verbot den russischen Schneidern unter Androhung der Todesstrafe, »russische Kleider anzufertigen«. Dieser

Kampf schadete Peters Reformen ungeheuer. Die Russen sperrten sich dagegen und waren bald bereit, sich »lieber den Kopf als den Bart abzuschneiden«.

Durch diese dramatischen Ereignisse wurde Peter restlos bewußt, daß Rußland sich nach dem Westen orientieren müsse, wenn es mit den anderen Mächten Schritt halten wolle. Daher rührte also die Kraft des Reformers, die einen Teil des Landes der Aufklärung zuführte, auch wenn der andere Teil in dem vom Kreml symbolisierten Traditionalismus erstarrte.

Rußland konnte den Westen einholen, sein menschliches Potential und seine natürlichen Ressourcen befähigten es dazu. Es sollte nicht nur im Konzert der großen europäischen Mächte eine Rolle spielen, sondern sogar eine Großmachtstellung einnehmen. Nach dem Sieg über die Polen und die Schweden gründete der Zar die befestigte Hafenstadt St. Petersburg, die »ein Fenster nach Europa« darstellte. Durch den Sieg, den Peter über Karl XII. am 27. Juni 1709 in Poltawa errang, fiel dem Russischen Reich in den Augen Europas ein unermeßlicher Gewinn an Prestige zu. Und der Zar fühlte sich ermutigt, unter Aufbietung aller Kräfte den Bau der neuen Stadt voranzutreiben, die faktisch 1712 und offiziell 1715 die Hauptstadt wurde und wohin auch der Hof übersiedelte.

Das Herz des Landes schlug von nun an außerhalb des Kreml. Der Untergang des moskowitischen Staates war besiegelt.

Napoleon im Kreml

Erst in der Zeit der Napoleonischen Kriege, nach dem Einmarsch der Franzosen in Rußland im Jahre 1812, spielte der Kreml wieder eine Rolle in der Geschichte.

In *Krieg und Frieden* hat Leo Tolstoi den Einzug der Franzosen in Moskau beschrieben. Von seinen Generälen und Gardeoffizieren umgeben, wartete Napoleon vergeblich darauf, daß ihm eine Abordnung des Adels oder der Bürger von Moskau »die Schlüssel der Tore« feierlich übergebe: »Am 2. (14.)[18] September gegen zehn Uhr morgens stand Napoleon inmitten seiner Truppen auf dem Poklonberg und betrachtete das Bild, das sich seinen Augen darbot. (…) Im grellen Morgenlicht blickte er bald auf die Stadt, bald auf den Plan, prüfte alle Einzelheiten nach, und die Gewißheit, sich dieser Stadt bemächtigt zu haben, regte ihn auf und ängstigte ihn. (…) ›Von den Höhen des Kreml – ja, das dort ist der Kreml – werde ich ihnen die Gesetze der Gerechtigkeit vorlesen, werde ihnen den Sinn der wahren Zivilisation offenbaren und die Geschlechter der Bojaren zwingen, in Liebe ihres Eroberers zu gedenken.‹ (…) Die berittenen Abgesandten, die die Bojaren hatten herbeiholen sollen, waren mit der Nachricht zurückgekehrt, daß Moskau leer war und alle Bewohner fortgefahren oder weggelaufen seien. (…) Sie fürchteten sich davor, wie sie dem Kaiser, ohne Seine

Majestät in jene furchtbare Lage zu bringen, die die Franzosen mit ›ridicule‹ bezeichnen, klarmachen sollten, daß er umsonst so lange auf die Bojaren gewartet hatte, und daß es in der Stadt nur betrunkene Rotten, aber sonst weiter niemanden gebe.«[19]

Die erste Nacht nach dem Einzug der französischen Truppen verbrachte Napoleon in der Nähe eines Tors von Moskau; am nächsten Tag schlug er sein Hauptquartier im alten Zarenpalast im Kreml auf.

Es wurde allmählich Herbst, und überall roch es schon nach feuchter Baumrinde. Hinter den dicken Steinmauern glaubte der Korse, seinen sehnlichsten Traum erfüllt zu haben: über diese »sagenhafte, herrliche und chimärisch ferne Stadt« zu herrschen.

Am 15. September 1812 legte sich der Kaiser früh zur Ruhe. Die Nachrichten waren zwar widersprüchlich, aber er hatte wohl Grund, zufrieden zu sein. Seine Kundschafter berichteten, daß der russische Adel den Frieden wolle. Unsanft wurde Napoleon durch gleißendes Licht geweckt, das plötzlich sein Zimmer erhellte. Der Kaiser sprang aus dem Bett und schaute erst aus dem einen, dann aus dem anderen Fenster. Überall bot sich ihm das gleiche Schauspiel: Moskau stand in Flammen, ganze Straßenzüge waren in ein Flammenmeer verwandelt, die Gebäude brannten wie Scheiterhaufen. Ein heftiger Sturmwind jagte die Feuersbrunst direkt gegen den Kreml. Das Heulen des Windes übertönte bisweilen das Getöse der in Schutt und Asche sinkenden Häuser. Der Kaiser war aufs höchste bestürzt. Wenn die Flammen auf den Kreml übergingen, bedeutete das für ihn, für sein Gefolge und seinen Führungsstab den sicheren Tod, da das von den Russen im Stich gelassene Schießpulverdepot explodieren würde.

Wer hatte ein solches Desaster veranlaßt? Etwa Zar Alexander I., der niedergeschlagen in den mit Spiegelglas und Goldverzierungen ausgestatteten Räumen seines St. Petersburger Palastes saß? Oder der alte, einäugige General Michail Kutusow, der Oberbefehlshaber der russischen Armee?

Seit dieser Katastrophe sind die russischen und französischen Geheimdienste Gegenstand einer historischen Auseinandersetzung. So beschuldigte der russische Führungsstab die französischen Kundschafter, unter Kuratel des Marquis von Chambray zu stehen. Tolstoi war vorsichtiger und behauptete, daß der Brand das Werk von Tausenden marodierender Soldaten war, die mit behelfsmäßigen Fackeln zum Plündern in die Häuser eingedrungen waren. Die französischen Historiker schrieben Rostoptschin, dem Gouverneur von Moskau und ehemaligen Günstling und Premierminister Pauls I., die Verantwortung für den Brand von Moskau zu: Dieser Mann sei wie eine Naturgewalt, eine Mischung aus Bitterkeit, Rachsucht, Haß auf den Aggressor, Mut und Scharfzüngigkeit. Im Kampf gegen die Franzosen erkannte er die Chance seines Lebens…

Für Oberst Glinka, den Befehlshaber der Freiwilligen, den berühmten Organisator des Widerstands, hatte schlicht die Vorsehung die Feuersbrunst begünstigt. Der Brand von Moskau sei das vom Himmel gesandte Feuer, um die Stadt zu reinigen. »Denn«, so sagte er, »dort, wo es im Kremlpalast früher nur weltliche Freuden gab, fließen Feuerströme und verzehren die Eitelkeit der Menschen.«

Das Feuer erfaßte bald einen Turm des Kreml. In welch krassem Gegensatz stand nun die hell auflodernde Stadt zu dem überwältigenden Anblick, der sich Napoleon bei seinem Einzug geboten hatte, mit den rosa und grünen Palästen, den hellblauen und weißen Gebäuden, den Bögen, Türmen, Glockentürmen, den blauen, vergoldeten, violetten Kuppeln, die so aus-

sahen, als habe man sie auf eine unendlich große Wiese
gestreut, so zahlreich und großflächig waren die Parks
und die Gärten in dieser Stadt.

Während der Turm des Kreml sich in eine Fackel verwandelte und die Fensterscheiben infolge der Hitze
zerbarsten, ließ Graf von Ségur, der Adjutant des französischen Kaisers, nicht locker: »Wir müssen die Stadt
verlassen und dürfen keine Sekunde verlieren.« Napoleon, dem alle Farbe aus dem Gesicht gewichen war,
gewann allmählich seine Fassung wieder. Er betrachtete
das in Flammen aufgehende Moskau, und nachdem er
die ganze Nacht geschwiegen hatte, rief er aus: »Sie
haben das Feuer angezündet. Was sind das für Menschen! Es sind Skythen!« Ein wenig später fügte er
hinzu: »Welch Unverfrorenheit, was für Barbaren!
Welch schrecklicher Anblick!«

Marschall Mortier tat sein möglichstes, um den
Kreml zu retten. Umsonst. Während der Kaiser noch
zögerte, drohte das Feuer den ganzen Palast in rote
Glut zu tauchen und den Rückweg abzuschneiden.
Der Tag brach an. Die Situation wurde allmählich kritisch; beißender Rauch drang in den Palast ein und ver-
schlug einem jeden den Atem. »Das übersteigt alles«,
sagte Napoleon, indem er sich an Caulaincourt wandte.
»Es ist ein Vernichtungskrieg, eine schreckliche Taktik,
das hat es in der Geschichte der Zivilisation noch nie
gegeben … Die eigenen Städte verbrennen … Der Teufel regt diese Menschen dazu an … Welch grausamer
Entschluß … Was für ein Volk! Was für ein Volk!«

Napoleon blieb wie gebannt stehen. Um ihn zu bewegen, das Palais zu verlassen, sanken Vizekönig Eugen
und Marschall Berthier, einer seiner Günstlinge, vor
ihm in die Knie.

Eine unheilverkündende Röte färbte den Morgen-
himmel. Fast die ganze Stadt brannte; die Flammen

schlugen gleichzeitig an sehr vielen Stellen empor. Die Hauptverkehrsstraßen waren nur noch eine einzige Feuerlinie …

Im Hof des Palastes, in dem Napoleon Quartier bezogen hatte, erschossen französische Grenadiere die russischen Polizeibeamten, die sie der Brandstiftung verdächtigten. Die Flammen schossen überall empor. Es war zu spät, um Unterschlupf im Petrowski-Palast zu suchen, der sich am Stadtrand befand. Gefolgt von seinen Generälen rannte Napoleon die große Treppe hinunter und bahnte sich einen Weg durch den Rauch, um eines der Tore des Kreml zu erreichen. Aber auch dort schlugen überall die Flammen hoch. Der französische Kaiser und seine Generäle mußten den unterirdischen Gang des Kreml benutzen, dessen sich die Bojaren 1682 bedient hatten, um dem Zorn der Zarengarde zu entkommen.

Am 18. September ließ die Feuersbrunst allmählich nach, weil starker Regen einsetzte. Am 19. September kehrte Napoleon in den Kreml zurück und ließ sich die Akten des russischen Staats bringen, die den von Pugatschow angezettelten Bauernaufstand betrafen. Napoleon schloß sich mit Lesseps, dem französischen Botschafter in Moskau, ein, und Caulaincourt stellte ihnen folgende Frage: »Und wenn wir die Glanzleistung Pugatschows wiederholen und die Bauern zum Aufstand aufrufen? Wenn wir die Kosaken gegen den Zaren aufbringen?«

Lesseps antwortete darauf: »Dafür müssen wir einen falschen Dimitri finden. Wir haben keinen.«

Daraufhin ließ der Kaiser Mine Aubert-Chalmais, eine Französin, die seit langem in Moskau wohnte, in den Kreml kommen. Aber sie riet ihm ab, auf den russischen Bauernaufstand zu setzen. Um den 15. Oktober rief Napoleon seine Generäle zusammen und hielt einen großen Kriegsrat ab. Er schlug vor, das, was von Moskau übriggeblieben war, niederzubrennen, den Kreml in die Luft zu sprengen und sich Richtung St. Petersburg aufzumachen, wo Macdonald sich der Großen Armee wieder anschließen würde.

Aber angesichts des Protestes seiner Generäle gab Napoleon seinen Plan auf. Derjenige, den das russische Volk nunmehr den Antichristen nannte, geriet in einen Zustand größter Ratlosigkeit, da er den Sieg zerrinnen sah.

Der Herbst des Jahres 1812 war außerordentlich mild, eine Ausnahme in diesem Landstrich. Die goldenen Blätter der Bäume des Kreml bedeckten die Pflastersteine vor der Basiliuskathedrale, die Napoleon verächtlich »die Moschee« nannte. Er wandte sich an Caulaincourt und sagte: »In Moskau ist der Herbst so mild wie in Paris... Zu dieser Jahreszeit ähnelt der Kreml Fontainebleau.« Mit einem Lächeln fuhr er fort: »Das ist also eine Kostprobe des strengen russischen Winters, mit dem Monsieur de Caulaincourt den Kindern Angst macht!«

General Berthier suchte den Kaiser auf und drängte darauf, Moskau vor Beginn der Regenzeit zu verlassen: Es sei höchste Zeit, sich in die Winterquartiere zurückzuziehen; zudem sei etwa hundert Kilometer vom Kreml entfernt eine starke Ansammlung von Kosaken gemeldet worden.

In der Nacht vom 17. auf den 18. Oktober 1812 leiteten die russischen Truppen ihren Angriff ein. Angeführt von einem russischen Agenten polnischer Abstammung, einem Überläufer und Unteroffizier der russischen Armee, schnitten die Truppen des Zaren Murat den Rückzug ab... Es gelang diesem nicht, die Situation umzukehren.

Als Napoleon von Murat den Bericht über diese

Schlacht erhielt, befahl er sofort den Rückzug aus Moskau. Aber die Russen eröffneten den Kampf und drängten ihn Richtung Smolensk zurück. Von ihrem Nachschub abgeschnitten, Tag und Nacht vom Feind attackiert, ergriffen Napoleons Soldaten die Flucht. Die kaiserliche Armee, die anfangs eine Stärke von über 500 000 Mann gehabt hatte, zählte bei der Über-schreitung der Beresina nur noch 60 000 Mann, und nur 30 000 kehrten nach Frankreich zurück.

Kutusow, der Oberbefehlshaber der russischen Truppen, beschwor Alexander I. am Njemen haltzuma-chen, weil »der definitive Zusammenbruch Napoleons auf lange Sicht nur für England und für die Feinde Rußlands von Vorteil sein würde«.

Aber der Zar gab barsch zurück: »Wir können nicht beide gleichzeitig regieren.«

Nikolaus I. oder Die Gründung der »Dritten Abteilung«

Der Bezwinger Napoleons, Zar Alexander I., starb unerwartet am 1. Dezember 1825 in Taganrog, auf der Krim, ohne Nachkommen zu hinterlassen. Sein Bruder Konstantin hatte bereits 1823 auf Krone und Zepter verzichtet. Alexander hatte diese Verzichtserklärung angenommen und in einem Geheimdokument seinen Bruder Nikolaus Pawlowitsch zum legitimen Nachfolger designiert; er hatte es aber versäumt, diese Nachfolgeregelung bekanntzugeben. Der plötzliche Tod Alexanders hatte am russischen Hof eine unbeschreibliche Verwirrung zur Folge. Da die Öffentlichkeit über den Thronverzicht Konstantins nicht unterrichtet war, rief man Konstantin zum Zaren aus. Konstantin aber proklamierte seinen Bruder Nikolaus zum neuen Herrscher. Letzterer weigerte sich, den Thron zu besteigen, da er von der Existenz der erwähnten Geheimurkunde nichts wußte, und hielt seinen Bruder Konstantin für den legitimen Zaren. Konstantin hatte jedoch unwiderruflich auf den Thron verzichtet.

Dieser Thronverzicht hatte ein Interregnum zur Folge. Am 26. Dezember 1825 zettelten die Mitglieder der »Nördlichen Gesellschaft«, eines aus jungen Aristokraten und Gardeoffizieren bestehenden Verschwörerkreises, der einen gemäßigten, westlich orientierten Kurs verfolgte, einen Putsch an. Sie wollten den nun designierten Thronfolger, den Großfürsten Nikolaus I., ausschalten und die Einführung eines konstitutionellen Regimes in Rußland erzwingen. Der Aufstand der sogenannten Dekabristen (russisch *dekabr* bedeutet »Dezember«) wurde niedergeschlagen, die Anführer wurden hingerichtet oder nach Sibirien verbannt. Diese dramatischen Ereignisse offenbarten den Charakter des neuen Zaren. Er war entschlossen, die Autokratie zu verteidigen, und bekämpfte jeden Neuerungsversuch. Er zeichnete sich durch ausgeprägtes Pflichtbewußtsein, Festhalten an Lehrmeinungen der orthodoxen Kirche, Ehrfurcht vor den Traditionen und der Architektur des Kreml aus.

Nikolaus I. regierte dreißig Jahre lang (1825–1855) mit wechselndem Erfolg und doch ständig wachsender Autorität. Zwischen St. Petersburg und Moskau wurde eine Eisenbahnverbindung hergestellt. Hier und da wurden bescheidene Fabriken mit unzureichender Ausstattung gegründet. Der Export florierte. Aber man hielt weiterhin an der Leibeigenschaft fest, einem in Europa seit Beginn des 18. Jahrhunderts aufgehobenen, feudalen Abhängigkeitsverhältnis. Der Zar förderte eine Kunst, die von der slawophilen Ideologie des Vaterländischen Kriegs von 1812 angeregt war, verherrlichte die nationalen Werte und mißbilligte die Öffnung nach Westen. Diese Tendenz entsprach der europäischen Bewegung der Romantik, die eine Reaktion auf die von der Französischen Revolution propagierten Ideale war, beseelt von einem von den Mythen des Kreml und den Legenden des ewigen Rußland genährten Mystizismus.

Von diesem Nationalgefühl durchdrungen, beschloß Nikolaus I., 1826 eine neue, das ganze Land umspannende Polizeiorganisation zu schaffen, die bald »die stärkste Kraft des Landes« werden sollte und der die Sicherung des absolutistischen Regimes oblag. Sie

wurde unter dem Namen »Dritte Abteilung der höchst-
eigenen Kanzlei Seiner Majestät« bekannt und hatte
zwei Aufgaben zu erfüllen: Zum einen sollte sie freiheit-
liche Strömungen unterdrücken und konspirative Umtriebe vereiteln, zum andern ein »Zentrum der Refle-
xion über den russischen Zustand« sein.

Damals gehörten dieser Organisation die Vertreter
des Hochadels an. Ihr Chef, General Alexander Graf
von Benckendorff, war deutsch-baltischer Herkunft
(wie viele Vertraute des Zaren) und ging in die Geschichte ein, weil er als Leiter des Zensurwesens die
literarische Produktion von Alexander Puschkin, dem
größten russischen Dichter, streng überwachte. Den
Zeitgenossen ist auch im Gedächtnis geblieben, wie
der gut aussehende General die berühmte französische
Schauspielerin Mademoiselle George abholen ließ, die,
von leidenschaftlicher Liebe erfaßt, einige Jahre mit
Puschkin gelebt hatte.

Benckendorff leitete von 1826 bis 1844 die »Dritte
Abteilung«, den gewaltigen Apparat einer gut ausge-
bauten politischen Geheimpolizei. Der Mann auf der
Straße ließ ihm auf seine Weise Gerechtigkeit wider-
fahren: »Es gibt wenige Russen, die mit ihm tauschen
möchten.« Seine Machtposition ging auf den Beginn
der Regierung Nikolaus' I. zurück, auf den Dekabristen-
aufstand, der die Notwendigkeit einer effizienten Polizei deutlich gemacht und ihm die Gelegenheit geboten
hatte, seine Treue dem Zaren gegenüber unter Beweis
zu stellen. Daher waren seinen Befugnissen keine Grenzen gesetzt.

Seitdem erzeugt die hellblaue, silberbestickte Uniform der Gendarmen bei allen Russen ein Gefühl der
Ehrerbietung und zugleich des Schreckens: Sowohl
über die Methoden der Geheimpolizei als auch über
die Taten selbst herrscht tiefes Schweigen. Bencken-

dorff war weder habgierig noch grausam, aber er war engstirnig und gegen Ende seines Lebens vom Mystizismus beseelt. 1839 ernannte er seinen Stellvertreter, General Leonti Dubelt, der gefürchteter war als er selbst (man nannte ihn den »russischen Fouché«[20]), zum Chef der »Dritten Abteilung« und des Zensurwesens.

Benckendorff bezeichnete sich selbst als »Gesellschaftsingenieur« und lieferte dem Herrscher einigermaßen objektive Analysen der politischen Situation. Paradoxerweise unterbreiteten Benckendorff und seine Mitarbeiter dem Zaren regelmäßig Reformvorschläge. In einem an Nikolaus I. gerichteten Bericht schrieb er 1839: »Ganz Rußland erwartet umgehend einen Wandel. Die Staatsmaschinerie muß erneuert werden. Die Schlüsselelemente dieser Veränderungen sind in der Rechtsprechung und in der Industrie zu finden.«

Die »Dritte Abteilung« teilte dem Zaren auch mit, daß die Aufhebung der Leibeigenschaft »ebenso notwendig wie unausweichlich« sei. Wäre eine solche Äußerung in der Presse erschienen oder hätte jemand sie privat fallen lassen, so wären die Betreffenden sicherlich nach Sibirien verbannt worden. Aber Benckendorff saß fest im Sattel. 1839 wurde in einem Bericht der Geheimpolizei der Ausbau des Eisenbahnnetzes befürwortet, 1841 die Reform des Gesundheitswesens, 1842 die Senkung der Steuern. Diese Berichte wurden von den amtlichen Historikern, vor allem von den sowjetischen Chronisten, nie ernstgenommen; sie hielten sie für banale Polizeiberichte. Dennoch war dieser Reformgeist der Vorbote der »technokratischen Elite«, von der im Vorwort dieses Buches die Rede war. Sie war – um mit Nikolaus I. zu sprechen – »mit dem Auftrag betraut, die vorrangigen Interessen des Staates wahrzunehmen« oder, in Benckendorffs Worten, »eine gewisse Idee des Kreml zu verwirklichen«.

Das Goldene Zeitalter der *Ochrana*

Als Alexander II. 1855 nach dem Tod seines Vaters Nikolaus I. im Alter von siebenunddreißig Jahren den russischen Thron bestieg, war der Krimkrieg noch nicht beendet und das Problem der Aufhebung der Leibeigenschaft noch nicht gelöst. In die Regierungszeit dieses reformistischen Zaren, der 1861 die Leibeigenschaft aufhob, fällt auch eine neue Entwicklungsphase der Elite der Geheimpolizei.

Der Herrscher setzte Loris-Melikow, einen Grafen armenischer Herkunft, an die Spitze der im Februar 1880 ins Leben gerufenen »Obersten Kommission zur Wahrung der staatlichen Ordnung und der gesellschaftlichen Ruhe«. Dieser verstand es, unter der Protektion der Geliebten und späteren morganatischen Ehefrau Alexanders II., der berühmten Katharina Dolgorukaja, zahlreiche radikale Reformen auf dem Gebiet der Verwaltung in die Wege zu leiten. Seine Pläne wurden aber von der rauhen Wirklichkeit durchkreuzt. Zwei Welten standen sich gegenüber: auf der einen Seite die Welt der Autokratie und der glänzenden Paläste, auf der anderen die Welt der Straße, beherrscht von Revolutionären, die das Ende des Zarentums herbeiführen wollten. So wurde der Kreml der bevorzugte Schauplatz für die Ausübung des Terrors, dessen Zielscheibe die hochgestellten Persönlichkeiten des Staates waren.

Das 1866 vom fünfundzwanzigjährigen Adligen Kara-kosow versuchte Attentat auf Alexander II. war ein Einzelfall, aber vor allem seit der Gründung der Organisation »Land und Freiheit« Ende der 1870er Jahre (einer Neugründung der gleichnamigen Organisation von 1862) häuften sich die Anschläge, und es wurde eine regelrechte Treibjagd auf den Zaren betrieben, die schließlich zu seiner Ermordung am 1. (13.) März[21] 1881 führte.

Sein Nachfolger, Alexander III. (Zar 1881–1894) duldete keine Kritik. Zum Schutz des Zaren wurden in konservativen Kreisen, vornehmlich unter den Offizieren, Geheimbünde ins Leben gerufen, so beispielsweise die »Geweihte Schar«, die mehr als 10 000 Mitglieder zählte.

Zu Beginn waren der Zar und sein Berater[22] von dem Eifer, mit dem sie die russischen Interessen vertraten, hingerissen, aber schon bald sah sich der Zar genötigt, diese zu radikale und vom offiziellen Verwaltungsapparat allzu unabhängige Geheimorganisation aufzulösen. Die »Geheiligte Schar« trug auch zur Verbreitung der Ideen der Organisation der »Schwarzen Hundert« bei, eines »vaterländischen« Verbandes, der zu Beginn des 20. Jahrhunderts wegen seiner zahlreichen antisemitischen Gewalttaten berüchtigt war.

1880 war eine dem Innenministerium unterstellte politische Geheimpolizei geschaffen worden, die mit umfassenden Vollmachten ausgestattet war und mit einem raffinierten Netz von Spitzeln und Provokateuren im ganzen Land arbeitete. Sie wurde unter dem Namen *Ochrana* (russisch »Schutz«) bekannt und führte die Tradition der Kreml-Spionage fort.

Der Sohn Alexanders III., Nikolaus II. (1868–1918), sollte den Thron der russischen Zaren als letzter besteigen. Bei seinem Regierungsantritt 1894 war er sechsundzwanzig Jahre alt. Er übernahm eine umstrittene autokratische Macht in einem Land, das sich durch und durch im Wandel befand.

Im Januar 1895 machte der junge Zar eine symbolische Wallfahrt zum Kreml, um die weltlichen Traditionen zu pflegen. Das Thermometer zeigte minus zwanzig Grad, die Glocken des Erlöserturms schlugen gerade Mittag. Eine Flut von Menschen ergoß sich über den Roten Platz, der unter einer dichten Schneedecke lag. Die Soldaten standen in doppeltem Spalier. Die Luft war eisig. Die beißende Kälte drang sogar durch die Knopflöcher, unter die Pelze und Mäntel. Unzählige, mit kleinen, rot gesattelten Pferden bespannte Schlitten fuhren immer schneller auf der zugefrorenen Moskwa. Eine riesige Menschenmenge, die die Soldaten kaum unter Kontrolle halten konnte, besetzte die Böschung. Um vierzehn Uhr sollten die Deputierten aller Provinzen des Russischen Reichs und die Vertreter der von der Verfassung vorgesehenen Gremien dem Zaren vorgestellt werden.

Am Vorabend der Ankunft des Zaren im Kreml hatte Sergei Subatow, der Chef der Moskauer *Ochrana*, dem Innenminister einen Bericht über die liberalen Tendenzen vorgelegt, die seit dem Tod Alexanders III. deutlich erkennbar waren. Schwerwiegend war, daß die Offiziere der Kremlgarnison, die im Offizierskasino zusammengekommen waren, eine Eingabe an den Zaren gerichtet hatten, die eine sehr deutliche Anspielung auf »das Hindernis, das den Zaren von seinem Volk trennt,« enthielt (unter »Hindernis« waren die Minister und Ratgeber Alexanders III. zu verstehen, die Nikolaus II. im Amt behalten hatte).

Subatows Bericht wies also auf eine dringende Gefahr hin. Man mußte den jungen Zaren davon überzeugen, daß er nur weiterregieren konnte, wenn er seinen mächtigen Verwaltungsapparat in Bewegung setzte.

Nikolaus II. hatte noch kaum Gelegenheit gehabt, als Herrscher in Erscheinung zu treten, und schon wurden nach altem Brauch Intrigen eingefädelt. Sie zielten darauf ab, ihn von der bürokratischen Maschinerie der Geheimpolizei, der »Dritten Abteilung«, abhängig zu machen. Die Aktivität des Herrschers sollte dort aufhören, wo die des Apparats begann.

Der junge Herrscher erschien im großen Prunksaal des Kreml. Ein mit Hermelin geschmückter Baldachin überragte seinen Thron. Die Stufen, die zu ihm hinaufführten, waren mit Goldbrokat überzogen, der mit den Initialen des Zaren bestickt war. Die in glitzernde Uniformen gekleideten, ordengeschmückten Würdenträger des Hofes hielten sich in gebührendem Abstand vom Zaren auf, der absichtlich eine einfache Kleidung gewählt und seine Oberstuniform mit dem Andreaskreuz angelegt hatte.

Der »Zar aller Russen« hielt dann seine Rede: »Ich bin erfreut, Vertreter aller Stände zu sehen, die hierhergekommen sind, um mir ihre Treue und ihren Gehorsam als Untertanen zu bekunden, und ich glaube an diese Gefühle, die das russische Volk immer gehegt hat. … Mögen nun alle wissen, daß ich meine Kräfte dem Wohl des Volkes widmen, das Prinzip der unumschränkten Herrschaft aber ebenso fest und unbeugsam hochhalten werde, wie es mein unvergeßlicher Vater getan hat.«

Diese Worte wirkten geradezu lähmend auf die Versammlung. Für die Unterzeichner des Bittgesuchs waren sie ein niederschmetterndes Signal. Sie hatten auf Reformen gehofft und einen Tadel bekommen.

Auf lange Sicht konnte man jedoch eine andere Strategie anwenden, die von den Vertretern der Geheimpolizei unter der Führung von Subatow erarbeitet worden war: die Menschen umfassend zu manipulieren, um das Regime zu schützen.

Subatow, der Riese mit dem feurigen Blick und den gemessenen Bewegungen, hatte sich in seiner Jugend für revolutionäre Theorien interessiert. Aufgrund dieser Erfahrung schlug er vor, die russischen Probleme je nach Situation mit polizeilichen Maßnahmen oder mit politischen Mitteln anzugehen.

Er wollte sowohl gegen den Konservativismus des Adels als auch gegen den Radikalismus der revolutionären, vom Geist des Klassenkampfes durchdrungenen Umtriebe angehen, indem er die Gewerkschaften und andere neue politische Strukturen des Staates unterwanderte.

Subatow hatte tatsächlich Einfluß auf die russische Gesellschaft. Mit seiner eigenwilligen Persönlichkeit nahm der einen Wandel der Gesellschaft anstrebende Chef der Moskauer Polizei sogar Sozialdemokraten für sich ein.

An vorderster Front versuchte also die zaristische Polizei, die oppositionellen Organisationen zu unterwandern, und es gelang ihr, eigene Agenten an deren Spitze zu setzen. In Anbetracht der geringen Anzahl der Beschäftigten – kaum mehr als 15 000 im Jahr 1916 – waren die erzielten Ergebnisse überwältigend.

Ironie des Schicksals: In der radikalsten Fraktion der sozialdemokratischen russischen Arbeiterpartei hatte die zaristische Polizei ihre größten Erfolge zu verzeichnen. Der Führer der Partei, Lenin, mußte wegen politischer Agitation emigrieren und es Roman Malinowski, seiner rechten Hand, überlassen, seine politischen Auffassungen zu vertreten. Letzterer war zwar Mitglied des Zentralkomitees der Partei, aber zugleich auch ein von der Polizei eingeschleuster, gut bezahlter Agent des Geheimdienstes des Zaren. In den Jahren 1908/09 gehörten vier von fünf Mitgliedern des Komitees der bolschewistischen Partei Moskaus der *Ochrana* an.

Der Untergang

In den folgenden Jahren wurde das Russische Reich in den Ersten Weltkrieg mit hineingezogen. Obwohl Rußland den gegen Österreich-Ungarn gerichteten nationalen Ehrgeiz der Serben begünstigte, mußte es um seinen Einfluß auf dem Balkan fürchten. Aus dieser Lage heraus ergab sich der Entschluß des russischen Außenministeriums, die Isolation des Konfliktes zwischen Serbien und Österreich-Ungarn sogar um den Preis eines Krieges zu verhindern. Nach der Ermordung des österreichischen Thronfolgerpaares in Sarajevo durch serbische Nationalisten ordnete Nikolaus II. am 27. Juli 1914 die Generalmobilmachung an, was die deutsche Kriegserklärung an Rußland nach sich zog. Nachdem sie bei den Kampfhandlungen im Osten in Ostpreußen geschlagen worden waren, begannen die Russen einen Rückzug, der sich bis 1917 hinziehen sollte. Diese Niederlage wurde aber durch den Sieg über die Österreicher in Galizien kurzzeitig wettgemacht. Der Zar hatte die Führung seiner Truppen übernommen. Der Krieg sollte sich in die Länge zu ziehen. Binnen zweieinhalb Jahren würden fünfeinhalb Millionen Russen getötet werden.

Als die Regierung im November 1916 zusammentrat und die Situation im Reich wegen der katastrophalen Versorgungslage schon sehr kritisch war, forderte sie den Zaren nachdrücklich auf, einige Reformen vorzunehmen, da sonst eine Revolution auszubrechen drohe. Aber Nikolaus II., der sich in Sicherheit wiegte, da die Agenten seiner Geheimpolizei sich in alle Widerstandsbewegungen eingeschleust hatten, mißachtete den Rat seiner Minister.

Anfang 1917 hatte sich die politische Situation noch weiter verschlechtert, und es wurden immer mehr Streiks ausgerufen. Am 23. Februar (8. März)[23] erwachten die Moskauer bei minus dreiundvierzig Grad. Tausendzweihundert Lokomotiven hatten sich in Eisblöcke verwandelt. Fünfzigtausend Güterwagen, die Zentralrußland mit Lebensmitteln versorgen sollten, kamen nicht mehr vom Fleck. Hungrige Männer und Frauen ergossen sich über die Straßen. Sie waren in Streik getreten. Die Soldaten verbrüderten sich mit den Demonstranten.

In der Nacht vom 28. Februar auf den 1. März (14. auf den 15. März)[24] 1917 wurde zwischen dem Arbeiter- und Soldatenrat einerseits und dem Duma-Komitee andererseits vereinbart, daß der Zar abgesetzt, eine Übergangsregierung gebildet und eine Konstituierende Nationalversammlung einberufen werden solle.

Um das Zarentum aufrechtzuerhalten und die Dynastie der Romanows zu retten, dankte Nikolaus II. am 2. März (15. März)[25] zugunsten seines Sohnes Alexei ab und trug bis zu dessen Volljährigkeit seinem Bruder, dem Großfürsten Michail, die Regentschaft an. Dieser unterzeichnete aber am 3. März (16. März)[26] ein von Kerenski und Lwow entworfenes Abdankungsmanifest, worin er erklärte, die Herrschaft nur auf Beschluß einer Konstituierenden Nationalversammlung antreten zu können. Das war das Ende der Dynastie der Romanows, das Zarentum war nun gestürzt. Es wurde eine Provisorische Regierung eingesetzt. Subatow, der Ideologe der

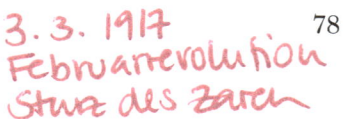

3. 3. 1917
Februarrevolution
Sturz des Zaren

Geheimpolizei, beging Selbstmord, da es ihm nicht gelungen war, die Katastrophe zu verhindern.

Der Februaraufstand war tatsächlich eine spontane Aktion, die die *Ochrana* überrumpelte, weil keine der revolutionären Gruppierungen daran teilgenommen hatte. Die wichtigste Entscheidung der Provisorischen Regierung war zweifellos die Abschaffung der Geheimpolizei. Aus Angst, von der Menge gelyncht zu werden, stürzten die Agenten zum Regierungssitz, um sich dort verhaften zu lassen.

In Berlin wurde der Sturz des Zaren als eine Gelegenheit angesehen, die man nicht ungenutzt lassen dürfe: Die Deutschen hofften, daß Rußland sich aus dem Krieg zurückziehen und die Alliierten folglich geschwächt sein würden. Der deutsche Führungsstab stellte dann Lenin einen plombierten Eisenbahnwagen zur Verfügung, damit er unbehelligt aus seinem Exil von Europa nach Rußland zurückkehren konnte.

Die Oktoberrevolution[27], der bewaffnete bolschewistische Umsturz, brachte das Ende der Provisorischen Regierung. Und am 25. Oktober[28], bei der Eröffnung des Zweiten Allrussischen Sowjetkongresses, übernahm Lenin die Macht. 1918 wurde die Hauptstadt des Landes wieder nach Moskau verlegt. Das geschah zum einen aus einer politischen Überlegung – St. Petersburg versinnbildlichte die zaristische Aristokratie –, zum andern aus strategischen Gründen: Da Moskau im Landesinneren lag, war es eventuellen feindlichen Angriffen weniger stark ausgesetzt.

Im März 1918 richtete sich Lenin im zweiten Stock des alten Senatsgebäudes innerhalb der historischen Mauern ein. Der Kreml sah damals, mit einigen wenigen Ausnahmen, wie heute aus: Er erstreckt sich über eine dreiecksförmige Fläche von ca. 28 Hektar; seine Befestigungsmauern sind insgesamt etwa 2,5 Kilometer lang. Im Laufe der Jahre haben die kommunistischen Führungskräfte allerdings einige bauliche Änderungen vornehmen lassen.

Lenin ließ zunächst den Erlöser-Torturm, den Haupt- und Paradeeingang des Kreml, wieder instandsetzen, der die berühmte Uhr mit Glockenspiel beherbergt. Sie war 1625 vom Engländer Halloway installiert und 1706 auf Wunsch Peters des Großen von Holländern ausgewechselt worden. Während der Oktoberrevolution von 1917 war das Zifferblatt von einer Granate teilweise zerstört worden; Lenin ließ daher einen neuen Mechanismus einbauen, der die »Internationale« spielte.

Dieser Rhythmus bestimmte nun das Leben der Russen, die dem Terror der politischen Polizei ausgesetzt waren.

Lenin im Kreml

Der Kreml war wieder die Machtzentrale geworden, die vom Geist der sowjetischen Geheimpolizei bestimmt war: Von nun an waren die Begriffe »roter Zar und Spion« unzertrennlich.

Die Leitung des Geheimdienstes übertrug Lenin einem bärtigen, nervösen, polnischen Adligen namens Felix Dzierzynski, der Polnisch, Russisch, Englisch und Jiddisch sprach. Ursprünglich hatte er Priester in der römisch-katholischen Kirche werden wollen, aber im Alter von sechzehn Jahren wurde er zum fanatischen Revolutionär. Wegen eines langjährigen Gefängnisaufenthalts – unter dem Zaren war er mehrmals verhaftet worden – war er gesundheitlich angeschlagen. Trotz regelmäßiger Kuraufenthalte in der Schweiz und in Polen war seine Tuberkulose nie ganz abgeklungen. Mit Vierzig hatte er elf Jahre seines Lebens in Haft verbracht. Er wurde eine Schlüsselfigur des Kreml.

Einen Monat nach der Oktoberrevolution von 1917 schlug er vor, einen Apparat zur Bekämpfung der Konterrevolution einzurichten. Die Bolschewiki wollten in Wirklichkeit ihre Macht stärken und riefen zu diesem Zweck eine »mit der Bekämpfung der Konterrevolution und der Sabotage beauftragte Kommission« ins Leben. Die Zeit drängte: Ein Generalstreik war ausgerufen worden. Lenin erteilte Dzierzynski die Vollmacht, ihn zu zerschlagen. Dieser erklärte dann vor dem Zentralexekutivkomitee: »Das ist nun der Krieg. Es geht um Leben und Tod...«

Die Entscheidung fiel am selben Tag. Am 20. Dezember 1917 bildete das Komitee eine »Außerordentliche Kommission zur Bekämpfung der Konterrevolution und Spekulation«. Sie wurde abgekürzt *Tscheka*[29] genannt (nach den ersten Buchstaben des russischen Wortes »Tschreswytschajnaja Kommissija deja borjby ...«). So wurde nicht auf der legalen Basis eines Dekrets, sondern aufgrund einer knappen Resolution das ins Leben gerufen, was man Lenins Geheimpolizei nennen kann, der Vorläufer des KGB (in der sowjetischen Periode wurde der Name dieses Organs immer wieder geändert[30]).

Da Lenin von der Wirksamkeit des »Megaterrors« restlos überzeugt war, förderte er offensichtlich die repressive Funktion seiner Geheimdienste. In dieser Hinsicht folgte er nicht der Kreml-Tradition unter Iwan dem Schrecklichen, sondern dem Beispiel der Französischen Revolution. Er hatte eine klare Vorstellung von der Persönlichkeit des Polizeichefs: »Wir müssen einen ergebenen Proletarier und ... Jakobiner finden.«

Trotz seiner adligen Herkunft war Dzierzynski der ideale Kandidat für dieses Amt. »Glauben Sie übrigens nicht«, bekannte er, »daß ich nach einer revolutionären Rechtsprechung suche; im Augenblick benötigen wir keine Rechtsprechung! Heute kämpfen wir Mann gegen Mann bis zum bitteren Ende! Ich schlage vor, ich fordere, daß eine revolutionäre Niederschlagung der Agenten der Konterrevolution organisiert wird.«

Im Laufe der Jahre sollte die Lubjanka, der Sitz der *Tscheka*, zu einem Staat im Staat werden und ungeheure Befugnisse erhalten: über die politische und die Wirtschaftspolizei, die Spionageabwehr und die Untersuchungs- und Strafrichter. Ihr oblag es, Urteile zu fällen und zu vollstrecken. Nach Schätzung des Akademiemitglieds Alexander Jakowlew war seit 1921/22 in den Städten jeder vierte Einwohner ein geheimer Informant. Nach der Ernennung Stalins zum Generalsekretär der bolschewistischen Partei im Jahre 1922 nahm ihre Macht auf schwindelerregende Weise zu.

In dieser Zeit führte der Polizeichef der Sowjets neue Vollstreckungsmaßnahmen und die Deportation der Kinder oder der Angehörigen der Regimegegner ein. Im Lauf des Bürgerkriegs ließ er oft Mitglieder anderer revolutionärer Parteien als Geiseln nehmen, um sich die Loyalität der Mitglieder zu sichern, die auf freiem Fuß waren. Aber für Lenin war das nicht genug: Er klagte über die Lockerung der Terrormaßnahmen. Hinsichtlich der Abfassung des Strafgesetzbuches schrieb er in einem Brief: »Das Gesetz sollte nicht den Terror abschaffen. Dieser sollte grundsätzlich in aller Klarheit, ohne Umschweife und ohne Schnörkel konkretisiert und legalisiert werden.«

Der Kampf um die Nachfolge

Fatalität und Leidenschaft, Fanatismus und Terror – alle Elemente der Dramen des Kreml waren vorhanden. Es fehlte nur noch ein tragischer Schluß. Er fand auf dem Roten Platz statt.

Am 24. September 1920 war der unbestrittene Chef des bolschewistischen Staates gut aufgelegt. Der vorangegangene Tag war hart gewesen: Er hatte noch einmal sagen müssen, daß das menschliche Leben im Kreml keine Rolle spiele und der Zweck die Mittel heilige. Er rief sich ins Gedächtnis zurück, wie sein ältester Bruder 1887 durch den Strang hingerichtet worden war, weil er sich an einem Mordanschlag auf den Zaren Alexander III. beteiligt hatte. Damals hatte der junge Mann Rache geschworen. Er erinnerte sich, wie er seine Rachsucht gestillt hatte. Es war im Juli 1918, die Weißen[31] rückten der Stadt Jekaterinburg immer näher, wo Nikolaus II. mit seiner Familie gefangengehalten wurde. Da er nicht riskieren wollte, daß die Weißen die Zarenfamilie befreiten, ordnete Lenin an, sie ohne Gerichtsverfahren hinzurichten. Er erinnerte sich auch daran, wie er 1910 der Frau seines Lebens in Paris begegnet war. Inès Armand, eine Revolutionärin französischer Herkunft, war für ihn mehr als eine Geliebte, sie war seine große Liebe. Sie war ihm 1918 nach Moskau gefolgt, aber von da an lebten sie nicht mehr zusammen wie früher in Paris. Sie wohnte in der Uliza Arbat, Lenin im Kreml.

Lenin konnte aus zwei Gründen Inès nicht mehr viel Zeit widmen: wegen der Arbeit und wegen seiner Krankheit. Sie war eine der wenigen, die über seinen Gesundheitszustand Bescheid wußten. Seit Ende 1917 wurde er von schrecklichen Kopfschmerzen geplagt. Lenin schrieb der »Genossin Armand« selten, telefonierte aber oft mit ihr. Auch Inès hatte praktisch kein Privatleben mehr, weil sie verschiedene wichtige Posten im Zentralkomitee der bolschewistischen Partei und im Wirtschaftsrat der Moskauer Provinz hatte. In der letzten Zeit hatte Lenin aber seine Gefühle für Inès auch in der Öffentlichkeit gezeigt.

Sein Fahrer hat folgende aufschlußreiche Szene geschildert: Als einmal Lenins Ehefrau mit ihrem Mann im Auto saß, begegneten sie in der Nähe des Kreml zufällig Inès. Lenin ließ den Wagen anhalten, stieg aus und unterhielt sich etwa eine Stunde lang vertraulich mit seiner Geliebten. Als er wieder in den Wagen einstieg, sagte ihm seine Frau verärgert: »Ich dachte, du hättest es eilig.« Lenin antwortete ihr brüsk: »Es ist nicht der richtige Augenblick, um eifersüchtig zu sein.«

Aber an diesem Septembertag 1920 hatte Lenin all seine Sorgen abgeschüttelt, weil eine besondere Milde und Leichtigkeit in der Luft waren, die einen deutlichen Gegensatz bildeten zur angespannten Atmosphäre des Kreml mit den vergoldeten, türkis-, smaragd- oder saphirfarben schimmernden Zwiebeltürmen seiner Kathedralen.

Lenin sah die dunkle Silhouette seines persönlichen Referenten auf ihn zukommen. Es war ein alter Aktivist, der das harte Leben im Untergrund gewohnt war. Als er dessen besorgten Gesichtsausdruck sah, fragte sich Lenin: »Was will er von mir?«

Er marschierte geradeaus, der Wind drang unter seinen Mantel. »Was ist dir zugestoßen, Genosse?«, fragte Lenin. Bedrückt überreichte ihm der persönliche Referent wortlos ein Telegramm: »Absolute Priorität, Lenin, der Kreml.«

»Unmöglich, Genossin Inès Armand zu retten, von Cholera befallen. Sie ist am 24. September 1920 gestorben. Überführen die Leiche zurück nach Moskau.«

Lenin konnte es nicht fassen. Noch am selben Morgen hatte er gebeten, während seiner Reise in den Kaukasus für sie zu sorgen; darauf hatte man ihn wissen lassen, daß »es ihr gut ging«. Sein Gesichtsausdruck änderte sich abrupt, sein beschwingter Schritt wurde plötzlich schwer. Jeder, der Lenin in diesen Tagen sah, konnte bezeugen, daß er niedergeschlagen war, so auch seine Mitarbeiterin[32]: »Ich habe noch nie einen Menschen gesehen, der so vom Schmerz gepeinigt war wegen der Anstrengung, die er machte, ihn für sich zu behalten, ihn der Aufmerksamkeit der anderen zu entziehen, als ob seine Gefühle an Heftigkeit eingebüßt hätten, wenn jemand sie bemerkt hätte.« Wie Iwan der Schreckliche irrte Lenin durch die Flure des Kreml und grüßte nicht einmal seine engsten Vertrauten. Er erinnerte sich an die Zeit, als er unter dem Zwang der Umstände sich von Inès hatte distanzieren müssen. Hatte dieser zwangsläufige Abstand ihre Liebe zerstört oder tötete die Revolution ohne Ausnahme ihre Kinder?

Von da an war er ein gebrochener Mensch. Aber er mußte weiterleben und sich um die laufenden Geschäfte kümmern. Er ordnete an, die Leiche umgehend nach Moskau zu überführen (üblicherweise wurden die Toten an Ort und Stelle bestattet). Es dauerte bis zum 11. Oktober 1920, fast drei Wochen, bis die sterblichen Überreste von Inès eintrafen. Die diesbezüglichen Telegramme des Kreml muteten irgendwie surrealistisch an. Lenin zögerte nicht, den örtlichen Verantwortlichen mit der Todesstrafe zu drohen, wenn sie keinen angemessenen Sarg für seine Geliebte besorgten. Denn während des Bürgerkriegs wurden die Toten aus Geldmangel zumeist in ein weißes oder rotes Tuch eingehüllt begraben. Schließlich wurde in einem Sonderwagen der Bahn ein großer Sarg nach Moskau überführt, den Lenin persönlich in Empfang nahm. Vom Bahnhof bis zur Stadtmitte ging er zu Fuß neben dem Sarg her. Inès' Ehemann und Kinder sowie Lenins Frau folgten ihm in gemessenem Abstand. Der Trauerzug bewegte sich langsam durch die schneebedeckten Straßen. Die Fenster des Kreml spiegelten ein trübes Licht wider.

Ein Augenzeuge[33] schilderte den ergreifenden Abschied des Gründers des sowjetischen Staates von seiner geliebten »Mitarbeiterin«:

»Seine ganze Gestalt, nicht nur sein Gesicht, brachte eine solche Traurigkeit zum Ausdruck, daß niemand ihn zu grüßen wagte, höchstens mit einem Kopfnicken. Es war offenkundig, daß er mit seinem Schmerz allein sein wollte. Er schien in sich zusammengesunken zu sein, seine Schirmmütze verdeckte seine Gesichtszüge, seine Augen schimmerten feucht, denn er konnte die Tränen kaum zurückhalten. Wenn die Menschenmenge unsere Gruppe schob, ließ er sich widerstandslos schubsen, als sei er dafür dankbar, seinen Körper zu spüren.«

Inès wurde am 12. Oktober 1920 zu Füßen der Kremlmauer feierlich beigesetzt. Lenin legte dort einen herrlichen Kranz aus weißen Lilien nieder. Alexandra Kollontai, eine berühmte Frauenrechtlerin, die im sowjetischen diplomatischen Dienst tätig war, erklärte später, daß er den Verlust der großen Liebe seines Lebens nicht verschmerzt habe.

Lenin verbrachte nun die meiste Zeit in seinem Haus in Gorki, das fünfunddreißig Kilometer von Moskau entfernt in einer einsamen Gegend auf einem Hügel inmitten von Feldern und Wäldern lag. Ein idealer Platz, um sich auszuruhen. Das Haus hatte zwei Stockwerke; seine weißen Säulen hoben sich vom Grün des Parks ab. Dort gab es einen Teich, an dem Lenin viele Stunden verbrachte. Er schwamm, ruderte, pflückte Blumen, suchte Pilze. Seit dem Mordanschlag von 1918 war er ständig bewacht; manchmal fand er besonderen Spaß daran, sich in den Büschen zu verstecken oder in den Wäldern herumzulaufen. Die geängstigten Wächter fanden ihn meistens nach einiger Zeit wieder: Er angelte seelenruhig, umgeben von einigen Kindern, in einem Bach unweit des Grundstücks.

Gegen Ende 1921 begann Lenin über Schwindelanfälle, Müdigkeit und Schlaflosigkeit zu klagen. Immer häufiger plagten ihn Kopfschmerzen. Eines Tages verlor er das Gleichgewicht, taumelte und mußte sich an einem Möbel festhalten, um nicht zu stürzen. Die Ärzte versuchten, ihn zu beruhigen, und meinten, es handle sich um einen gewöhnlichen Schwächeanfall. Betrübt antwortete er ihnen:

»Nein, ich fühle, daß dies der erste Glockenschlag ist.«

Einige Tage später sagte Lenin zu seinen Begleitern: »Denkt daran, was ich euch heute sage: Ich werde an einer Lähmung zugrunde gehen.«

In dieser Zeit verkündeten die Emigrantenzeitungen in Paris in gehässigen Artikeln, daß Lenin bald für seine Jugendsünden würde zahlen müssen, die er während seiner Deportation nach Sibirien im Jahre 1897 begangen hätte … Ein monarchistisches Blatt glaubte zu wissen, daß Lenin damals ein Verhältnis mit einer oirotischen Bäuerin gehabt hätte. Dieser Volksstamm war seit langem durch eine örtliche Abart der Syphilis verseucht, die von den Einheimischen *badoka* genannt wurde. Der Ausdruck steht dem japanischen *baidoku* nahe, der bei den sibirischen uralo-altaischen Volksstämmen, die mit den Japanern verwandt sind, die Syphilis bezeichnet. Im Mai 1922 erlitt Lenin einen ersten Schlaganfall. Die Lage im Kreml spitzte sich zu. Es kündigte sich ein unerbittlicher Kampf um die Nachfolge an.

Mehrmals schon war es vorgekommen, daß Lenin in politischen Fragen anderer Meinung war als Stalin und Dzierzynski, der Chef der Polizei. Er hatte vorgehabt, letzteren auszuschalten. Aber seine Erkrankung vereitelte dieses Vorhaben. Und Stalin durfte auf die vorbehaltlose Unterstützung der sowjetischen Geheimpolizei zählen ...

Es war ein delikates Spiel. Andere Würdenträger des Kreml, wie bekanntlich Trotzki, waren mit Abstand beliebter. Lenin begann, Zweifel an seinem Nachfolger zu haben, zumal er im September wiederhergestellt zu sein schien.

Im Morgengrauen, wenn die Hähne krähten und in den Bauernhütten die Öfen angezündet wurden, riß er das Fenster weit auf und atmete die frische Luft des Obstgartens ein, über dem ein violetter Dunst lag, der hier und da von den ersten Sonnenstrahlen durchbrochen wurde. Aber er war zu sehr mit der Nachfolgefrage beschäftigt, als daß er von diesem friedlichen Anblick hätte ergriffen sein können. Am 22. September bot er sogar die Kraft auf, sich Stalin zu widersetzen, der erst sechs Monate vorher zum Generalsekretär der Partei ernannt worden war. Lenin befürchtete nämlich, daß die nationalen Spannungen das labile Gleichgewicht der künftigen Sowjetunion gefährdeten, die 1922 gegründet werden sollte. Er kritisierte Stalin, der sich auf das zentralistische Erbe des Kreml bezogen hatte, um die Rolle Rußlands zu begünstigen. Er wandte sich an die Mitglieder des Politbüros und sagte abschließend: »Es ist eine sehr wichtige Angelegenheit. Stalin hat eine gewisse Neigung, sich zu sehr zu beeilen.« Am nächsten Tag schrieb Stalin dem Politbüro einen Brief, in dem er Lenins Änderungsantrag schlicht »unannehmbar« nannte. Dann warf er ironisch den Ball wieder zurück: »Genosse Lenin hat es meines Erachtens zu eilig…« Und fügte dann hinzu: »Entschlossenheit ist Lenin gegenüber notwendig!«

Dennoch schien der Bruch mit Lenin, der zwar krank, aber noch aktiv war, verfrüht. Darum lavierte er und schlug eine Taktik ein, deren er sich oft bediente, da Lenin nicht mehr der unumstrittene Chef des Kreml war: Er hielt sich mit Worten zurück, behielt sich aber vor, mit seinen Taten die eigenen verbalen Zugeständnisse zu widerrufen.

Am 30. Dezember gelang ihm ein Meisterstück, indem er sich die Verantwortung für die Isolierung Lenins sowohl in Bezug auf die persönlichen Beziehungen zu den Verantwortlichen als auch die Korrespondenz übertragen ließ. Das Zentralkomitee beschloß, die Berichte der Beschlüsse der leitenden Instanzen erst dann an Lenin weiterzuleiten, »wenn die Ärzte es nach Absprache mit dem Genossen Stalin erlauben werden«. So wurde Lenins Schicksal der Willkür der Geheimdienste ausgeliefert, die sich das Recht anmaßten, ihn zu isolieren, seine ärztliche Behandlung und sein Leben zu überwachen. Die übrigen hohen Funktionäre des Kreml wuschen sich die Hände in Unschuld; auch Trotzki unternahm nichts. Letzterer brauchte übrigens lange, bis ihm klar wurde, daß Stalin sein Hauptfeind war. Der sowjetische Carnot[34] erwies sich als miserabler Stratege in seinem Kampf um den Kreml. Trotzki hatte sein Ziel verfehlt.[35]

Zu diesem Zeitpunkt führten Lenins Sekretäre ohne sein Wissen ein Tagebuch, anhand dessen man den Ablauf der Ereignisse von Tag zu Tag verfolgen konnte. Der künftige Diktator des Kreml würde sich ihnen dankbar erweisen für die Dienste, die sie ihm leisteten, indem sie den alten bolschewistischen Führer in das Geheimnis einweihten.[36]

Der gelähmte Lenin, in die Rolle des Oppositionsführers der von ihm gegründeten Partei gedrängt, ließ sich dann auf einen ungleichen Kampf ein. Er durchschaute das Spiel und war überzeugt, daß seine Ärzte und seine Sekretäre in Stalins Diensten standen. »Wenn ich frei wäre, könnte ich all das allein machen«, rief er aus.

Vor diesem Hintergrund bat Stalin arglistig das Politbüro, ihn von der Kontrolle der ärztlichen Fürsorge für Lenin zu entbinden (dieses Ansinnen wurde aber sofort zurückgewiesen). Von seinen Freunden fallengelassen, die eher darum bemüht waren, Trotzki einen Riegel vorzuschieben, blieb »der alte bolschewistische Führer« ein Gefangener der Geheimpolizei.

Am 21. Dezember versuchte Lenin zum letzten Mal sein Glück und diktierte seiner Ehefrau einen Brief an Trotzki. »… Ich schlage vor, es nicht dabei bewenden zu lassen und die Offensive [gegen Stalin] fortzusetzen.« Er bat Trotzki, ihm seine Antwort telefonisch durchzugeben. Aber erstaunlicherweise übermittelte Trotzki mitten in der Nacht telefonisch den Inhalt des Briefes an ein anderes Mitglied des Politbüros[37] und bat ihn, Stalin davon in Kenntnis zu setzen. Als dieser die Nachricht empfing, brauste er zornig auf: »Wie hat der Alte [ein Deckname Lenins] einen Brief schreiben können trotz des absoluten Verbots der Ärzte?« Darauf rief er Lenins Frau an, beschimpfte sie und drohte ihr mit Sanktionen, weil sie sich nicht an die Vorschriften gehalten hatte. Die verblüffte Ehefrau sagte ihrem Mann nichts darüber.

In der Nacht vom 22. auf den 23. Dezember erlitt Lenin einen neuen Anfall und bat inständig darum, ihn »vor dieser groben Einmischung in sein Privatleben voller Beleidigungen und schändlicher Drohungen zu schützen«. Aber seine Beschwerden änderten nichts an der Situation im Kreml: Rechtsseitig gelähmt und ans Bett gefesselt, war der legendäre bolschewistische Revolutionsführer Stalin und seiner Geheimpolizei restlos ausgeliefert.

Am 23. Dezember 1923, da er seinen Tod nahen sah, diktierte er einer seiner Sekretärinnen[38] den ersten Teil seines politischen Testaments, einen Brief an den Kongreß, in dem er eine Erweiterung des Zentralkomitees dringend empfahl. Die junge Frau leitete den Brief sofort an Stalin weiter. Nachdem dieser ihn gelesen hatte, erkundigte er sich über den Gesundheitszustand Lenins, dann gab er ihr das Schreiben wieder zurück und sagte kaltblütig: »Verbrennen Sie den Brief!« Sie kam zwar dieser Aufforderung nach, hütete sich aber davor, ihrem gefährlichen Gesprächspartner zu sagen, daß sich in Lenins Tresor vier Kopien dieses Schreibens befanden.

Am 24. Dezember, während »der Alte« beim Fortsetzen seines Diktats von »einer Verschwörung« sprach, rief Stalin die Ärzte zusammen und zwang sie, im Namen des Politbüros folgenden Entschluß zu billigen:

»Lenin wird das Recht eingeräumt, jeden Tag fünf bis zehn Minuten zu diktieren, aber die Notizen, die er diktiert, dürfen nicht den Charakter eines Briefwechsels haben, und er darf keine Antwort auf diese Notizen erwarten. Es ist ihm untersagt, sich mit jemandem zu verabreden. Weder seine Freunde noch seine Angehörigen und Vertrauten dürfen Informationen über das politische Leben an ihn weitergeben, um ihm keinen Anlaß zum Nachdenken zu geben und ihn nicht zu beunruhigen.«

Am selben Tag erklärte Lenin in seinem berühmten »Testament des Kreml«: »Durch die Übernahme des Postens des Generalsekretärs der Partei verfügt Stalin über unumschränkte Macht.« Er fügte hinzu, er »sei nicht überzeugt, daß Stalin sie immer mit Bedacht zu gebrauchen verstehe«, und machte die Notwendigkeit deutlich, »seine Machtbefugnisse zu beschränken«. Sechs Tage später griff er in einer Notiz die nationale Politik »dieses Georgiers« heftiger an. Der »erniedrigte und beleidigte« Stalin machte sich dann mit Eifer daran, alle Funktionäre, die von Lenin gegeißelt oder von Trotzki an die Wand gedrückt worden waren, unter seinen persönlichen Schutz zu stellen.

Mitte Dezember veranlaßte Stalin den Umzug des Zentralkomitees und seines Sekretariats in ein großes Gebäude in der Nähe des Kreml, wo sie bis zur Auflösung der KPdSU durch Boris Jelzin Ende August 1991 blieben. Stalin ließ in seinen Büroräumen die Telefonzentrale des Kreml mit zehn automatischen Telefonen, die berühmte *Wertuschka*, einrichten. Diese hohen Kremlfunktionären vorbehaltene Spezialleitung, die von der Geheimpolizei ständig abgehört werden konnte, ermöglichte ihm, die Gespräche der dreihundert Anschlüsse mühelos abzuhören.

In den letzten Tagen des Jahres 1923 verschlechterte sich der Gesundheitszustand Lenins zusehends; auch seine geistigen Fähigkeiten ließen nach. Er erkannte niemanden mehr, hielt sich im Nebengebäude seiner Datscha auf und schrie vor Schmerzen.

Am 21. Januar 1924 entschlief Lenin. Die Mitglieder des Politbüros drängten in das Haus des Verstorbenen.

Stalin betrat als erster mit schwerem, entschlossenem Schritt, ernster Miene, blassem Gesicht und der Hand im Revers seiner Militärjacke das Zimmer des Verblichenen. Als er sich über den Toten beugte, sagte er voller Emphase: »Lebe wohl, lebe wohl Wladimir Iljitsch, lebe wohl«, dann nahm er Lenins Kopf in seine Hände, führte ihn zu seinem Herzen, küßte ihn auf die Wangen und ging davon.

Die Geheimpolizei wurde mit der Organisation des Begräbnisses auf dem Roten Platz betraut. Trotz des Widerstands seiner Anhänger gab Stalin Anweisung, eine prunkvolle Trauerfeier zu veranstalten, die eines mächtigen Reiches würdig sein sollte. Trotzki nahm nicht daran teil, weil er sich zur Erholung in Südrußland befand. Er hätte allerdings nach Moskau kommen können, wenn der Mittelsmann der Geheimpolizei, der ihm mit Bedacht kurzfristig Stalins Telegramm übermittelte, ihm nicht eine irreführende Auskunft über das Datum der Trauerfeier gegeben hätte. Als der Gründer der Roten Armee in Tiflis die Nachricht von Lenins Tod bekam, erkundigte er sich sofort nach dem Termin der feierlichen Beisetzung. Stalin antwortete ihm, daß sie am Samstag stattfinden werde, er folglich nicht rechtzeitig nach Moskau zurückkommen könne und daß er »mit Rücksicht auf seinen Gesundheitszustand seine Pläne nicht ändern und sich lieber zu seinem Kurort begeben solle«. Trotzki blieb also auf der Jagd in Südrußland. Die Trauerfeierlichkeiten aber waren in Wirklichkeit für Sonntag, den 27. Januar, angesetzt…

Am 26. Januar 1924 erwiesen auf dem XI. Sowjetkongreß dreizehn Redner dem Verstorbenen die letzte Ehre. Stalin sprach als vierter und gab mit seiner Rede den Ton an. Mit monotoner Stimme leierte er einen Text herunter, der einer Litanei und Beschwörung gleichkam, wobei er sich der Worte und des Rhythmus der russisch-orthodoxen Liturgie bediente. Nachdem er dazu aufgefordert hatte, »das Reich der Arbeit auf Erden und nicht im Himmel zu errichten«, leistete er einen Schwur auf Lenin und warf sich zum Testamentsvollstrecker des Verstorbenen und zum »Hohepriester« seiner Gedankenwelt auf, die er auf fromme Redewendungen reduzierte. Sechs seiner Verse begannen mit »Als er uns verließ, hat Genosse Lenin uns empfohlen…« und endeten mit verschiedenen Varianten der feierlichen Verpflichtung: »Wir schwören dir, Genosse Lenin, ehrenvoll deinen Willen zu erfüllen, (…) weder unsere Kräfte noch unser Leben zu schonen, um ihn zum Gedenken des ruhmreichen Parteimitglieds in Ehren zu halten und die Einheit unserer Partei wie unseren Augapfel zu hüten (…).«

Diese Apotheose war der Ausgangspunkt für einen neuen Kreml-Kult. Kurz nach den Trauerfeierlichkeiten hatte Stalin mehrere Intellektuelle der Partei, die in hohem Ansehen standen, zu sich kommen lassen, damit sie ihm halfen, ein Symbolsystem für diese heidnische Religion auszuarbeiten. Sie einigten sich auf folgende Symbole: Lenins Mausoleum auf dem Roten Platz, die Vergötterung des bolschewistischen Führers, die Partei, die »Orden der Schwertritter« genannt wurde, und die von der Geheimpolizei durchgeführte »Inquisition«. Er zitierte einen Brief »anonymer Genossen aus der Provinz« (also ein von ihm selbst aufgesetztes Schreiben), die die Einbalsamierung des Verstorbenen fordern würden. Der Kreml benachrichtigte sofort Lenins Witwe, die inständig bat[39], keine Denkmäler zu Lenins Ehren zu errichten, keine Städte nach ihm zu benennen und keine Trauerfeierlichkeiten zu veranstalten. Vergebens. Am 30. Januar veranlaßte Stalin, daß das Politbüro das Verbot erließ (für

95

dessen Einhaltung der getreue Dzierzynski sorgte), Lenins »Testament« zu verbreiten.

Ungeachtet der Proteste vieler Bolschewiki und Lenins Witwe wurde dessen Körper einbalsamiert, in einem Glassarg auf dem Roten Platz aufgebahrt und wie ein Gott verehrt. Es war die Vergötterung Lenins durch das Volk, die es Stalin gestattete, der neue »lebendige Gott« zu werden und der Diktatur im Kreml sein eigenes Gepräge zu geben.

Am 24. Februar 1924 ernannte Stalin Dzierzynski zum Vorsitzenden des obersten Volkswirtschaftsrates der Sowjetunion. Dieser vereinigte verschiedene Ämter auf seine Person und war auch Mitglied des »Wissenschaftskomitees«. 1921–1924 war er Volkskommissar für Verkehrswesen und nahm in dieser Funktion an den internationalen Verhandlungen teil, die es der jungen Sowjetunion ermöglichten, ihre Beziehungen zum Westen wiederaufzunehmen. Durch all diese Ämter erlitt aber seine Hauptaufgabe als Chef der Geheimpolizei keinen Abbruch: die Ausübung des Terrors. Dank des Einflusses seines neuen Schutzherrn trat er auch ins Politbüro ein. Dann, als der Kampf um die Nachfolge Lenins zwischen Stalin und Trotzki ausbrach, machte er eine Kehrtwendung, setzte ganz auf Stalin und unterstützte ihn vorbehaltlos bis zu seinem Tod im Jahre 1926.

Der Geist des Bösen

Kaum drei Jahre später stellte sich Stalin selbst in die Mitte der politischen Ikonostase. Seiner Schwägerin hatte er gesagt: »Das Volk braucht ein Idol, das Volk braucht einen Fetisch, der Kreml braucht einen Zaren.« Und einen Diktator, müßte man hinzufügen, der imstande sei, einen lebenden Gott auf Erden zu repräsentieren, ein rätselhaftes, entrücktes, bisweilen wie ein Buddha lächelndes, zumeist aber schweigsames Idol. Stalin richtete sich im Kreml ein und nahm das Schicksal eines Volkes, das hundertfünfundsechzig Menschen zählte, in seine kräftigen Hände. Er war keineswegs beliebt. Sogar seine engsten Vertrauten fürchteten ihn.

Er war ein mittelgroßer, kräftig gebauter Mann mit einer niedrigen, von Furchen durchzogenen Stirn, dichtem Haarwuchs, dunklen, wachen, neugierig blickenden Augen und finsterer Miene, die durch seinen dichten schwarzen Schnurrbart noch betont wurde.

Im Alltagsleben zeichnete Stalin sich durch Anspruchslosigkeit aus: Zwei schlichte Teppiche, eine verschlissene Soldatendecke und ein geflickter Bauernpelz gehörten zu seiner Ausstattung. Mehrfach schlug man ihm Räumlichkeiten vor, die seines Amtes würdiger gewesen wären. Er lehnte dieses Ansinnen ab. Als man ihm vorschlug, ein Palais unweit von Moskau errichten zu lassen, gab er entschieden zurück: »Was soll

97

denn diese Mausefalle?« Sein Vater war alkoholabhängig und gewalttätig, und seine Mutter war nicht imstande gewesen, ihn als Kind zu schützen. Daher rührte Stalins Gefühl der Vereinsamung in einer Welt, die ihm feindselig erschien. Um dieser Einsamkeit zu entfliehen, versuchte er, einem Ideal nachzustreben – zunächst einem legendären kaukasischen Banditen, dann Lenin –, aber vor allem die Dankbarkeit und die Liebe der anderen zu erzwingen, indem er der »stählerne Mann« wurde und rastlos arbeitete, eingeschlossen im Kreml, der eine blutige, geheimnisvolle Vergangenheit hatte... Jeder Stein erinnerte ihn an die grauenerregenden Taten Iwans des Schrecklichen. Nachdem er sich die ersten zehn Jahre nach seiner Machtübernahme praktisch hinter den Ringmauern des Kreml verschanzt hatte, gab er die Anweisung, mehrere Gebäude niederzureißen. So verschwanden zwischen 1931 und 1934 das Kloster der Wunder (1358 erbaut und Aufenthaltsort des falschen Dimitri), das Himmelfahrtskloster aus dem Jahre 1389 und der Nikolaus-Palast, auch Kleiner Kremlpalast genannt, den Katharina II. hatte erbauen lassen. Im Großen Kremlpalast wurden zwei der eindrucksvollsten, mit Stuck-, Goldverzierungen und Wandbehängen ausgestatteten Säle, der Andreas- und der Alexandersaal, in denen sich der Zarenthron befunden hatte, völlig zerstört. An ihrer Stelle errichteten die sowjetischen Architekten im prunkvollen Stil der dreißiger Jahre die Kongreßhalle, in der später die Sitzungen des Obersten Sowjet abgehalten wurden.

Stalin hat diesem historischen Ort, dem Sitz einer unumschränkten Macht, wie sie zuvor die Zaren des ewigen Rußland innegehabt hatten, auch symbolisch seinen Stempel aufdrücken wollen. So beschloß er, den

Doppeladler entfernen zu lassen, der die Dächer des Kreml überragte und der das Symbol der russischen Monarchie war, deren riesiges Reich sich nach Osten und Westen zugleich erstreckt hatte. Im Jahre 1935 ließ der neue Herrscher sie durch Sterne ersetzen, die auf den Türmen des Kreml angebracht wurden. Diese Sterne waren das Symbol des Kommunismus und von Mars, dem blutroten Planeten, inspiriert, der den Namen des Kriegsgottes trägt.[40]

Stalin war wortkarg, unerschütterlich und hatte von seinen Vorfahren, die aus den Bergen stammten, Nerven wie Drahtseile geerbt. Er hörte zu, machte sich Notizen, ließ jeden so reden, wie es ihm beliebte; wenn der letzte Redner zu Ende gesprochen hatte, stand er auf, erteilte seine Befehle mit leiser, aber fester Stimme und diktierte eine Resolution. Am Abend kehrte er in den Kreml in seine bescheidene »Dreizimmerwohnung« zurück, wovon zwei Zimmer vor seinem Regierungsantritt dem Personal als Unterkunft gedient hatten. Die Ausstattung war schlicht: ein alter Sessel neben dem Fenster, Vorhänge aus grobem Leinen, auf einem matt polierten Tisch der obligatorische Samowar, ein Glas Tee, ein Tabaksbeutel und zwei oder drei Pfeifen, die seine Frau Nadeschda ihm stopfte. Seine Mahlzeiten waren mehr als karg: Heringshappen und ein paar Kartoffeln; als einzigen Luxus gestattete er sich ein Glas Wein aus dem Kaukasus. Während der Arbeit trank er unzählige Gläser Tee.

Mit seiner Ehefrau stritt Stalin manchmal so heftig, daß er seine Kinder Swetlana und Basilius zu seinen Schwiegereltern schicken mußte. Die Geheimpolizei, die Stalin »einen Gefallen erweisen wollte«, ließ die jungen Leute streng überwachen, die Stalins Frau besuchten. So stellte sich bald heraus, daß es darunter auch einige »getarnte Verschwörer« gab. Siebenunddreißig »Terroristen« wurden festgenommen, die meisten von ihnen waren Freunde der Frau des Diktators. War Stalin wirklich überzeugt, daß die Beschuldigungen, die gegen den Freundeskreis seiner Frau erhoben wurden, stichhaltig waren? Verdächtigte er sie der ehelichen Untreue oder war es ein politischer Racheakt? Auf jeden Fall begab sich Nadeschda an besagtem 5. Oktober 1932 in die Kremlwohnung und rief ihren Mann an, der sich im Gebäude des Zentralkomitees der Partei befand. Das Gespräch dauerte eine ganze Weile. Kurz darauf schoß sie sich eine Kugel ins Herz …

Selbstverständlich wurde der Selbstmord von der Moskauer Presse als »plötzlicher Tod« verschleiert. Der Sarg der Verstorbenen wurde im Säulensaal aufgebahrt; sie wurde auf dem Friedhof des Klosters Nowodewitschi begraben. Stalin verfügte, daß eine herrliche, in Marmor gemeißelte Stele auf ihrem Grab errichtet wurde.

Ein Gott muß rätselhaft und unnahbar sein. Besessen von der Idee der Geheimhaltung und in ständiger Angst vor einer Verschwörung, lebte Stalin zwischen seiner Datscha, dem Kreml und seinem mit Leibwächtern gespickten, gepanzerten Packard, mit dem er auf einer extra gesicherten Straße ins Zentrum von Moskau fuhr. Die Kremlwache, unter deren Obhut er und sein Gefolge standen, setzte sich aus fünfzehntausend sorgfältig ausgewählten Männern zusammen. Diese Leibgarde gewährleistete auch die Sicherheit in den umliegenden Gebäuden, wo die getreuesten Apparatschiks mit ihren Familien wohnten.

Üblicherweise ging Stalin mit seiner Pfeife in der Hand in seinem Büro auf und ab, sog den süßlichen Duft seines bevorzugten Tabaks, »Herzegowina Flor«, ein und zog sich dann in seine Bibliothek zurück, die er in den zwanziger Jahren aufzubauen begonnen hatte. Dort waren selbstverständlich die Werke von

Marx, Lenin, den französischen Utopisten, einigen russischen Klassikern wie Tolstoi und Tschechow und nicht zuletzt auch von Gorki vorhanden. Diese Bücher waren aber nicht die von ihm bevorzugte Lektüre.

Unter den Werken, die ich einsehen durfte, habe ich aufgrund der Randbemerkungen und Eselsohren seine Lieblingsbücher ausmachen können. Darunter sind mir Bücher über die Geschichte der Religion und der Mystik, über Peter den Großen und Iwan den Schrecklichen aufgefallen. Der lebende Gott interessierte sich also für seine Vorgänger im Kreml ...

Ein Gott muß mustergültig sein! Der einzige Luxus, den er sich leistete, waren sein Narzißmus und der frenetische Beifall der Menge auf dem Roten Platz. Das asketische Leben förderte in ihm eine gewisse Schüchternheit, vor allem im Hinblick auf Frauen. Man erinnere sich nur an den Zwischenfall auf der Konferenz von Jalta: In seiner funkelnagelneuen Uniform, die ihn überall zwickte, fühlte sich Stalin sichtlich nicht wohl vor den Damen, die Roosevelt und Churchill begleiteten. Mit einer unbeholfenen Bewegung ergriff er ihre Hand, machte abrupt einen Diener und küßte sie mit großer Eleganz nach alter höfischer Sitte. Dann sah man, daß er errötete und seine Hand zitterte ...

Stalin und die Meisterspione

Der Diktator des Kreml hielt sich für den größten Spionageexperten und den einzig Befugten, die von den Geheimagenten gelieferten Informationen auszuwerten. War Stalin dogmatisch und streng, so waren seine Agenten das genaue Gegenteil. Ihre individuelle Intuition und ihre zuweilen antikonformistische Erfindungsgabe verlieh ihren Auskünften einen extravaganteren Charakter als dies bei den Geheimdienstlern der Jahre 1960–1970 der Fall war. Dieser Geist trug oft zu ihrem Erfolg bei, auch wenn sie es damals mit weniger hartnäckigen Gegnern zu tun hatten, da die westlichen Nachrichtendienste noch in den Anfängen steckten.

Stalins Meisterspione kamen von der kommunistischen Internationale, die von den Aktivisten erwartete, daß sie jede Aufgabe, zu welchem Preis auch immer, erfüllten, ohne auf »abstrakte« Moralvorschriften Rücksicht zu nehmen. So wurden das Gute und das Böse ideologisch festgelegt. Maly, einer der großen Geheimagenten des Kreml, hat diese Mentalität eindrucksvoll zusammengefaßt: »Ich habe endgültig mit meiner Vergangenheit gebrochen. Ich bin jetzt weder Ungar noch Priester noch Christ noch Sohn von irgendjemandem. Ich bin ein Soldat, ›der im Kampf gefallen ist‹.«

Am schwierigsten war für den Geheimdienst die Zeit der ›Säuberungsaktionen‹ der Jahre 1937–1938. Im

Februar 1938 wurde der Geheimdienstchef[41] in seinem Büro tot aufgefunden; offiziell war er einem Herzleiden erlegen. Aber einige erfahrene Offiziere erkannten auf seinem Gesicht die verräterischen Anzeichen einer Zyankalivergiftung... *? Welche? Belege?*

Bei der Geheimpolizei des Kreml brach Chaos aus. Hundertsiebenundzwanzig Tage lang bekam Stalin keinen einzigen Bericht von seinem Geheimdienst.[42] Unter diesen Umständen konnten die Geheimdienstagenten damit rechnen, daß im Morgengrauen an ihre Tür geklopft würde. Niemand konnte sich sicher fühlen, weil alles systematisch verworfen wurde, was nicht den geheimsten Gedanken des Diktators entsprach. Darum zögerte der Geheimdienst oft, seine Informationen an den Kreml weiterzuleiten. In dieser Paranoia-Stimmung beging Stalin selbst den größten Fehler, als er sich weigerte, die Informationen des Geheimdienstes über die bevorstehende deutsche Invasion am 22. Juni 1941 als verläßlich einzustufen.

Der Kreml hatte an die hundert Informationen erhalten, die auf die Gefahr eines deutschen Überfalls auf die Sowjetunion hinwiesen und mindestens zehnmal vom Agentennetz der Roten Kapelle bestätigt worden waren. Seit der deutschen Invasion nach Westen hatte diese Organisation[43], die in Brüssel und Paris als Handelsgesellschaft getarnt auftrat, Moskau Informationen von größter Wichtigkeit geliefert. Stalin hätte ihnen also vertrauen sollen. Aber trotz der zahlreichen konkreten Angaben über die Bewegung der deutschen Truppen, die ohne den geringsten Zweifel Hitlers Vorbereitung auf den Einfall in die UdSSR verrieten, weigerte er sich, ihnen Glauben zu schenken. Selbst Churchill hatte sich eingemischt. Am 3. April 1941 hatte er dem Kreml eine persönliche Note geschickt, um Stalin zu informieren, daß er aus sicherer Quelle wisse, daß

Deutschland Mitte Juni die Sowjetunion angreifen werde. Aber Stalin antwortete nicht darauf. Churchill ließ nicht locker und schickte noch ein Telegramm. Wieder Schweigen seitens des sowjetischen Führers. Hatte Rudolf Heß vor seiner Flucht nach Schottland die Briten in das Unternehmen »Barbarossa« eingeweiht? Das bleibt ein ungelöstes Rätsel. Stalin vermerkte sogar am Rand des Telegramms: »Britische Provokation.« Aus einer anderen Quelle flossen seit einigen Wochen immer präzisere Informationen. Diese Quelle war niemand anders als Richard Sorge, der »Meisterspion« des Kreml, der in Tokio operierte. Seine Informationen hatten sich, so wie die der Roten Kapelle, immer als zuverlässig erwiesen. Aber auch sie wurden vom »roten Zaren« nicht beachtet.

Sorge[44], Sohn eines Deutschen und einer Russin, war seit 1920 Mitglied der KPD. Er war ihr mit fünfundzwanzig Jahren beigetreten, kurz vor seiner Promotion in Politikwissenschaft. Er bekam einen Lehrstuhl in Aachen, wurde aber nach zwei Jahren aufgrund seiner politischen Aktivitäten entlassen und schlug den klassischen Weg des Kreml-Agenten ein. 1925 trat Richard Sorge auch der KPdSU bei. Bis 1930 lebte er in der Sowjetunion und entfaltete im Auftrag der Komintern in China[45] bis 1933 eine intensive Spionagetätigkeit für die UdSSR. Etwas später wurde er nach Tokio berufen. Da er aber eine einwandfreie Tarnung brauchte, kehrte er im Mai 1933 nach Deutschland zurück, wo Hitler seit vier Monaten Reichskanzler war. Nach seinem Eintritt in die NSDAP war Sorge in Japan Korrespondent verschiedener Zeitungen und Magazine. Erstaunlich ist, daß die Deutschen, vor allem die Gestapo, nicht herausfanden, daß ihr Aktivist früher Mitglied der KPD gewesen war.

Nach seiner Ankunft in Japan bereitete Sorge mit

peinlicher Sorgfalt seine künftige Rolle als Meisterspion des Kreml vor. Der großgewachsene, gutausse-
hende sowjetische Agent, ein hervorragender Journalist, wurde bald der Schwarm der deutschen Kolonie.
Nach und nach knüpfte er Kontakte mit den Diplomaten und sogar mit den Vertretern der Gestapo in der
deutschen Botschaft; er wurde der Geliebte der Ehefrau des deutschen Botschafters und der Vertraute vieler Persönlichkeiten des öffentlichen Lebens, die bald
keine Geheimnisse mehr vor ihm hatten. Den deutschen Botschafter Eugen Ott verband mit ihm eine so
tiefe Freundschaft, daß er ihn seine Telegramme lesen
ließ und ihm seine Berichte vorlegte, bevor er sie nach
Berlin schickte.

Mit Hilfe der fünf Männer, die er zur Bildung seines
Netzes[46] angeworben hatte, konnte Sorge täglich den
Kreml mit außergewöhnlichen Informationen versorgen. Wenn seine Ernte stets reich und gut war, so war
die Information, daß Hitler die Sowjetunion im Morgengrauen des 22. Juni angreifen würde, doch von besonderer Brisanz. Es war einfach für ihn, diese Information zu bekommen. Am 1. Mai hatte der Führer den
deutschen Botschafter aus Japan nach Berlin kommen
lassen, um ihn über das Datum der Ostoffensive in
Kenntnis zu setzen. Der Botschafter informierte sofort
seine Botschaft in Tokio, und auch Sorge wurde bald
davon unterrichtet. Er teilte dem Kreml auch mit, daß
Hitler die japanische Regierung aufgefordert hatte,
zur gleichen Zeit die Sowjetunion von Osten her anzugreifen. Die Japaner waren zwar von Hitlers Erfolgen beeindruckt, hatten aber eher die Absicht, Rußland vom
südöstlichen Asien aus anzugreifen, um die britischen
Besitzungen und die unter niederländischer Herrschaft
stehenden Gebiete Indiens in ihren Besitz zu bringen.
Mit der Sowjetunion wollten sie sich Zeit lassen.

In Tokio war man übrigens der Meinung, es empfehle sich, die Russen von den Deutschen erst richtig schwächen zu lassen und sich damit zu begnügen, »kurz vor Toresschluß« mitzumachen. Die Erinnerung an die schmähliche Niederlage, die Stalin ihnen in der Mongolei beigebracht hatte, war noch zu frisch … Sorges Agentennetz brauchte nicht lange, um die von der kaiserlichen Regierung bezogene Position in Erfahrung zu bringen. Es war äußerst wichtig, daß der Kreml darüber unterrichtet wurde.

Am 12. Mai 1941 schickte der Spion von einem Schiff aus, das ruhig an der japanischen Küste entlangfuhr, genauere Angaben nach Moskau: »Hundertsiebzig deutsche, an der sowjetischen Grenze zusammengezogene Divisionen werden am 22. Juni entlang der gesamten Grenze angreifen. Angriffsschwerpunkt wird Moskau sein. Ramsey.« (»Ramsey« war Sorges Deckname.) Sorge wurde schließlich von den Japanern verhaftet, die ihn gegen andere Gefangene austauschen wollten. Da aber Stalin einen Austausch ablehnte, wurde Sorge/Ramsey am Ende des Krieges erschossen.

All diese Informationen hätten den »roten Zaren« zumindest beunruhigen sollen. Aber, wie bereits dargelegt, er ließ sich von seiner Überzeugung nicht abbringen, daß es sich um eine von Großbritannien organisierte »Provokation« handelte. Er schenkte den Berichten keine Beachtung und informierte darüber nicht einmal seinen Generalstabschef.

Die Geheimpolizei des Kreml sah sich also genötigt, Stalin unbestätigte Informationen oder Unterlagen zu liefern, damit er daraus selbst seine Schlüsse zog. Der sowjetische Außenaufklärungsdienst verfügte damals übrigens nicht einmal über eine Analyseabteilung. Wie konnte es dann Stalin gelingen, die besten Geheimdienste der Welt zu haben?

Den berühmten »Fünf von Cambridge« gelang es, wie anderen legendären Geheimagenten, in den europäischen Hauptstädten bis ins Innerste der Macht vorzudringen. Das Aufkommen des Faschismus in Europa war für sie der Auslöser gewesen, sich der marxistischen Ideologie anzuschließen, die in der Sowjetunion Fuß gefaßt hatte. In der Meinung, daß nur der Kreml in der Lage sei, den Faschismus zu unterbinden, hatten sich diese Agenten vom Diktator verpflichten lassen. So gelangten oft hochgeheime westliche Dokumente in Stalins Hände, noch bevor der amerikanische Präsident oder der britische Premierminister von ihnen Kenntnis erhalten hatten. Das Ansammeln geheimer Dokumente hatte großen Einfluß auf die Geschichte des Kreml. Großbritannien und Frankreich waren seine Hauptzielscheibe in der Zeit zwischen den beiden Weltkriegen, und die Vereinigten Staaten wurden der Hauptfeind der Sowjetunion im kalten Krieg. Während des Zweiten Weltkriegs erreichte die Unterwanderung des Westens durch den sowjetischen Geheimdienst ihren Höhepunkt.

Die versiertesten Geheimagenten Stalins waren Kosmopoliten, stammten aus Mitteleuropa und beherrschten alle europäischen Sprachen. Bevor sie sich für den sowjetischen Geheimdienst verpflichtet hatten, waren sie insgeheim der kommunistischen Internationale beigetreten. Diese »legendären Illegalen« des Kreml sind heute dafür berühmt, führende junge Geister ihrer Zeit angeworben zu haben. Die meisten ihrer Glanzleistungen vollbrachten sie auf der europäischen Bühne.

Die Verführung oder Der große Werber

Der österreichische Jude Arnold Deutsch, dem zahlreiche Anwerbungen von Studenten und jungen Diplomierten aus Cambridge gelangen, wurde einer der berühmtesten »großen Illegalen« im Dienste des Kreml.

Er hatte eine glänzende akademische Laufbahn hinter sich. Schon mit vierundzwanzig Jahren hatte er in Wien den Doktortitel in Chemie erworben, auch wenn er gleichermaßen für Philosophie und Psychologie begabt war. Wie viele andere junge Studenten hatte er sich von der revolutionären Idee des sowjetischen Staates verführen lassen und war selbstverständlich der Kommunistischen Partei beigetreten. Um sein politisches Engagement zu tarnen, gab er sich bisweilen sogar als frommer Ordensmann aus, zumal sein aufrichtiger Glaube ihn nie daran gehindert hatte, sich für die Parolen des Kreml zu begeistern. Nach Beendigung des Studiums machte er seine ersten Schritte im Treibsand des Geheimdienstes und wurde Kurier der Komintern. So begegnete man ihm in Rumänien, Griechenland, Palästina und Syrien. Von nun an dienten seine akademischen Titel vorwiegend als Tarnung für seine Haupttätigkeit: die Spionage.

Zu Beginn des Jahres 1934 ließ sich Deutsch auf Anweisung des Kreml in London nieder, wo er eine Wohnung in dem von der fortschrittlichen Intelligenzija bevorzugten Viertel mietete.⁴⁷ Der glänzende Intellektuelle bekam bald Zugang zu den exklusivsten akademischen Kreisen. Um sich besser zu tarnen, belegte er gleichzeitig Doktorandenseminare in Psychologie, während er auf seine Frau wartete, die in Moskau eine Ausbildung als Toningenieurin absolvierte. Sie folgte ihm bald nach, und das Ehepaar warb prompt zwanzig Agenten an und stellte den Kontakt zu weiteren neun her.

Der Schlüssel zu seinem Erfolg war eine einfache, direkte Werbestrategie. Die jungen, fortschrittlich denkenden Menschen elitärer Hochschulen wie Oxford und Cambridge zogen seine Aufmerksamkeit auf sich. In der Tat war dies das geeignete Umfeld, um sich noch biegsamen Menschen anzunähern, bevor sie einen Beruf ergriffen, und um sie zu ermuntern, sich Zugang zur Führungsschicht des britischen Empire zu verschaffen.

»In diesen Universitäten, in denen ein regelmäßiger Wechsel der Belegschaft stattfindet«, führte er als Argument an, »erfreut sich die kommunistische Bewegung regen Zuspruchs. Folglich fällt es weder in noch außerhalb der Partei auf, wenn man aus ihr einige Mitglieder abzieht. Bekanntlich haben die Menschen ein kurzes Gedächtnis. Sollte sich dennoch jemand zufällig an die kommunistische Vergangenheit dieser jungen Menschen erinnern, so wird man das als Jugendsünde auslegen, vor allem wenn sie aus dem Großbürgertum stammen. Uns fällt die Aufgabe zu, für jeden von ihnen eine neue, nicht kommunistische politische Persönlichkeit zu erfinden.«

So bildeten fünf junge Absolventen von Cambridge – Anthony Blunt, Guy Burgess, John Cairncross, Donald MacLean und Kim Philby – die berühmteste Gruppe der vom Kreml angeworbenen Geheimagenten. Im Zweiten Weltkrieg nannte Moskau sie »Die Fünf«, aber später, nach dem Erfolg des Films »Die glorreichen Sieben«, hießen die sowjetischen Agenten aus Cambridge »Die glorreichen Fünf«.

Der Spion, der die Geschichte des Kreml veränderte

Harold Adrian Russel Philby wurde am 1. Januar 1912 im Pandschab geboren, wo sein Vater Inspekteur der britischen Kolonien war. In Anlehnung an den Helden des gleichnamigen Romans von Rudyard Kipling wurde er Kim genannt. Sein Leben lang mied der junge Philby ausgetretene Pfade. Kim Philby hatte nach dem erfolgreichen Abschluß seines Geschichtsstudiums am Trinity College beim Wirtschaftswissenschaftler Maurice Dobb studiert, einem überzeugten Marxisten und Gründungsmitglied der Kommunistischen Partei.

Ohne zu zögern, folgte er dem Beispiel und der Überzeugung seines akademischen Lehrers und trat dessen Partei bei. Zu dieser Zeit gab es zahlreiche kommunistische Sympathisanten an der Universität Cambridge und die »Zelle« von Trinity College war die wichtigste. Philby und die beiden Studenten Guy Burgess und Anthony Blunt wurden bald unzertrennlich. Sie traten einem Studentenverein, der Apostelgesellschaft, bei, in dem die glänzendsten Dozenten und Studenten sich trafen.

Im Juni 1933, nach seinem Studienabschluß, setzte Philby es sich in den Kopf, ein Untergrundkämpfer der Komintern werden zu wollen. Sein geliebter Professor führte ihn dann bei Willi Münzenberg ein, einem der herausragendsten Vermittler kommunistischen Gedankenguts in Europa. So verbrachte er das Jahr 1934 in Wien als Kurier für die im Untergrund agierende Österreichische Kommunistische Partei.

In Österreich wurden die politischen Ansichten des jungen Engländers geprägt. Als er Litzi Friedmann, einer schönen, funkensprühenden, geschiedenen Studentin begegnete, nahm sein Schicksal eine Wendung. Es war keine alltägliche Liebe, sondern eine regelrechte Leidenschaft, ein sinnliches und zugleich spirituelles Ineinanderaufgehen. Leidenschaftlich ineinander verliebt, konnten sie manchmal der sinnlichen Begierde nicht widerstehen, so daß sie sich oft im Schnee liebten: »Es ist einem wirklich warm, wenn man sich daran gewöhnt hat«, beteuerten sie.

In Wien begegnete Philby auch Arnold Deutsch, der ihn später anwarb. Raffiniert wie er war, erwähnte dieser nicht gleich einen Spionageauftrag zugunsten des Kreml; er sprach nur vage von einer Zusammenarbeit im Untergrundkampf der kommunistischen Internationale gegen den Faschismus und erklärte: »Wir brauchen Leute. die imstande sind, die bürgerlichen Institutionen zu unterwandern. Tun Sie das für uns.« Dann empfahl er Philby, offiziell jeden Kontakt zur britischen Kommunistischen Partei abzubrechen und profaschistische Kreise zu unterwandern.

Ein halbes Jahrhundert später schilderte Philby mit einer für einen Meisterspion des Kreml unüblichen Begeisterung seine erste Zusammenkunft mit Arnold Deutsch: »Er war ein wunderbarer Mensch. Absolut wunderbar. Ich habe es sofort festgestellt. Und ich habe meine Meinung nie geändert. (…) Das erste, was einem an ihm auffiel, waren die Augen. Er schaute einen an, als gebe es nichts Wichtigeres auf der Welt, als mit einem zusammenzusitzen und sich zu unterhalten.«

Nach diesem Treffen verliehen die Sowjets Philby seinen ersten Decknamen.[48]

Der erste Schritt zählt

Die vier anderen der »Glorreichen Fünf« wurden kurz darauf von Philbys Mittelsmann angeworben. Die angewandte Taktik war so erfolgreich, daß es den fünf sowjetischen Agenten aus Cambridge innerhalb kürzester Zeit gelang, sich ins Foreign Office oder in den britischen Geheimdienst einzuschleusen. Sie lieferten eine solche Flut von Informationen, daß der Kreml Mühe hatte, sie zu analysieren.

Das Geheimnis dieses beispiellosen Erfolgs beruht darin, daß ihr Werber die Eigenschaften vorzuweisen hatte, die »Die Fünf aus Cambridge« von ihrem Führungsoffizier erwarteten. Seine große Lebenserfahrung, seine Aura, sein Hochschulstudium, sein Scharfsinn und seine unerschütterliche Gesinnung machten aus ihm einen außergewöhnlichen Mann. Aber Deutsch war auch ein Profi in Sachen Spionage, und seinem bohrenden Blick entging nicht das kleinste Detail. Oft täuschte er vor, einen Ort zu verlassen, um sich zu vergewissern, daß sein Wagen nicht verfolgt wurde, und kehrte dann mit öffentlichen Verkehrsmitteln zurück, wobei er mehrmals die Route änderte. Wie ein vorzeitiger James Bond versteckte er die Mikrofilme von Geheimdokumenten in Haarbürsten, Reisenecessaires oder Haushaltsgeräten. Die meisten Berichte, die für den Kreml bestimmt waren, schrieb er mit unsichtbarer Tinte.

Aber außer diesen technischen Details spielte die Psychologie eine ausschlaggebende Rolle für seinen Erfolg. Er wußte ganz genau, daß für »Die Fünf aus Cambridge« Sexualität so wichtig war wie jede politische Analyse. Als leidenschaftliche Rebellen machten sie keinen Hehl daraus, daß sie sich über die strenge viktorianische Moral hinwegsetzten. Burgess und Blunt waren homosexuell; MacLean war bisexuell; Cairncross und Philby waren hemmungslos heterosexuell.

Philby leistete dem Kreml seinen ersten wichtigen Dienst, indem er einen neuen, wertvollen Mann für den Spionagedienst gewann. Es handelte sich um Donald MacLean, den Sohn eines ehemaligen Ministers und hohen Würdenträgers des britischen Empire. Der brillante, liebenswürdige junge Mann ging überall ein und aus und hatte für Moskau die idealen Eigenschaften für einen Geheimagenten.

MacLean, der 1934 das Studium der modernen Sprachen am Trinity College abgeschlossen hatte und eine Hochschullaufbahn anstrebte, hatte nicht vorgehabt, in den öffentlichen Dienst einzutreten. Doch dann kam im August seine Begegnung mit Deutsch dazwischen. Einige Monate später änderte er seine Meinung und verkündete seiner Mutter, daß er beabsichtige, sich auf die Aufnahmeprüfung für das Foreign Office vorzubereiten. Damit hatte MacLean zugesagt, für Moskau zu arbeiten.[49]

Der dritte Rekrut, Guy Burgess, ging seinem Studium am Trinity College nach, wo er in aller Ruhe seine Dissertation in Geschichte vorbereitete. Auch er hatte sich für die Idee begeistert, im Auftrag der kommunistischen Internationale einen geheimen Krieg gegen den Faschismus zu führen. In einer Liebesnacht hatte MacLean sich über Moskaus Anweisungen hinweggesetzt und ihm anvertraut, daß er mit einer delikaten

114

Mission betraut worden sei. Burgess war sehr beeindruckt und beschloß, mitmachen zu wollen. So organisierte MacLean umgehend ein erstes Treffen mit seinem Werber.

Burgess war eine der Lichtgestalten von Cambridge. Er war gesellig und geistreich, fühlte sich genauso wohl bei schwierigen intellektuellen Diskussionen wie bei Trinkgelagen mit seinen Liebhabern und war stolz auf seine kommunistische Gesinnung sowie auf seine Homosexualität. Man hätte annehmen können, daß Burgess' exzentrisches Wesen der Spionagelaufbahn im Weg gestanden hätte. Doch ganz im Gegenteil, der Kreml fand, daß diese unkonventionelle Haltung eine hervorragende Tarnung sei. Burgess wurde also aufgefordert, »am Untergrundkampf gegen den Faschismus« teilzunehmen, mit anderen Worten: Stalins Agent zu werden.[50]

Im August 1935 bestand MacLean mit Bravour die Aufnahmeprüfung für das Foreign Office. Als er auf seine »Sympathien für den Kommunismus« in Cambridge angesprochen wurde, ließ er sich nicht aus der Fassung bringen und deklarierte sie als eine kleine Jugendsünde.

So begann MacLean seine Karriere im Oktober 1935 und unterwanderte als einer der ersten Agenten die britische Regierung.

Hatten die Agenten aus Cambridge schon begriffen, daß sie direkt für den Kreml arbeiteten oder glaubten sie immer noch, am Untergrundkampf gegen den Faschismus teilzunehmen? Die Antwort auf diese Frage gab ihnen ihr eigener Führungsoffizier in einer seiner Depeschen: »Sie wissen ganz genau, daß sie für die Sowjetunion tätig sind. Aber meine Beziehungen zu ihnen beruhen auf unserer Parteizugehörigkeit.«

Zu Beginn des Jahres 1936 arrangierte Burgess, der

damals Produzent bei der BBC war, für die Sowjets einen ersten Kontakt zu seinem Liebhaber Anthony Blunt, einem weiteren glänzenden Hochschulabsolventen von Cambridge, einem Kunsthistoriker. Der letzte der »Glorreichen Fünf« war schließlich der Schotte John Cairncross. Nachdem er zwei Jahre an der Universität von Glasgow studiert und in Paris an der Sorbonne die Licence ès lettres erworben hatte, wurde er aufgrund seiner bemerkenswerten Leistungen 1934 ins Trinity College aufgenommen. Diesmal setzte der Kreml nicht nur auf seine Begeisterung für den Marxismus, sondern auch auf seine Enttäuschung durch die herrschende Klasse Großbritanniens. In der Tat haßte Cairncross, der bescheidener Herkunft war, die Vertreter des hohen Adels, die ihn ihre Verachtung deutlich spüren ließen.[51]

Zu dieser Zeit beeinflußte eine Vielzahl äußerst wertvoller Informationen, die von MacLean und Cairncross geliefert wurden, das Schicksal des Kreml. Der erste lieferte Stalin im November 1937 einen Bericht über die Unterhaltung von Lord Halifax, einem Mitglied des britischen Kabinetts, mit Hitler. Der Kremlchef war sehr beeindruckt, und sein Mißtrauen gegenüber Großbritannien wuchs. Diesem Bericht zufolge betrachtete Lord Halifax Nazideutschland als »das westliche Bollwerk gegen den Bolschewismus«.

Aufgrund dieser Informationen ließ sich der kommunistische Diktator davon überzeugen, daß Großbritannien den Deutschen grünes Licht für den Angriff im Osten gegeben hatte. Die von MacLean und Cairncross gelieferten Dokumente des Foreign Office über die »Beschwichtigungspolitik« waren für Moskau ein untrügliches Zeichen für eine Verschwörung der Briten, die darauf abzielte, Hitler gegen die Sowjetunion aufzuwiegeln …

Mit der Zeit wurde Kim Philby der berühmteste und

effizienteste Agent des Kreml. Ihm wurden jedoch viele Fallen gestellt, und er machte nicht so schnell Karriere wie seine vier Kollegen. Zunächst mußte er aufgrund seiner zu sehr linksgerichteten politischen Gesinnung darauf verzichten, ein öffentliches Amt anzutreten. Um diesen Ruf zu zerstreuen, bewarb er sich 1937 bei einer liberalen Zeitschrift und trat einer britisch-deutschen, hitlerfreundlichen Vereinigung bei. Dann bot ihm der Ausbruch des Bürgerkriegs in Spanien die Gelegenheit, seinen ersten großen Auftrag für den Geheimdienst zu übernehmen.

Als Auslandskorrespondent der *Times* fuhr Philby im Februar 1937 nach Spanien. Schon bald wurde er als Lokalheld gefeiert, als drei Journalisten in seiner Gegenwart durch eine Granate getötet wurden, während er mit einer leichten Wunde davonkam.

Einige Wochen nach seiner Abreise nach Spanien hatte der sowjetische Geheimdienst den – von Stalin persönlich erteilten – Befehl erhalten, Philby mit dem Mord an General Franco zu beauftragen.

Da er vom Caudillo selbst ausgezeichnet worden war, hatte er direkten Zugang zu den antirepublikanischen Führungskreisen. »Meine Verwundung in Spanien«, bestätigte er später, »erleichterte mir enorm die Arbeit, sowohl was den Journalismus als auch den Geheimdienst anging.« Der Kreml ließ aber von seinem Vorhaben ab. Seit dem Frühjahr 1937 richtete Stalin seine Aufmerksamkeit auf die inneren Zwistigkeiten des republikanischen Lagers und die Ausschaltung der Trotzkisten. Gegen Ende dieses Jahres hatte in Moskau die Treibjagd auf die »Feinde des Volkes« Vorrang vor dem Einholen von Informationen. Die außergewöhnlichen Talente der »Glorreichen Fünf« lagen brach. Der Verfolgungswahn des Kreml richtete sich auch gegen die eigenen Agenten.

Auch wenn Moskau die wenig orthodoxen Methoden Burgess' bei der Rekrutierung von Agenten nicht schätzte, galt er dennoch als wertvoller Spion. Unter den »Fünf aus Cambridge« war Donald MacLean der geeignetste, um geheime Dokumente aus dem Foreign Office zu entwenden. »Norma«, eine junge Offizierin des sowjetischen Geheimdienstes, traf sich mit ihm im Kino Empire im Zentrum Londons, dann ging sie mit großen Bündeln von Dokumenten, die sie fotografieren sollte, nach Hause. »Norma« hatte den Auftrag, dann die Filme den sowjetischen Geheimagenten zu übergeben, die als Tarnung in der sowjetischen Botschaft in London arbeiteten und sie ihrerseits nach Moskau weiterleiteten. Die Photosession ging oft mit Liebesspielen zu Ende – unter Verletzung der strengen Vorschriften des sowjetischen Geheimdienstes…

MacLean wurde auf Empfehlung der Personalabteilung des Foreign Office zum Dritten Sekretär der britischen Botschaft in Frankreich ernannt. Dies war sein erster Posten im Ausland.

1938 erreichte die internationale Spannung ihren Höhepunkt. Am 29. September kam das Münchener Abkommen zwischen Deutschland, Großbritannien, Frankreich und Italien zur Lösung der deutsch-tschechoslowakischen Krise um das Sudetenland zustande. Chamberlain, der die von Hitler unterzeichnete, jedoch völlig wertlose deutsch-britische Nichtangriffserklärung freudig schwang, wurde in London als Held gefeiert, und auch Édouard Daladier wurde in Paris triumphal empfangen,

»Schockiert« von der Niedertracht der westlichen Machthaber, waren »Die Fünf aus Cambridge« meilenweit davon entfernt, sich vorzustellen, daß ein Jahr später, am 28. September 1939, Stalin im Kreml einen deutsch-sowjetischen Grenz- und Freundschaftsvertrag mit Hitler unterzeichnen würde. Für sie war das Münchener Abkommen eine Bestätigung der Richtigkeit ihres Engagements.

John Cairncross hatte auch Zugang zu den vertraulichsten Akten des Foreign Office. Die von ihm nach Moskau übermittelten Unterlagen über die »Beschwichtigungspolitik« bestärkten Stalin in seiner Meinung. War das nicht ein zusätzlicher Beweis für eine von Großbritannien mit der Unterstützung Frankreichs angezettelte Verschwörung? Das Zeugnis dafür, daß sie sich das Ziel gesetzt hatten, »Deutschland zu überzeugen, die Sowjetunion anzugreifen«? Diese vom Kremlchef aufgestellte Theorie gaben die Sowjets während des gesamten kalten Krieges als offizielle Darstellung der Ereignisse aus.

Als MacLean sich in Paris niederließ, sah Moskau Cairncross als seinen Nachfolger im Foreign Office vor. Aber Cairncross verfügte nicht über das distinguierte Benehmen von MacLean, und da er sehr empfindlich war, nahmen ihn seine Kollegen mit gemischten Gefühlen auf. Im Dezember 1938 verließ er das Foreign Office und etablierte sich im Finanzministerium.

In Paris verliebte MacLean sich in Melinda, eine Amerikanerin, die an der Sorbonne studierte und die er später auch heiratete. Häufig trank er übermäßig viel, so daß er unter Alkoholeinfluß seiner Verlobten gestand, für den sowjetischen Geheimdienst zu arbeiten.

Diese kurzlebigen Fehlschläge hinderten aber »Die Fünf aus Cambridge« nicht daran, beispiellose Erfolge zu erzielen. Burgess teilte seinen sowjetischen Vorgesetzten mit, daß es ihm gelungen sei, den britischen Geheimdienst zu unterwandern und er Zutritt zu den Abteilungen habe, die mit der Bekämpfung von Sabotage und mit psychologischer Kriegführung betraut seien. Statt sich aber über diese Nachricht zu freuen, schien der Kreml an der Gesamtheit der sowjetischen Operationen in Großbritannien zu zweifeln und rief ausnahmslos alle sowjetischen Agenten nach Moskau zurück. Ein einziger schlecht informierter Offizier blieb dort zurück. Als Philby im Sommer 1939 nach dem Spanischen Bürgerkrieg nach London zurückkehrte, schickte der Funktionär folgendes Telegramm nach Moskau: »Wenn Sie uns Anweisungen bezüglich ›Söhnchen‹ geben, wären uns nähere Angaben über ihn willkommen, weil wir ihn nur sehr oberflächlich kennen.«

Der Kreml kam zu dem Schluß, daß der Geheimdienst in Großbritannien »auf zweifelhaften Quellen beruhte, auf einem Agentennetz, das zu einer Zeit aufgebaut wurde, als es unter der Kontrolle der Feinde des Volkes stand, und darum extrem gefährlich war«. Es wurde dringend gemahnt, jeden Kontakt zu diesen Agenten, auch zu den »Fünf aus Cambridge«, abzubrechen. Ihre Informationen wurden zwar erfaßt, aber der Diktator interessierte sich nicht dafür. Paradoxerweise beeinträchtigte diese Gleichgültigkeit keineswegs das Engagement seiner wichtigsten Spione. Burgess wurde Assistent eines Parlamentariers und baute sich eine Art persönliches Unternetz auf, wobei er sich auf seine homosexuellen Beziehungen stützte. 1938 warb er einen seiner Liebhaber an, Erich Kessler, einen Schweizer Journalisten, der Diplomat an der Schweizer Botschaft in London geworden war. Später unter dem Decknamen »Suisse« geführt, erwies er sich als eine wertvolle Informationsquelle für deutsch-schweizerische Beziehungen. 1939 warb Burgess einen weiteren ausländischen Liebhaber an, den Ungar Andrew Revoi, der später Chef der während des Krieges in London im Exil lebenden freien Ungarn wurde.[52]

In Paris verkehrte er regelmäßig mit Édouard Pfeiffer, dem Kabinettschef Édouard Daladiers, des Verteidigungsministers und späteren Ministerpräsidenten.

Im August 1939 erschütterte die Nachricht vom deutsch-sowjetischen Nichtangriffspakt die Agenten in Großbritannien zutiefst. Dennoch erfüllten sie weiterhin ihren Auftrag.

Im Sommer 1940 gelang es Burgess, Kim Philby für die Sektion »D« des M16 anzuwerben. Dieser wurde dann mit der »politischen Ausbildung der Saboteure, die nach Europa geschickt werden sollten« betraut. Dennoch blieb der Kreml ihm gegenüber mißtrauisch, vor allem bezüglich seiner Information, daß Großbritannien nicht vorhabe, Saboteure in die UdSSR zu schicken. Philby kletterte rasch die Stufen des Erfolgs hinauf und wurde vier Jahre später Leiter der Abteilung, die mit der Überwachung der sowjetischen Aktivitäten und der Kommunistischen Parteien in der ganzen Welt beauftragt war. Dieser intelligente sowjetische Agent, ein Charmeur, der fünf oder sechs Sprachen beherrschte, hatte nun also die Aufgabe, den Kampf Großbritanniens gegen die Agenten des Kreml zu koordinieren! MacLean war Erster Sekretär der britischen Botschaft in Washington geworden, Guy Burgess arbeitete in der Presseabteilung des Foreign Office, und Anthony Blunt war dem interalliierten Militärkommando zugewiesen worden.

Philby schaffte auch eine große Ausbeute an Geheimdossiers herbei. Ab September 1941 nahm er sich Zeit, die Freundschaft mit einem Archivar des Geheimdienstes zu pflegen, mit dem er viele feuchtfröhliche Abende verbrachte. Dank dieser Beziehung konnte er sich die Arbeitsberichte der im Ausland operierenden britischen Agenten ausleihen und an seinen sowjetischen Führungsoffizier weitergeben, der sie dann photographierte. Anfang April 1942 führte Stalins Polizei eine sorgfältige Analyse der von Philby übermittelten Dossiers durch.

»Die Fünf aus Cambridge«, die als die größten Kreml-Agenten in die Geschichte eingegangen sind, waren damals in Mißkredit geraten, weil es ihnen nicht gelang, Beweise für eine weltweite Verschwörung gegen die Sowjetunion zu liefern – eine imaginäre Verschwörung, an die Stalin aber fest glaubte.

Im Oktober 1942 schrieb der Diktator an seinen Botschafter nach London: »In Moskau haben wir alle den Eindruck, daß Churchill die Niederlage der UdSSR anstrebt, um mit Hitlerdeutschland auf Kosten unseres Landes paktieren zu können.«

Am 25. Oktober 1943 bestätigte die Leitung des sowjetischen Geheimdienstes, es stehe nun außer jedem Zweifel, daß »Die Fünf aus Cambridge« Doppelagenten seien und für den britischen Geheimdienst arbeiteten. Diese »Maulwürfe« würden also nur den Kreml vergiften. Philbys Bericht (demzufolge Großbritannien damals keineswegs in militärische Operationen gegen die Sowjetunion verwickelt war) wurde in Moskau als »offenkundiger Beweis für Desinformation« angesehen. Die Verschwörungstheorie des Kreml hatte aber keine überzeugende Erklärung dafür, daß »Die Fünf« ihm dennoch so viele wertvolle Informationen lieferten... In einem Telegramm vom 25. Oktober 1943 an den Londoner Geheimdienst machte Moskau geradezu Verrenkungen, um die Behauptung aufrechtzuerhalten, daß die große Anzahl der Dossiers des Foreign Office, die von MacLean übermittelt worden waren, ein Hinweis dafür sein »könnte«, daß er, im Gegensatz zu seinen vier Kollegen, den Kreml nicht »wissentlich« hinters Licht führte, sondern daß er das Opfer einer Manipulation sei.

Die von Cairncross weitergegebenen Informationen über die Vorkehrungen der Luftwaffe waren von entscheidender Bedeutung: Ihnen war es zu verdanken, daß die russischen Bomber massive Präventiveinsätze gegen gezielt ausgesuchte deutsche Flughäfen flogen und über fünfhundert feindliche Kampfflugzeuge zerstören konnten. Dennoch hielt der Geheimdienst, der immer noch von der Verschwörungstheorie besessen war, den Agenten, der ihm unschätzbare Informationen geliefert hatte, für den Bauern in einer »Verschwörungsaktion«! Moskau ordnete also an, ein neues, von den »Fünf Glorreichen« unabhängiges Agentennetz zu knüpfen. Trotz der Überzeugung, sie seien Doppelagenten, wurde aber beschlossen, den Kontakt mit ihnen zu halten.

Das mag wohl befremdlich erscheinen, aber der Kreml sah ein, daß »Die Fünf aus Cambridge« ungeachtet »ihrer unbestreitbaren Desinformationsversuche« durchaus »wertvolle Unterlagen über die Deutschen und andere Personen« geliefert hatten; es wurde festgestellt, »daß nicht alle Unklarheiten über diese Agentengruppe beseitigt seien«.

Um die vermeintliche britische Verschwörung aufzudecken, schmiedete der Kreml einen geradezu abenteuerlichen Plan: Er entsandte einen speziellen Überwachungstrupp aus acht Männern nach London, die den Auftrag hatten, die Fährte der »Fünf« zu verfolgen, in der Hoffnung, sie mit ihren britischen Führungsoffizieren zu ertappen, die, wie gesagt, nur in der Einbildung der Sowjets existierten. Derselbe Trupp sollte auch Nachforschungen über die Besucher der sowjetischen Botschaft anstellen, da man unter ihnen *Agents provocateurs* vermutete. Aber diese Überwachungsaktion war ein ziemlicher Reinfall, denn keiner der acht Schutzengel sprach Englisch, und aus ihrer Kleidung ließ sich mühelos schließen, daß sie Russen waren. Die Absurdität dieses Unternehmens sprach Bände über die Paranoia des Geheimdienstes des Kreml.

Dieser Geheimdienst war zwar in der Lage, Informationen einzuholen, aber bei weitem nicht, sie zu analysieren, zumal auch Stalins Urteilsvermögen durch die sich hartnäckig haltende Verschwörungstheorie getrübt war.

Erst 1944 wurden »Die Fünf aus Cambridge« von dem Verdacht freigesprochen, als Doppelagenten zugunsten der Briten tätig zu sein. Nun schwenkte Moskau um und propagierte, daß der wichtige Inhalt der kürzlich von Philby übermittelten Dokumente sich mit »anderen Quellen« deckte. Folglich mußte der Kontakt um jeden Preis gehalten werden. Der Kreml ordnete sogar an, »Söhnchen« den aufrichtigsten Dank für seine Arbeit abzustatten und ihm »mit dem größten Takt eine Prämie von hundert Pfund Sterling oder ein gleichwertiges Geschenk« anzubieten.

Diese späte Dankbarkeit löste bei Philby eine fast pathetische Reaktion aus. »In diesem Jahrzehnt«, schrieb er, »war ich noch nie so tief gerührt wie heute durch das Geschenk des Kreml. Nichts hat mich bisher mehr bewegt als Ihre Danksagung.«

Die Anfang 1944 von Philby abgefaßten Berichte über die im britischen Geheimdienst geschaffene IX. Abteilung, die den Auftrag hatte, die sowjetischen und kommunistischen Aktivitäten zu überwachen, waren von ungeheurer Bedeutung. Ende des Jahres gelang es ihm, Chef dieser neuen Abteilung zu werden, die inzwischen ihre Mitarbeiter aufgestockt hatte. Er bekam den Auftrag, sowohl Informationen über die sowjetische Spionage als auch über subversive Operationen zu liefern, und das »weltweit außerhalb des britischen Territoriums«!

124

Philby bekam ein Geschenk, und Cairncross wurde für seinen Beitrag zum denkwürdigen Sieg der Sowjets in der Schlacht von Kursk im Jahre 1943 ausgezeichnet. Auf Stalins Beschluß wurde ihm der Orden der Roten Fahne, eine der höchsten sowjetischen Auszeichnungen, verliehen. Aber als Sicherheitsmaßnahme mußte der Empfänger seine Auszeichnung zurückgeben, damit sie in Moskau aufbewahrt würde.

Angespornt von der Liebenswürdigkeit des Kreml, wurden MacLean und Burgess noch umtriebiger als bisher. Im Frühjahr 1944 bekam MacLean eine Stelle an der Botschaft in Washington, wo er alsbald zum Ersten Sekretär avancierte. Rasch zeichnete er sich bei seiner Arbeit aus. Er verfolgte aus nächster Nähe die britisch-amerikanische Zusammenarbeit beim Bau der Atombombe. Und Burgess war besonders nützlich geworden, seit er in der Presseabteilung des Foreign Office tätig war. Unter dem Vorwand, sich informieren zu wollen, um bei seiner Pressearbeit die richtigen Schwerpunkte zu legen, füllte er regelmäßig eine große Aktentasche mit Geheimdossiers, die er dann nach Hause schleppte... Diese Zeit war der Höhepunkt in der »Saga« des Agentennetzes von Cambridge.

1949 wurde der fünfunddreißigjährige Donald MacLean als Botschaftsrat nach Kairo berufen, ein notwendiger Durchgangsposten vor der Ernennung zum Botschafter, eine weitere Stufe seiner glänzender Laufbahn, zumal Ägypten innerhalb der britischen Diplomatie einen hohen Rang einnahm. Zur gleichen Zeit wurde Philby zum Verbindungsoffizier für den britischen Geheimdienst und die CIA ernannt. Am 8. Oktober 1949 bezog Philby seinen Posten in der westlichen Spionageabwehr.

Alles schien den »Fünf aus Cambridge« zu gelingen. Aber durch eine Verkettung unglücklicher Umstände gerieten sie in die Bredouille. Die Amerikaner und ihre Verbündeten registrierten systematisch die verschlüsselten Meldungen der Sowjets. Die Telegramme ruhten aber nicht lange im Archiv. 1948 analysierte Gardner, ein talentierter amerikanischer Forscher, Hunderte dieser während des Krieges registrierten Meldungen (dieses Programm erhielt den Decknamen »Venona«). Bei dieser mühsamen Kleinarbeit konnte er auf ein halb verbranntes sowjetisches Codeverzeichnis zurückgreifen, das die Finnen im Juni 1941 requiriert hatten. Die Chiffreure der Roten Armee hatten sich vor einer drohenden Verhaftung verpflichtet gefühlt, vor allem die Codeverzeichnisse zu vernichten. Aber einer von ihnen war gerade dabei gewesen, sein Code-Handbuch zu verbrennen, als die Finnen ihn verhafteten und das Buch aus dem Feuer retteten. Darin fanden sich einige Namen mit ihrer Code-Entsprechung. Die Finnen bewahrten das Handbuch fast bis zum Ende des Krieges auf; 1944 übergaben sie diesen Schatz den Amerikanern, die auf diese Weise in den Besitz einer zuverlässigen Dekodierungsgrundlage für die Telegramme gelangten. Die Arbeit kam einen guten Schritt voran, als die Amerikaner feststellten, daß die sowjetische Botschaft in Washington 1942 zweimal hintereinander dieselben Chiffren in ihren Meldungen verwendet hatte. Mitte 1948 galt das Augenmerk der Amerikaner besonders zwei Texten, die sich als die Telegramme Nr. 72 und 73 erwiesen und an die britische Botschaft in Washington gerichtet waren. Diese Dekodierung sollte die Suche der Forscher nach dem »Maulwurf« erleichtern. An die zehn dekodierten Botschaften spielten auf einen gewissen »Homer« an. Zweifellos mußte dieser Agent ziemlich einflußreich sein, wenn er mitten im Krieg über ein geheimes Treffen der alliierten Staatsoberhäupter informiert war. Dann erfuhren sie, daß er Zugang zu den Telegrammen gehabt hatte, die zwischen dem Foreign Office und der britischen Botschaft getauscht wurden. Es mußte sich also um einen britischen Diplomaten höheren Rangs handeln, wenn er den Inhalt einer persönlichen Mitteilung des Ministers an seinen Botschafter kannte. Und schließlich war die Tatsache, daß die sowjetischen Meldungen von den Vereinigten Staaten aus verschickt wurden, ein Hinweis darauf, daß es sich um einen Diplomaten handelte, der an der britischen Botschaft in den Vereinigten Staaten seinen Dienst versah.

Im Herbst 1949 bekam Philby Wind von diesen Dekodierungen und warnte sofort seine sowjetischen Vorgesetzten. Gardner, mit dem er inzwischen befreundet war, hatte ihn einige Passagen aus einem Telegramm lesen lassen, das er kürzlich entschlüsselt hatte. Es handelte sich um die Mitteilungen von Churchill und Truman, versehen mit einigen kurzen Kommentaren des Führungsoffiziers. Der Name des »Maulwurfs« tauchte zum erstenmal auf: »Homer«. Philby wußte nicht, wer sich hinter diesem Decknamen verbarg, aber er vermutete, daß damit ein Kreml-Agent gemeint war. Die amerikanischen Experten stellten rasch fest, daß die versehentlich auf dem Kopf des Telegramms stehengebliebene Identifizierungsnummer die des Foreign Office war. Dieser Fehler des sowjetischen Chiffreurs konnte üble Folgen nach sich ziehen. Philby sandte daraufhin den Sowjets eine beunruhigende Mitteilung: »Ich denke, daß es sich um MacLean handelt.«

Doch die Anspielungen auf »Homer« blieben vage. Hunderte von Menschen konnten als Verdächtige in Frage kommen, denn es genügte, in London oder Washington Zugang zum Fernmeldenetz zu haben. Während die Briten wegen des Ausmaßes der Untersuchungen anfangs nur langsam vorwärtskamen, konzentrierten die Amerikaner ihre Nachforschungen auf das britische Botschaftspersonal in Washington.

Die Dekodierung »Venonas« bot gewiß Anlaß zur Beunruhigung, aber trotz allem beschloß der Kreml, daß MacLean »auf seinem Posten bleiben mußte«. Philby bekam seinerseits den Befehl, ihn zu schützen, ohne sich selbst in Gefahr zu begeben.

Unterdessen hatte MacLean in der britischen Botschaft in Kairo einen alten Kameraden aus Oxford wiedergetroffen, den Journalisten Philip Toynbee. Die beiden Männer betranken sich jeden Tag, was MacLeans Ehefrau sehr mißfiel. Es kam zu einer ganzen Reihe von Skandalen, als MacLean und Toynbee am Abend des 8. Mai 1950 »im Rausch«, wie sie sagten, die Wohnung der Privatsekretärin des Botschafters der Vereinigten Staaten plünderten. MacLean wurde kurz darauf nach London zurückbeordert. Nach einer sechsmonatigen Beurlaubung und einigen Stunden Psychotherapie wurde er jedoch zum Chef der amerikanischen Abteilung des Foreign Office ernannt, eine Schlüsselposition für die Koordination in Übersee.

Aber allmählich wurde es eng. Ende 1950 hatten die amerikanischen Untersuchungsbeamten nur noch fünfunddreißig Personen im Verdacht. Im Januar 1951 waren es nur noch vier, alles Diplomaten, darunter Donald MacLean.[53] Unter diesen besonderen Umständen traf Guy Burgess, der ebenfalls der Botschaft zugewiesen war, Philby am 4. August 1951 in Washington wieder. Er richtete sich »provisorisch« in einer möblierten Wohnung im Zwischenstock des Hauses der Philbys ein. Burgess, der Alkoholiker war und zudem zum Drogenkonsum neigte, war besonders labil. Als er bald darauf durch seine Exzesse auffällig wurde, beschlossen die britischen Behörden, ihn nach London zurückzuversetzen.

Seine Abreise bestimmte auch das Schicksal Philbys, der gerade erfahren hatte, daß der Verdacht der CIA und des FBI sich definitiv gegen Donald MacLean richtete. Unwillkürlich hatte Kim Philby, dadurch, daß er Burgess informiert hatte, einen Mechanismus in Gang gebracht, der seiner Karriere ein Ende setzen würde. Als Burgess Anfang Mai nach London zurückkehrte, erzählte er alles Blunt, der seinerseits MacLean benachrichtigte. Die Lage war aber noch nicht hoffnungslos. Noch gab es nämlich keine schlagenden Beweise gegen MacLean, und die Amerikaner weigerten sich, das Programm »Venona« und ihre Ergebnisse öffentlich bekanntzumachen. Aber da er sich gut kannte, zweifelte MacLean daran, ob er eine Vernehmung durchstehen würde. Der Kreml organisierte daher seine Flucht nach Moskau. Zugleich überzeugten die Sowjets Guy Burgess, ihn bis zum Ende seiner Reise zu begleiten.

Am Freitag, den 25. Mai 1951, schifften sich zwei elegant gekleidete Gentlemen – Burgess und MacLean – mit einem weißen Austin Healey auf einer Fähre Richtung Saint-Malo ein. Die beiden Männer gelangten nach Rennes und fuhren dann nach Paris und Bern weiter. Dort verfrachtete sie am Sonntagabend des 27. Mai ein Offizier des sowjetischen Geheimdienstes in ein Flugzeug nach Prag, von wo aus ein Militärflugzeug sie nach Moskau beförderte.

Für beide begann ein neues Leben. Anfangs wurden sie herzlich aufgenommen. Der sowjetische Geheimdienstchef empfing sie persönlich mitten in der Nacht in seinem Büro. Von ihm erfuhr Guy Burgess, daß er nie wieder nach England würde zurückkehren dürfen. In London wirbelte die Angelegenheit viel Staub auf.

Der Kreml hatte also beschlossen, Burgess außer Gefecht zu setzen; zudem war er der Ansicht, daß zwei seiner Agenten durchgebrannt seien. Das stimmte jedoch nicht, denn »Die Fünf aus Cambridge« waren durch diese »Exfiltrierung« allesamt gefährdet. Das Verschwinden von Burgess (der bekanntlich ein Freund Philbys war) bestimmte das Schicksal Philbys, der vom britischen Geheimdienst nach London zurückberufen und einem strengen Verhör unterzogen wurde. Aber es wurde kein Zusammenhang zwischen der Angelegenheit der »verschwundenen Diplomaten« und ihm festgestellt. Jedesmal, wenn Philby ins Schleudern geriet, half man ihm aus der Klemme. Um keinen Riesenskandal zu verursachen und die guten Beziehungen zu den Amerikanern nicht zu gefährden, zog der britische Geheimdienst es vor, Philby zu decken, auch wenn er keine Zweifel daran hatte, daß dieser ein sowjetischer Agent war. Offiziell von jedem Verdacht reingewaschen, aber unter strengster Aufsicht, wurde Philby jedoch gezwungen, aus dem Amt auszuscheiden. Da er keinen Zugang zu Geheiminformationen mehr hatte, war er von nun an von geringem Nutzen für den Kreml.[54]

Eine Reise ohne Rückkehr

Da die Presse enthüllt hatte, daß Burgess und MacLean sich in der Tat in der Sowjetunion aufhielten, fragte ein britischer Parlamentarier den Schatzkanzler und Außenminister Harold Macmillan, wie lange die Regierung die Absicht habe, die zweifelhaften Aktivitäten des »Dritten Mannes« namens Philby zu decken. Er bekam eine klare Antwort: »Wir haben keinen Grund, den Schluß zu ziehen, Philby habe jemals sein Land verraten und könne als der eventuelle › Dritte Mann‹ identifiziert werden, vorausgesetzt es hat ihn überhaupt je gegeben.« Offiziell reingewaschen, konnte Philby also auf einer in der Wohnung seiner Mutter abgehaltenen Pressekonferenz erklären: »Das letzte Mal, daß ich in Kenntnis der Sachlage mit einem Kommunisten gesprochen habe, war 1934, und das letzte Mal, ohne von der kommunistischen Parteizugehörigkeit des Betreffenden Kenntnis zu haben, war im April 1951, als Burgess bei mir wohnte.«

1955 wurde er als Nahostkorrespondent für den *Observer* und den *Economist* nach Beirut versetzt. Zu dieser Zeit schien er keinen Kontakt mehr zum britischen Nachrichtendienst zu haben, aber die Spionageabwehr Ihrer Majestät lud ihn oft zu routinemäßigen Vernehmungen vor. Acht Jahre lang legte Philby eine glänzende Journalistenlaufbahn hin, wobei er ungehindert

Berichte über die politischen Fragen der Region nach Moskau schickte. Nach dem Tod seiner zweiten Frau, die in London zurückgeblieben war, heiratete er Eleanor, die Ex-Frau des Korrespondenten der *New York Times*, und ließ seine beiden jüngsten Kinder aus England nachkommen.

Aber 1963 wendete sich sein Glück noch einmal.

Im Laufe eines Abends, an dem man dem Alkohol reichlich zugesprochen hatte, verkündete ihm einer seiner alten Freunde, Nicholas Elliott, der früher als M15-Agent in Beirut tätig gewesen war, London habe nunmehr die unwiderlegbaren Beweise, daß er ein sowjetischer Agent sei. Zum erstenmal in seiner Laufbahn brach Philby zusammen. Elliott räumte ihm einige Tage ein, um ein umfassendes Geständnis abzulegen. Am 20. Januar 1963 teilte Philby seiner Frau mit, daß er verspätet zu einem Empfang der britischen Botschaft kommen werde, da er einen Artikel zu Ende schreiben müsse. Er hinterließ seiner Frau 2000 Pfund und einen Brief, in dem er ihr erklärte, daß er wegen einer Reportage verreisen müsse, und fuhr noch am selben Abend nach Moskau, wo er »politisches Asyl« bekam. Seines Erachtens zogen es die Engländer auch diesmal vor, ihn nicht zu verhaften und ihn abreisen zu lassen, um einen Skandal zu vermeiden.

Nach einigen Tagen Überfahrt ging die *Dolmatow* im Hafen von Odessa vor Anker. Philby wurde von drei uniformierten KGB-Beamten und einem Mann in Zivil namens Sergei empfangen. Und am 27. Januar 1963 traf Philby in Begleitung des letztgenannten in Moskau ein. Feiner Schnee rieselte auf den gefrorenen Schlamm wie Puderzucker auf einen Kuchen. Die Häuser, die er im Vorbeifahren sah, wurden immer größer im bläulichen Licht. Am nächsten Morgen würde ein neues Leben anbrechen ...

Das goldene Zeitalter des sowjetischen Geheimdienstes war also 1951 mit der Flucht von Burgess und MacLean nach Moskau zu Ende gegangen. Keiner der nach dem Zweiten Weltkrieg rekrutierten Kreml-Agenten hat den westlichen Geheimdienst mit so viel Erfolg unterwandert. Die Zeit zwischen 1950 und 1960 kann als eine Zeit des Übergangs gelten, die zwar nicht durch sensationelle, aber wichtige Erfolge gekennzeichnet war.

Die Palastrevolutionen und die endlosen Intrigen des Kreml änderten nichts an den Aktivitäten dieser Schattenwelt. Jedoch markieren die Ermordung von John Fitzgerald Kennedy 1963 und die Kaltstellung von Nikita Chruschtschow 1964 das Ende der härtesten und kritischsten Phase des kalten Krieges. Die Geschichte des Kreml setzte sich mit dem Hauen und Stechen der »Maulwürfe« und der Agenten fort, die sich dem Geheimdienst verschrieben hatten.

Von 1970 bis 1980 sind keine großen, aufsehenerregenden Erfolge seitens des sowjetischen Geheimdienstes zu verzeichnen … jedoch viele erdichtete Geschichten.

Das Ende der Sowjetunion

Seit der Öffnung der Archive der UdSSR Anfang der 1990er Jahre haben wir Einblick in die Arbeitsweise der Spionagedienste des Kreml unter Stalin gewinnen können, die im wesentlichen aus Informationen Schlüsse zogen, die sich auf die militärische Technologie in Deutschland (ballistische Raketen) und Großbritannien (Atomwaffen) bezogen. Der Sturz des Dritten Reichs im Frühjahr 1945 ermöglichte es, deutsche Fachleute und deutsches Material in die UdSSR zu holen und daraus den Kern der künftigen sowjetischen ballistischen und Raumfahrtindustrie zu bilden. (Die westlichen Alliierten taten das gleiche, was zu der Entwicklung der amerikanischen Jupiter-C-Rakete durch Wernher von Braun und der französischen Ariane-Trägerrakete führte.)

Nuklearforschung hatte die Sowjetunion schon seit Ende der dreißiger Jahre betrieben. In den vierziger Jahren befaßte sich der Geheimdienst des Kreml mit der Dokumentation, der Erschleichung oder dem Diebstahl der betreffenden Unterlagen in den USA und in Europa durch klassische Spionagemethoden, durch die Ausnutzung von Sympathien für den Kommunismus oder durch einen wie auch immer gearteten wissenschaftlichen Pazifismus. Zu Beginn des Zweiten Weltkriegs sorgten Informationen aus London für einen radikalen Einschnitt in den Geschicken des Kreml.

Am 25. September 1941 schickte der Vertreter des sowjetischen Geheimdienstes in London[55] folgendes Telegramm nach Moskau: »Ich informiere Sie in aller Kürze über den Inhalt des geheimsten Berichts des Regierungsausschusses, der am 24. September dem Kriegskabinett vorgelegt wurde: Es geht um die Nutzung der Atomenergie des Urans, um einen nuklearen Sprengstoff zu entwickeln.« Die Quelle dieses Berichts war der höchst geheime, beratende wissenschaftliche Ausschuß der britischen Regierung. Das war die erste Information[56], die Stalin über die westlichen Pläne des Baus einer Atombombe erhielt. Diese Nachricht hatte keine unmittelbaren Folgen, zeigte aber ein paar Monate später eine nachhaltige Wirkung. Stalin führte den Gegenschlag gegen die deutsche Offensive, die ihn im Oktober 1941 gezwungen hatte, in Moskau den Belagerungszustand auszurufen. Im März 1942 legte Berija, der Geheimdienstchef, dem Diktator eine realistische Gesamteinschätzung der Nuklearforschung in Großbritannien vor: London war seines Erachtens im Begriff, theoretische Probleme zu lösen, die beim Bau der Atombombe aufgekommen waren.

Im Herbst 1942, als der Kampf um Stalingrad begann, wußte Stalin bereits so viel über den von den Amerikanern und Briten geplanten Bau der Atombombe, daß er für sein Land einen ähnlichen Bauplan aufstellen konnte. Nie zuvor hatte der Kreml Zugang zu so vielen ausländischen Staatsgeheimnissen gehabt. Stalin waren zahlreiche Dokumente bekannt, die derart vertraulich waren, daß Roosevelt und Churchill sie sogar gegenüber ihren direkten Mitarbeitern verheimlichten. Im übrigen erkannte der Diktator stillschweigend die Bedeutung des Geheimdienstes an.

Am 14. August 1942 gab Stalin einen Empfang zu Ehren des britischen Premierministers Churchill und des amerikanischen Generalbevollmächtigten Hopkins. Die Gäste wurden zunächst in die für den Apparat bestimmten Säle geleitet. Die Doppeltüren führten zu einem achteckigen Raum, den Wladimir-Saal, der eine Glaswand und seidenbespannte, mit dem Ordenswappen des heiligen Wladimir geschmückte Wände hatte; dann begaben sie sich in den Facettenpalast, in dem das 15. und das 20. Jahrhundert einander aufs beste zu ergänzen scheinen. Diese Nachbildung des Palazzo Bevilacqua von Bologna ist der älteste Kremlbau. Im Renaissancestil erbaut – mit einem Flachdach und achtzehn quadratischen, von schlanken Säulen umrahmten Fenstern –, ist seine erste Etage aus einem einzigen Block gefertigt, der eine Fläche von etwa einem halben Quadratkilometer hat.[57]

Als Churchill abends um neun Uhr den Katharinensaal im Großen Kremlpalast betrat, sorgte er für Aufsehen. Er trat mit einer blauen Blousonjacke mit Reißverschluß, offenem Hemdkragen und ohne Krawatte auf, während die Russen in Galauniform waren. Angesichts dieser, für einen feierlichen Empfang bizarren Aufmachung zog Stalin ein schiefes Gesicht, was Churchills Stimmung beeinträchtigte... Das Menü war der Tafel eines Zaren würdig. Als Vorspeisen wurden aufgetragen: frischer und ausgepreßter Kaviar, weißer Balik-Lachs; geräucherter Fisch vom Donezbecken, kalter Schinken, Bärenschinken, Gänseleberpastete, kaltes Wild mit Mayonnaise, kaltes Entenküken, sibirisches Haselhuhn, Störgelee, verschiedene Fisch- und Fleischpasteten, verschiedene Salate, Käse, Butter, Toastbrot, Steinpilze in Sahnesauce, Wildhaschee mit Hering und Kartoffeln, kleingehackter Fisch Müllerin Art. Darauf folgten: Geflügelcremesuppe, Kraftbrühe, Borschtsch,

Champagnersterlett, Truthahn, Brathähnchen, Auerhahn, gebratenes Lamm mit Äpfeln, Gurkensalat, Blumenkohl, Spargel. Und zum Abschluß: Eis, verschiedene Sorbets, Kaffee, Petits fours, geröstete Mandeln, Früchte aus dem Kaukasus. Die Weine waren nicht minder erlesen: Sekt von der Krim und dem Dongebiet, französischer Champagner Veuve Cliquot rosé, Rotweine aus dem Kaukasus, Rotweine aus Bordeaux und Burgund, Weißweine der Krim, ein außergewöhnlicher Châteauneuf-du-Pape von 1911, ein Château d'Yquem von 1919 zum Dessert.

Churchill, der aus England kam, wo die Nahrungsmittel rationiert waren und wo selbst in Buckingham Palace Eipulver verwendet wurde, ließ dazu einige bissige Bemerkungen fallen. Während des Essens wurden unzählige Trinksprüche ausgebracht. Und je mehr sich die Gemüter erhitzten, um so fröhlicher wurde Stalin, während sich Churchills Stimmung verdüsterte. Es gab plötzlich einen sehr peinlichen Augenblick, als der britische Botschafter Archibald Clark Kerr einen Toast auf Stalin ausbrachte. Alle standen auf – mit Ausnahme von Churchill. Der Premierminister lehnte sich in seinem Sessel zurück, öffnete seinen Hemdkragen noch mehr und wandte sich mit seiner Baßstimme an den Botschafter Seiner britischen Majestät. »Sind Sie denn nicht schon lange genug im diplomatischen Dienst, um die Regeln der Etikette zu kennen? Ein Botschafter muß sich immer an den Außenminister des Landes wenden, bei dem er akkreditiert ist, aber nicht an den Ministerpräsidenten ...« Bei diesem Zwist zwischen Churchill und seinem Botschafter konnte Stalin seine Freude nicht mehr zurückhalten. Er stand auf und sagte mit einem Lächeln: »Ich möchte einen Toast ausbringen, der keinen großen Anklang finden wird. Ich trinke auf das Wohl der Offiziere des Geheimdienstes, die eine so wichtige Arbeit leisten. Ich weiß, daß niemand darauf antworten wird, weil die Offiziere des Geheimdienstes sich nicht öffentlich zu bekennen pflegen…«

Da ereignete sich ein unvorhergesehener Vorfall. Während die Briten keine Miene verzogen, erhob sich der Marineattaché der Vereinigten Staaten, Kapitänleutnant <u>Jack Duncan</u>, der bereits allen Weinen sowie dem Wodka und Champagner reichlich zugesprochen hatte, und sagte: »Ich kann auf den Trinkspruch des Ministerpräsidenten im Namen des Geheimdienstes antworten, weil ich ihm angehöre.« Stalin lachte schallend, stand auf, stieß mit Duncan an und wich den ganzen Abend nicht mehr von seiner Seite. Gegen ein Uhr morgens verließen beide Arm in Arm den Katharinensaal…

Am Abend des 15. August 1942 ging Churchill allein, ohne Hopkins, wieder in den Kreml, um ein Gespräch mit Stalin unter vier Augen zu führen. Die Unterredung fand in der Privatwohnung des Diktators im ehemaligen Zimmer seiner verstorbenen Frau statt. Churchill wollte den ungünstigen Eindruck wiedergutmachen, den er durch seine Kleidung und sein Verhalten hinterlassen hatte. Sein Botschafter hatte ihm gesagt, daß die Russen »seine Rücksichtslosigkeit gegenüber einem unter dem Vorsitz von Stalin im Kreml gegebenen Empfang« als Beleidigung aufgefaßt hatten. Das Gespräch dauerte lange. Churchill nutzte die gute Laune Stalins, um seinerseits <u>seine Anerkennung für »den Wert des sowjetischen Geheimdienstes« zum Ausdruck zu bringen.</u>

Der britische Premierminister hätte nichts Treffenderes sagen können, denn dieser Ruf wurde auf der Konferenz von Jalta im Februar 1945 bestätigt, als die Geheimpolizei des Kreml eine Spitzenleistung erbrachte. Auf der Krim wurden die britische und die

amerikanische Delegation in herrlichen Palästen untergebracht.[58] Auch wenn sie sich dem Anschein nach in
die Glanzzeit des ewigen Rußland zurückversetzt fühlen
sollten, war die Realität weniger romantisch. Beide Gebäude wurden offenbar ständig abgehört. Das vorwiegend weibliche Personal, das mit der Aufzeichnung
und Übertragung der Privatgespräche betraut war,
legte eine bemerkenswerte Tüchtigkeit an den Tag.
Um die beiden Delegationen in Sicherheit zu wiegen,
ließ es der Kreml an nichts fehlen und bot eine Gast-
freundschaft auf, die des Zarenhofs würdig gewesen
wäre. Den Gästen wurde jeder Wunsch von den Augen
abgelesen. So tauchte in der Orangerie plötzlich wie
durch ein Wunder ein Zitronenbaum auf, weil Sarah
Churchill, die Tochter des britischen Premierministers,
in einem Gespräch nebenbei bemerkt hatte, daß Zitro-
nensaft gut zum Kaviar passe…

In den diplomatischen Gesprächen wurde die Zukunft Polens vorrangig behandelt. Da Stalin die geheimsten Standpunkte seiner Partner kannte, wußte er
ganz genau, daß sie großen Wert auf eine symbolische
Teilnahme der Vertreter der prowestlichen Richtung
an der provisorischen polnischen Regierung legten,
die unter der Ägide der Sowjets gebildet wurde. Er
spielte geschickt mit den Alliierten und tat so, als ob er
nachgeben würde, hatte aber immer alle Fäden in der
Hand. Dieses Spiel dauerte sechs Monate. Auch war Stalin keineswegs beunruhigt, als er im Juli 1945 auf der
Potsdamer Konferenz aus dem Mund des amerikanischen Bevollmächtigten erfuhr, daß Washington im
Besitz »einer neuen Waffe mit außergewöhnlicher Ver-
nichtungskraft« sei. Der Kreml war bereits seit mehreren Jahren darüber informiert gewesen, daß die Amerikaner den Bau der Atombombe planten…

Stalins Geheimpolizei war sowohl für die Lenkung

der Außenpolitik als auch für die Innenpolitik des Kreml wichtig. Während sich der Kreml wissenschaftliche und technische Informationen des Geheimdienstes zunutze machte, fand die politische Spionage keinerlei Beachtung, weil ihre Meldungen nicht mit den Analysen Stalins und seiner näheren Umgebung übereinstimmten, die, wie bereits erwähnt, einfach den Standpunkt des Diktators wiederholte.

Am 28. Februar 1945 gab Berija einen Überblick über die vom Geheimdienst gewonnenen Kenntnisse auf dem Gebiet der Atomwaffen und stützte sich dabei auf Informationen, die vom amerikanischen Atomforschungszentrum in Los Alamos durchgesickert waren. Fünf Monate vor dem ersten Atomwaffenversuch verfügte der Kreml über alle wichtigen Konstruktionsteile der amerikanischen Bombe. Das i-Tüpfelchen waren Geheiminformationen über »Rohre«, die der Atomphysiker Klaus Fuchs, der an ihrer Entwicklung gearbeitet hatte, an die Sowjetunion verriet. Dank seiner Informationen erfuhr Stalin, daß die amerikanische Atombombe »fast einsatzfähig« sei und gegen Japan, eventuell auch gegen Deutschland, eingesetzt werden würde. So war er auf dem laufenden über den »Manhattan-Plan« des Baus der amerikanischen Atombombe, den Vizepräsident Truman erst bekanntgab, als er im April 1945 Roosevelts Nachfolge antrat. In dieser Hinsicht spielte der Kreml eine diplomatische Kriminalkomödie, indem er zunächst Skepsis vortäuschte und dann zu verstehen gab, daß die UdSSR die neue Waffe vor den Vereinigten Staaten einsetzen werde. Am 20. August 1945, am Tag nach dem Abwurf der amerikanischen Atombombe auf Hiroshima und Nagasaki, gestand Stalin öffentlich »seinen Fehler« ein, gab zu, »die Angriffslust der Imperialisten« unterschätzt zu haben und ordnete die Einsetzung eines Sonderausschusses für Atomenergie unter der Leitung von Berija an.

Vier Jahre später, fast auf den Tag genau, am 29. August 1949, wurde die erste sowjetische Atombombe über Kasachstan abgeworfen. Aber die Parität reichte dem Diktator nicht: Er wollte, daß der Kreml den Vereinigten Staaten den Vorrang auf dem Gebiet der Atomwaffen streitig machte. Auf seine Anweisung hin schwor Berija sofort die Forschung und die Industrie auf ein neues, ehrgeizigeres Projekt ein: die Herstellung einer Wasserstoffbombe, die die zwanzigfache Sprengkraft der Atombombe haben sollte. Den Amerikanern war es noch nicht gelungen, diese neue Technologie zu meistern, während einem sowjetischen Forscherteam dank der Erfindungsgabe des jungen Physikers Andrei Sacharow auf diesem Gebiet ein vielversprechender Durchbruch geglückt war.

Vom Sommer 1949 bis zum Winter 1953 verfolgte Stalin in den letzten dreieinhalb Jahren seines Lebens fast täglich die Fortschritte des Geheimdienstes auf nuklearem Gebiet. Die Vereinigten Staaten setzten beachtliche Zeichen, indem sie die beiden ersten thermonuklearen Raketen zündeten. Aber sie konnten nicht per Flugzeug transportiert werden – hatten also keinen operativen Wert. Im September 1952 überbrachte Berija seinem Herrn endlich die langersehnte Nachricht: Eine sowjetische »Superbombe« mit thermonuklearer Sprengladung, eine transportable Wasserstoffbombe mit der zwanzigfachen Sprengkraft der Atombombe, stand bereit. Von diesem Augenblick an schien der Kreml sich seiner absoluten strategischen Überlegenheit sicher zu sein.

1949 feierte Stalin seinen siebzigsten Geburtstag. Er erfreute sich zu diesem Zeitpunkt noch einer einigermaßen guten Gesundheit – die Symptome seiner kardiovaskulären Erkrankung traten erst ab 1950 auf. Zurückgezogen im Kreml, regierte er mit einer kleinen Anzahl enger Vertrauter, deren Argwohn und Rivalitäten untereinander er schürte. Die Atmosphäre wurde immer surrealistischer. Alle warteten mit Besorgnis auf den Ausgang. In dieser unübersichtlichen Lage schien nur Berija, der Chef der Geheimpolizei, einen kühlen Kopf zu bewahren. Über seine nahen und fernen Kollegen hatte er übrigens Dossiers, Filme und Tonbandaufzeichnungen anfertigen lassen, die sie wohl oder übel zu einer vorsichtigen Verteidigungsstellung zwangen. Dem letzten Kabinettschef des Kremldiktators zufolge[59] hatte Stalin einmal seinem ehemaligen Sekretär und Verbündeten Malenkow zu verstehen gegeben, daß er sein Nachfolger sein würde: »Nach meinem Tod wirst du meine Stelle einnehmen.«

Beim XIX. Kongreß der KPdSU im Oktober 1952 ließ der plötzlich gealterte und ergraute Stalin beinahe wirre, jedoch triumphierende Äußerungen über das »blendende Licht« des Atomkriegs fallen. Im Laufe der nächsten Monate sprach er andauernd vom »unmittelbar bevorstehenden Krieg«. Am Freitag, den 23. Februar 1952, wohnte der alte Diktator einer Aufführung im Bolschoi-Theater bei. Er war allein in seiner Loge. Da er sich nicht wohl fühlte, verließ er das Theater vor dem Ende der Vorstellung, fuhr in seine Datscha und kehrte nicht mehr in den Kreml zurück. Er schlief bis in den Tag hinein, speiste mit seinen engsten Vertrauten[60], sah sich einen Film an und unterhielt sich bis um vier Uhr morgens mit seinen Gästen. Er war aggressiver als sonst, vor allem Berija gegenüber.

Am Sonntag, den 1. März, schloß sich der Diktator in seinen Räumen ein; seine Dienstboten durften sie nur betreten, wenn er sie ausdrücklich dazu aufforderte. Als es Abend wurde, ging das Licht in seinem Büro an.

Aber Stalin hielt die Türen noch immer verschlossen. Um elf Uhr abends brach die Haushälterin[61] (die auch seine Geliebte war) zusammen mit mehreren Leibwächtern die Tür auf. Der Diktator lag bewußtlos am Boden. Berija, der telefonisch informiert wurde, befahl, »ihn schlafen zu lassen«. Erst im Morgengrauen tauchte er in der Datscha auf. Der Diktator des Kreml lag im Koma und rang vier Tage mit dem Tod.

In dieser Zeit verhielt sich Berija völlig ungehemmt, ohne sich um den Eindruck zu kümmern, den er erweckte. Wenn er den Kranken dem Tode nahe wähnte, tat er seinem Sarkasmus keinen Zwang an und machte sich schamlos über ihn lustig. Aber sobald er merkte, daß Stalin wieder zu sich kam, warf er sich vor ihm auf die Knie, nahm seine Hand und zerfloß in Tränen. Am 5. März 1953 morgens um 9.50 Uhr hauchte Stalin seine Seele aus.

Stalins Nachfolge:
Die letzten Geheimnisse

Während Berija vom Büro des verstorbenen Kreml-Diktators Besitz ergriff, stießen zwei Einheiten des Innenministeriums sowie mehrere vom Schnee schwere Kettenpanzer unter seinem Befehl im Morgengrauen nach Moskau vor und bezogen Stellung um den Roten Platz herum. Als wolle er Punkte bei ihm sammeln, hatte der Befehlshaber der Marine seine Streitkräfte aufgeboten.

Wer würde sich unter den Großen des Kreml durchsetzen? Die Würfel fielen ganz von allein: Malenkow, Berija und Molotow[62] bildeten ein Triumvirat. Am 9. März führten sie den feierlichen Trauerzug auf dem Roten Platz an. Aber es war eine provisorische Regelung. Berija hatte fünfzehn Jahre an der Spitze des politischen Repressionsorgans des Kreml gestanden und damit gleichsam einen Zeitrekord für einen solchen Posten aufgestellt. Obwohl er 1952 beinahe in Ungnade gefallen wäre, galt er im Frühjahr 1953 als der künftige Machthaber. (Er war der erste Geheimdienstchef, der das höchste Amt im Staat anstrebte.) Darum wurde er auch mit der Organisation der Trauerfeierlichkeiten auf dem Roten Platz betraut.

Da es im Kreml schon immer Sitte war, dem Geheimdienst den absoluten Vorrang einzuräumen, schien Berija offenkundig die besten Karten in der Hand zu haben. In der Tat fühlte er sich hundert Tage lang wie

Iwan der Schreckliche.
Gemälde von Viktor Vasnecov (1848–1926).

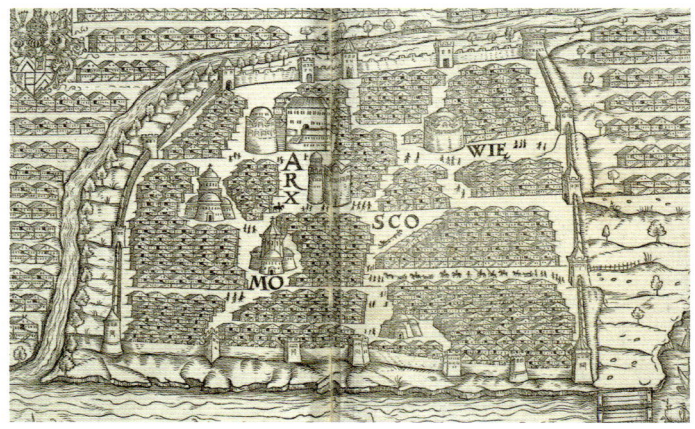

Der Kreml mit Umgebung aus der Vogelperspektive.
Holzschnitt aus: Siegmund von Herberstein,
Rerum moscovitarium Commentarii, Amsterdam 1557.

Boris Godunow, Schwiegersohn Iwan des Schrecklichen,
riß nach dem Tode des Zaren die Macht im Kreml an sich.
Gemälde von Ilja Glasunow, ca. 1960.

Palmsonntagsprozession im Jahre 1645 mit
Zar Alexej Michailowitsch vor dem Kreml.
Gemälde von Wjatscheslaw Grigorjewitsch Schwarz, 1865.

Peter I. der Große, Zar und Kaiser.
Gemälde von Johann Kupetzky (1666/1667–1740)

Napoleon Bonaparte auf dem Großen St. Bernhard 1801.
Gemälde von Jacques Louis David.

Der Brand von Moskau.
Gemälde von Christian Johann Oldendorp, nach 1812.

Zar Nikolaus I., der Begründer der »Geheimpolizei«.
Gemälde von Franz Krüger, ca. 1847.

Der Kreml im 18. Jahrhundert.

Alexander I.
Punktierstich nach Heinrich Anton Dähling, um 1810.

Zar Alexander II. nimmt nach der
Krönung die Glückwünsche seiner Familie entgegen.
Farblithographie von A. Charpenter, 1856.

Alexander III.
Porträtaufnahme, um 1890.

Die Krönung Nikolaus II. und der Zarin
Alexandra in der Himmelfahrtskirche in Moskau.
Ölskizze von Henri Gervex, 1896.

Heutige Ansicht des Kreml.

Der Empfangssalon der französischen Botschaft im Kreml.

Der geheimnisvollste Ort des Kreml: der Terempalast.

Die Moskauer Untergrundbahn: Stalins Wunsch zufolge
sollte sie die Pracht der Kremlpaläste widerspiegeln.

Der Kreml um 1900 (von links nach rechts):
der Borowizki-Turm, die Rüstkammer, der Terempalast,
das große Kremlschloß (davor einer der Türme der
Außenmauer), der Glockenturm Iwan der Große und die
Erzengelkathedrale.

Russische Soldaten warten auf dem Roten Platz
vor dem Kreml auf den Beginn einer Parade, 1922.

Josef Stalin in Potsdam, 1945; links der
amerikanische Präsident Harry S. Truman.

Chruschtschow mit
dem französischen
Staatspräsidenten
Charles de Gaulle,
1960.

Leonid Breschnew,
Kremlchef
1964–1982, hielt sich
für einen großen
Verführer: hier
mit de Gaulle im
Jahre 1966.

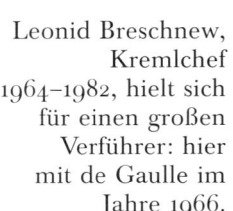

Michail Gorbatschow in seiner Glanzzeit.

Raïssa Gorbatschowa.

Der jetzige Kremlchef Wladimir Putin als Judoka.

der dritte »rote Zar« und leitete eigenmächtig Reformen und diplomatische Initiativen ein. Während der Trauerfeierlichkeiten tat er alles – zweifellos zu viel –, um seine Macht herauszustellen. Molotow zufolge soll er sogar gesagt haben, er habe aus eigener Initiative den Diktator »beseitigt«.

Am 5. März 1953 war er bestimmt der bestinformierte Mann über die Situation des Landes. Besser als irgendein anderer kannte er die Probleme, die der Kreml angehen mußte. Einige Tage später schränkte er die Befugnisse des Sonderrats ein, der in letzter Instanz über »die Feinde des Volkes« zu entschieden hatte – oder vielmehr überstürzt den von Stalin angeordneten »Liquidierungen« ein rechtliches Mäntelchen umgehängt hatte. Vom 10. März an wurden die Lebensbedingungen der in den Gulag Deportierten erleichtert. Berija schlug eine sofortige allgemeine Amnestie vor. Das Präsidium gab dieser Bitte nur teilweise statt und ließ »die zu weniger als fünf Jahren Haft Verurteilten« frei, etwa eine Million Menschen. Der Geheimdienstchef begann dann, ein Dossier über die Verbrechen Stalins zusammenzustellen (diese Akten schafften zweifellos die Grundlage für den drei Jahre später von Chruschtschow am 25. Februar 1956 auf dem XX. Parteikongreß verlesenen Geheimbericht).

Berija wollte wahrscheinlich die Wirtschaft des Landes liberalisieren, möglicherweise eine Art Mehrparteiensystem einführen und Ostdeutschland die sowjetische Unterstützung entziehen, um die Wiedervereinigung mit der Bundesrepublik zu ermöglichen. Gewiß handelte er auch aus persönlicher Berechnung: Wenn er Ostdeutschland losließe, würde er sich die wohlwollende Neutralität des Westens erkaufen, und wenn er die Macht einer Kommunistischen Partei einschränkte (die seiner Überzeugung nach nicht vorherrschend sein konnte), hoffte er, die Zügel fest in der Hand zu behalten.

Handelte es sich um eine trügerische Liberalisierung nach den uralten Methoden des Kreml? Wie dem auch sei, die von Berija im Frühjahr 1953 erlassenen Verordnungen wurden tatsächlich in die Praxis umgesetzt, und die Schreckensherrschaft, die Lenin und Stalin ausgeübt hatten, wurde nicht mehr fortgesetzt.

Die Umsetzung dieser Pläne hätte das Ende des kalten Krieges ankündigen und die Macht der Kommunistischen Partei schwächen können. Auf diesem Gebiet war Berija in gewisser Weise ein Vorläufer künftiger Reformer. Aber die Angst, die sein Ehrgeiz auslöste, vereinte alle anderen Großen des Kreml gegen ihn. Es war Chruschtschow – der Mann, von dem er glaubte am wenigsten befürchten zu müssen, weil er zu sehr mit landwirtschaftlichen Fragen beschäftigt schien –, der den Aufstand vorbereitete. Wenn Berija einen Plan entwarf, führte Chruschtschow systematisch den Gegenangriff gegen ihn. Um größere Popularität zu gewinnen, berief sich Berija auf die Menschenrechte, auf die Legalität. Aber Chruschtschow startete einen Propagandafeldzug in denjenigen Kreisen, die sich von Berija lösen wollten.

Der ostdeutsche Aufstand vom 17. Juni 1953 bewirkte seinen Sturz. Den Vorwand für die Offensive lieferten die Ereignisse selbst. Von Ostberlin bis Dresden kam es zu Demonstrationen. Das in Böhmen stationierte sowjetische Militär erhob Vorwürfe gegen Berija: Der Aufruhr hätte von seinem Polizeiapparat im Keim erstickt werden müssen. Er habe es »an der nötigen Wachsamkeit« fehlen lassen. Hätte man unter Stalin eine solche Anschuldigung gegen ihn vorgebracht, wäre er in den Verliesen der Lubjanka gelandet. Jetzt wurde er nur aufgefordert, sich in den Kreml zu begeben.

An diesem Morgen des 26. Juni 1953 betrat Stalins »böser Geist«, sein Marschall, Innenminister und Stellvertreter, ohne besonderen Argwohn den Kreml. Wie gewohnt begleiteten ihn seine vier Leibwächter. Als einziger genoß er das Privileg, nicht durchsucht zu werden. An jedem Ende der langen Flure war eine Wache postiert. Alle waren von ihm abhängig. Einige kannte er vom Sehen, und er grüßte sie.

Da er unter hochgradigem Verfolgungswahn litt, hatte Berija extreme Sicherheitsvorkehrungen getroffen: Ein Wachposten des Kreml trat seinen Dienst um sechs Uhr morgens an, erfuhr aber erst fünf Minuten vor Einsatzbeginn, wo er postiert werden würde. Zudem konnte er dank eines von Berija eingeführten, komplizierten Übermittlungssystems unentwegt von einem Flur zum anderen versetzt werden – und Gott weiß, wie lang die Flure sind! Diese Flure glichen einem Labyrinth, einem geheimnisvollen Weg, der ins Nichts führte. Das fahle Licht verstärkte das sonderbare, beklemmende Gefühl, das in diesem Gebäude allgegenwärtig war. Nur Berija hatte den Schlüssel zu diesem gigantischen Spinnennetz, das zum Schutz des Kreml geknüpft worden war.

An jenem Tag hielt der Marschall eine schwarze Ledermappe unter dem Arm. Der Wachposten, der die Anweisung hatte, die Besucher auf Waffen hin zu durchsuchen, forderte ihn nicht auf, seine Tasche zu öffnen. Aber kaum war Berija im Versammlungssaal, schnappte die Falle zu. Hinter ihm wurden die Türen verriegelt. Er legte seine Mappe in Reichweite auf den Tisch und warf einen Blick in die Runde. In diesem Augenblick schaute Malenkow, der Vorsitzende des Ministerrats, ihn kurz an, wandte aber befangen seinen Blick ab. Dann ergriff er das Wort:

»Wir müssen dringend über die Parteiangelegenhei-

ten reden. Einige Probleme dulden keinen Aufschub.«
Der Vorschlag fand allgemeine Zustimmung. Malenkow
streichelte mit den Fingerspitzen den Geheimknopf,
der eine im Nebenzimmer installierte Klingelanlage be-
tätigte, wo sich Marschall Jukow mit einigen Militärs befand, darunter auch die künftige Nummer eins des
Kreml, Nikita Chruschtschow. Chruschtschow, der erste
der vier Sekretäre des Zentralkomitees, eröffnete mit
rauher, fast wütender Stimme die Debatte: »Ich schlage
vor, daß wir zunächst den Fall des Genossen Berija erörtern.«

Dieser erblaßte: »Was ist denn los, Nikita?«

»Sperr' die Ohren auf, dann wirst du es schon begreifen.«

Kein Laut durchbrach die Stille, man hörte nur den
immer schwerer werdenden Atem des Angeklagten.
Chruschtschow erinnerte das Plenum des Zentralkomitees daran, daß einmal ein alter Bolschewik gesagt
hatte: »Berija war ein britischer Agent.« Die anderen
Großen des Kreml ergriffen dann mit unerwarteter Leidenschaft das Wort und trugen ihre Anschuldigungen
vor, ohne den Angeklagten eines Blickes zu würdigen.
Aus Chruschtschows Aussage sprach nur Verachtung
für Berija. Dieser begann zu begreifen, daß das Plenum
hinter seinem Ankläger stand.

Berija war nicht schlagfertig, und er begriff, daß man
ihm nicht die Möglichkeit einräumen würde, sich zu
verteidigen. Mit der Hand streichelte er das weiche
Leder seiner Aktenmappe. Es gab kein Entkommen.
Nach kurzem Zögern meldete sich Chruschtschow ein
zweites Mal zu Wort. Er schlug vor, Berija von seinen
Ämtern zu »entbinden«. Malenkow drückte dann den
Geheimknopf, und die Seitentüren wurden aufgeris-
sen. Das Militär stürzte herein. Berija versuchte, seine
Aktenmappe zu öffnen, aber Chruschtschow hielt ihm

die Hand fest und wollte sie ihm entreißen. Dieser scho-nungslose Kampf gewann Symbolcharakter: Wer die Aktenmappe ergatterte, würde die Macht im Kreml be-sitzen. Chruschtschow trug den Sieg davon…

Der Kreml im ukrainischen Schritt

Offiziell wurde Berija im Stabsquartier des Moskauer Wehrbereichs gefangengesetzt, verhört, verurteilt und schließlich am 23. Dezember 1953 hingerichtet. Aber zahlreichen Zeugnissen zufolge, und zwar nicht von geringer Bedeutung (Chruschtschow selbst hat zweideutige Aussagen in dieser Hinsicht gemacht), soll er auf der Versammlung des Politbüros und der Regierung am 26. Juni erschossen worden sein.

Chruschtschow war also als Sieger aus dieser Kraftprobe hervorgegangen. Sein Aufstieg war aber durch zahlreiche Widersprüche gekennzeichnet. Sein Ziel war es, im Kreml die Herrschaft der Kommunistischen Partei, des Grundpfeilers des stalinistischen Systems, weiter aufrechtzuerhalten, indem er sich auf die Geheimpolizei stützte. Darum wurde auch nie ein Prozeß gegen Stalin und sein totalitäres Regime geführt.

Der kleine, wohlbeleibte Mann hatte alles erlebt. Zweimal, vor und nach dem Zweiten Weltkrieg, war er Erster Sekretär der Kommunistischen Partei der Ukraine gewesen. Als eifriger Gefolgsmann Stalins hatte er auch den Bau der berühmten Moskauer Untergrundbahn geleitet. Wie alle Machthaber des Kreml zu dieser Zeit ließ er viele Menschen in den Gulag deportieren. Gleichwohl brandmarkte er auf dem XX. Parteikongreß am 14. Februar 1956 Stalins Verbrechen und stellte den

Personenkult an den Pranger. Zugleich stärkte er die Nomenklatura, die mafiose Führungsschicht.

Wie zuvor Stalin verkörperte Chruschtschow die oberste Gewalt. In der Politik traf er alle Entscheidungen, und bisweilen übernahm er auch die Rolle des Geheimdienstchefs. 1954 taufte er den Geheimdienst in KGB um, das legendäre »Komitee für Staatssicherheit«. Unverzüglich übernahm er die Leitung des Apparats, der von denjenigen Mitgliedern gesäubert wurde, die früher Berija nahegestanden hatten. Hunderte von ihnen wurden aus dem Sicherheitsdienst ausgeschlossen, und Dutzende wurden zum Tode oder zu langen Haftstrafen verurteilt.

Damals wagte es der sowjetische Geheimdienst nur sehr selten, an höchster Stelle Analysen vorzulegen, es sei denn auf ausdrückliche Aufforderung hin: Gewöhnlich legte er einen Haufen Informationen ohne Schlußfolgerungen vor. Niemand traute sich, von den »politisch korrekten« Meinungen abzuweichen.[63]

Mehrmals versuchte Chruschtschow der Bundesrepublik Deutschland seine Macht zu beweisen. In der Nacht vom 12. auf den 13. August 1961 riegelte die DDR durch den Bau der Mauer den Ostsektor von den Westsektoren Berlins ab. Der Westen zögerte, und schließlich schreckten die USA in Berlin vor den Kommunisten zurück. Das war hingegen in Kuba im Oktober 1962 anders. Die Welt befand sich am Rande einer nuklearen Katastrophe. Wieder einmal standen die Agenten des Kreml an vorderster Front, auch wenn der KGB bei dieser Krise eine weniger wichtige Rolle spielte als der GRU, der Nachrichtendienst des Generalstabs der sowjetischen Streitkräfte.

In dieser schicksalhaften Zeit wurde die Arbeit des Kreml von einem ungewöhnlichen Wettkampf zwischen zwei Spionen und Obersten des GRU bestimmt.

Die Kuba-Krise:
Wenn ein Spion sich als Playboy tarnt

Im Mai 1961 betraute der Kreml GRU-Oberst Georgi Bolschakow mit einer besonderen Aufgabe: Freundschaft mit dem amerikanischen Justizminister Robert Kennedy zu schließen. Der als Bürochef der Nachrichtenagentur TASS getarnte sowjetische Oberst fand Gefallen daran, den schönen Amerikanerinnen den Kopf zu verdrehen. Vor allem in Hollywood, wo er sich übrigens mit dem jüngeren Bruder des amerikanischen Präsidenten »bei jeder möglichen Gelegenheit« traf, wußten die Schauspielerinnen seine karierten Jacketts, sein unbefangenes Lächeln und seine Lässigkeit besonders zu schätzen.

Diesem GRU-Oberst, einem Profi des Geheimdienstes, der sich als Playboy tarnte, gelang es, den Justizminister davon zu überzeugen, daß sie beide »den Lauf der Geschichte« ändern konnten. Durch die Förderung der direkten Verbindung zwischen John F. Kennedy und dem Kreml wollten sie die starren Vorschriften der offiziellen Diplomatie umgehen. Nach Robert Kennedys Aussage »entstand eine echte Freundschaft zwischen den beiden Männern«, und jedesmal, wenn der amerikanische Präsident eine Nachricht an den Kreml übermitteln wollte, fungierte Oberst Bolschakow als Unterhändler.

Im März 1962 ermutigte Fidel Castro den KGB, in

Havanna einen Stützpunkt zu schaffen, von dem aus in ganz Lateinamerika die Revolution entfacht werden konnte. Im Mai beschloß der Kremlchef, in Kuba eine sowjetische Raketenbasis einzurichten, und landete damit den gewagtesten Coup des gesamten kalten Krieges gegen die Vereinigten Staaten und die Westmächte. Indem er deutlich zeigte, daß er die kubanische Revolution unterstützte, versuchte er vor allem einen eventuellen Atomwaffenangriff der Amerikaner zu torpedieren (ein vom sowjetischen Geheimdienst entworfener Plan, der für so stimmig gehalten wurde, daß man in Moskau fest daran glaubte). Dann ließ sich Chruschtschow davon überzeugen, daß die Amerikaner den Standort der Raketen erst aufdecken würden, wenn es zu spät zum Einschreiten sein würde. Zu Unrecht, denn die amerikanischen U-2-Aufklärungsflugzeuge konnten die im Bau befindlichen Raketenabschußrampen aus großer Höhe mühelos fotografieren. Außerdem waren die amerikanischen Fachleute in der Lage, diese Aufnahmen zu deuten. Um so mehr seit Washington von einem GRU-Oberst namens Oleg Penkowski, der Ende 1960 für den amerikanischen (CIA) und den britischen (SIS) Geheimdienst zu arbeiten begonnen hatte, darin unterwiesen worden war. (Die wichtigsten amerikanischen Informationen über die kubanischen Basen liefen unter dem Tarnnamen »Ironbank«, der für Penkowskis Informationen galt.)

Unterdessen fuhr Oberst Bolschakow fort, seine amerikanischen Gesprächspartner zu beruhigen. Vom Mai 1961 an traf er mindestens zweimal im Monat Robert Kennedy, und das Weiße Haus schenkte den Informationen des Schattenmannes Glauben. Unglücklicherweise verwickelte der Kreml zu Beginn der Kuba-Krise diesen Meisterspion in eine gewöhnliche Desinformationsoperation. Und am 6. Oktober erteilte ihm

Moskau die Order, Robert Kennedy zu versichern, daß die an Kuba gelieferten Waffen ausschließlich Defensivzwecken dienten. Das war zuviel der Täuschung. Am nächsten Tag aß ein mit Präsident John F. Kennedy befreundeter Journalist[64] mit Bolschakow zu Mittag und bat ihn, ihm gegenüber noch einmal die Kreml-Information zu wiederholen. Dann holte der amerikanische Journalist an die zwanzig Fotos sowjetischer Abschußrampen auf Kuba aus seiner Aktenmappe und schleuderte dem Russen an den Kopf:

»Was sagen Sie dazu? Ich wette, Sie wissen ganz genau, daß sich Ihre Raketen auf Kuba befinden ...«

Einige Tage später, Mitte Oktober, wurde öffentlich bekanntgegeben, daß sowjetische Abschußrampen auf Kuba im Bau befindlich waren. Robert Kennedy machte daraufhin Oberst Bolschakow dafür verantwortlich und betonte, daß der Präsident der Vereinigten Staaten sich persönlich hintergangen fühlte. Der Meisterspion war diskreditiert.

Die Krise brachte auch den mangelnden Einfluß des KGB-Chefs zum Vorschein.[65]

Es war ein dramatischer Augenblick. Während der Kuba-Krise verwandelte Chruschtschow sogar Versammlungssäle des Kreml in Schlafsäle, um jederzeit Entscheidungen treffen zu können.

Schließlich erklärte Chruschtschow am 25. Oktober dem Präsidium, daß die Raketenabschußrampen im äußersten Fall vernichtet werden könnten, allerdings unter der Voraussetzung, daß die Amerikaner sich verpflichteten, nicht in Kuba einzumarschieren.

Am 27. Oktober, auf dem Höhepunkt der Krise bewahrte ein anderer Geheimdienstoffizier[66] die Welt vor der nuklearen Katastrophe: An diesem Tag war die Spannung an Bord des U-Boots B-59, auf dem er sich befand, ungeheuer groß. Verfolgt vom Zerstörer Beale, der es geortet und mit Artilleriefeuer belegt hatte, schickte sich das mit raketenbestückten Torpedos ausgestattete sowjetische U-Boot an zu feuern. Von seinem Oberkommando hatte es grünes Licht bekommen, das Einverständnis der drei höheren Offiziere an Bord voraussetzend. Zwei stimmten dem zu, nur Archipow war dagegen.

An jenem Tag war die Welt einem Atomkrieg nur knapp entgangen. Es war nicht nur der kritischste Augenblick des kalten Krieges, sondern auch der gefährlichste Moment in der gesamten Geschichte des Kreml …

Chruschtschows Ära gab einen Vorgeschmack auf den Untergang der Glanzzeit des Geheimdienstes der »roten Zaren«. Ende der 1960er Jahre suchten die meisten Revolutionäre, junge idealistische Studenten, im Gegensatz zu ihren Vorgängern aus der Kriegsgeneration, ihre Vorbilder nicht mehr in den alten Kommunistischen Parteien, sondern in einer neuen Linken, die den »sowjetischen Bojaren« immer verdächtiger wurde.

Kuba- Krise: 1961 / 1962
- Kreml will rev. Bewegungen unterst.
- USA reagiert aggressiv auf Rev. in Kuba
- zum "Schutz" des Kubaner bauen UdSSR Raketenabschusspunkte, betonen, sie seien zu "difensiver Zwecken"
- Offensichtliche Lüge, Höchstspannung
- Chrustschow krebst zurück, unter Bedingung des Nicht-Einmarsches der USt in Kuba

Der Kreml, der Sex und die Spionage

Im Jahre 1958 führte der Kreml eine seiner wichtigsten Operationen durch in der Hoffnung, einen einflußreichen Agenten in die maßgebenden politischen Kreise der französischen Regierung einführen zu können. Er hoffte, General de Gaulle einen Mann zur Seite stellen zu können, der imstande sein würde, ihn gegen den Block der Westmächte einzunehmen. Dieser heimtückische Plan sah vor, daß der französische Botschafter dem Geheimdienst des Kreml ins Netz gehen würde. Besagter Köder war Maurice Dejean, ein ehemaliges angesehenes Mitglied der Regierung »der freien Franzosen« im Zweiten Weltkrieg. Mit Chruschtschows Zustimmung spielten mehr als hundert Offiziere des KGB, namhafte Intellektuelle und elegante Prostituierte, in einer Art komischen Oper mit, die eine regelrechte Belagerung der französischen Botschaft in Moskau nach sich zog und den Tod eines ehrenwerten Franzosen verursachte.

Das Bühnenbild und die Inszenierung dieser »Oper« wurden von Chruschtschow selbst arrangiert. Der Kreml scheute keine Mühe, schöne Frauen anzuwerben, vor allem berühmte Schauspielerinnen, um die Ausländer zu verführen. Angelockt wurden sie durch die Aussicht auf Geld, Kleider oder etwas Freiheit und Vergnügen, lauter Dinge, die gewöhnlich im sowjetischen Leben

156

fehlten. Diese charmanten Rekrutinnen wurden wegen ihrer Arbeitsweise »Schwalben« genannt. In der Tat benutzten sie – wie diese Vögel, die ihre Nester nebeneinander zu bauen pflegen – zwei aneinander angrenzende Appartements. (In dem einen verführte die Dame den Ausländer, der kompromittiert werden sollte, von dem anderen aus zeichneten die Techniker des KGB alles auf.) In der Wohnung des Botschafters wurden überall Wanzen versteckt, um sämtliche Gespräche aufzuzeichnen; der russische Fahrer und die dem Botschafter vom Außenminister zur Verfügung gestellten Dienstboten gehörten allesamt dem KGB an.

Eine zentrale Rolle in dieser Operation nahm ein gewisser Orlow ein, der ein großer Verführer vor dem Herrn, ein berühmter Sänger und ein Idol der Moskauer Jugend war. Mit seiner stattlichen Gestalt und seinem dunklen Zigeunerteint fiel es ihm leicht, die Ausländer in die Falle zu locken.

Nachdem all das auf die Beine gestellt worden war, organisierte der Geheimdienst zu Ehren der Frau des Botschafters einen Ausflug, der geradezu märchenhaft anmutete. Jahrgangsweine, Käse, Obst und Gebäck wurden von den Spezialgeschäften des KGB herbeigeschafft. Nach einer berauschenden Überfahrt legte der Dampfer an einer einsamen Insel in der Moskwa an. Die Agenten und ihre Gäste gingen spazieren, schwammen und genossen die erlesenen Speisen. Weinselig kehrten sie lachend und singend zurück. Begeistert lud Madame Dejean ihre neuen Freunde zur Feier des französischen Nationalfeiertags am 14. Juli ein.

Mehrere »Schauspieler« betraten also durch die schwere, repräsentative Holztür die Botschaft, ein herrschaftliches Stadthaus aus dem 17. Jahrhundert. Der Eingang kam ihnen niedrig und etwas dunkel vor, doch die bunte Keramikeinfassung der Türen leuchtete ihnen entgegen. Die Wandleuchten warfen einen hellen Schein auf die in Kupfer gehämmerten Motive der Türblätter. Über die bunten Fliesen, die ein geometrisches Muster bildeten, gelangten sie zu einer Treppe aus schwarzem, weißgeädertem Marmor, die von Fenstern mit farbigen Butzenscheiben erhellt war: Ein Rautennetz gliederte das vergoldete Treppengewölbe, das anstelle eines Historiengemäldes nur mit dekorativen Elementen ausgestattet war. Fasziniert erreichten die »Künstler« schließlich den großen Salon, wo sie zwei Gobelins aus dem 17. Jahrhundert aus der Folge »Die Monate« des niederländischen Malers Lucas van Leyden bewundern konnten, die zwei der zwölf Sternzeichen, die Fische und den Krebs, darstellten.

Obwohl der Botschafter weder groß noch besonders ansehnlich war, verliehen ihm seine gesunde Gesichtsfarbe und sein graumeliertes Haar das Aussehen eines redlichen, besonnenen Mannes. Dejean und Chruschtschow, die Ehrengäste, tranken Champagner, waren zu Späßen aufgelegt und fielen sich von Zeit zu Zeit lachend in die Arme. Der Abend war ein voller Erfolg, und Madame Dejean nahm die Einladung zu einem Picknick mit »den russischen Künstlern« für die folgende Woche an.

Der KGB traf dann die nötigen Vorkehrungen, um eine neue Phase des Komplotts zu schmieden und den für die gesamte Operation verantwortlichen Mann in den Kreis des französischen Botschafters einzuführen: General Oleg Gribanow, den gefürchteten Chef der zweiten Hauptabteilung des KGB.[67] Untersetzt, mit beginnendem Haarausfall, stets unförmigen Hosen und Stielbrille verkörperte er den Typ des sowjetischen Bürokraten. Er griff zu einer List, um mit den Dejeans durch Vermittlung seiner »Frau« zusammenzutreffen, ohne Verdacht zu erregen.

Zwei verdienstvolle »Angestellte« des KGB wurden als Mittelsmänner gewählt: ein berühmter Schriftsteller und Autor der sowjetischen Nationalhymne und seine Frau, die perfekt französisch sprach und eine beliebte Kinderbuchautorin war.

Auf einem Botschaftsempfang wurde eine verführerische Dame, Offizierin des KGB, als »Madame Gorbunow, Dolmetscherin im Kultusministerium und Ehefrau eines Mitglieds des Ministerrats« vorgestellt. In fehlerfreiem Französisch sprach sie viel von ihrem »Mann«, der ein Vertrauter der sowjetischen Funktionäre sei – genau die Art Mensch, die ein Botschafter gern kennenlernen möchte. Auch die Dejeans freuten sich, von den »hohen Würdenträgern« eingeladen zu werden. Um beim französischen Botschafter Eindruck zu schinden, hatte der KGB eine große Wohnung requiriert und möbliert, die das Agentenpaar als sein Moskauer Domizil ausgab. Darüber hinaus stellte der Chef des KGB persönlich seine etwa zwanzig Kilometer von der Hauptstadt entfernte Datscha, ein im Landesstil erbautes Holzhaus mit einer Säulenvorhalle und bunten Fensterläden, zur Verfügung. Hier fanden amüsante Feste statt, bei denen die Dejeans mit Schriftstellern, Künstlern, Schauspielern, Schauspielerinnen und »Persönlichkeiten des öffentlichen Lebens« verkehrten. Selbstverständlich waren alle nur Agenten des KGB oder »Schwalben«.

Um ihre Rolle glaubwürdig zu spielen, gaben sie dem Botschafter manchmal zuverlässige Informationen weiter, während seine Gattin zu Ausflügen eingeladen wurde, »damit sie das Land kennenlernte«.

Dennoch hatte Anfang des Jahres 1958, etwa achtzehn Monate nach Beginn der ganzen Aktion, der vom KGB ausgearbeitete Plan noch zu keinem Erfolg geführt. Darum beschloß der Kreml, durch die Einführung einer neuen Gestalt im Umkreis des Botschafters die Dinge zu beschleunigen. Am Ende des Frühjahrs 1958 hatte die Operation eine besondere Bedeutung bekommen. De Gaulle war wieder an der Macht, und Dejean, der als Vertrauter des Generals galt, hätte ihn ja durchaus beeinflussen können …

So tauchte auf den zu Ehren des Botschafters organisierten Festen Lora, eine der erfahrensten »Schwalben« auf. Es hieß, daß diese junge Schauspielerin mit einem Geologen verheiratet sei, der die meiste Zeit des Jahres Sibirien erforschte. Diesbezüglich hatte der Geheimdienst Lora nahegelegt, ihren Gatten als einen grausamen und krankhaft eifersüchtigen Mann zu beschreiben. Diesmal schien sich zwischen dem Botschafter und Lora eine beständigere Beziehung anzubahnen als zu den früheren »Dolmetscherinnen«. Als die Frau des Botschafters nach Europa in Urlaub fuhr, befahl der Kreml, das Tempo der vor nunmehr über zwei Jahren eingeleiteten Operation zu beschleunigen. Es wurden besondere Kontrollgänge organisiert, damit die Techniker des Geheimdienstes Radiosender in der dem »Schwalbennest« anliegenden Wohnung einrichten konnten. Dann versammelte der KGB seine Mannschaft in einer Suite des Hotels Metropol und erteilte die letzten Instruktionen.

Am nächsten Morgen fuhren Dejean und Lora zu einem Picknick aufs Land. Ihr Wagen, der streng überwacht wurde, hielt am Waldrand auf einem Hügel an, zu dessen Füßen ein Bach rauschte. Einige Kilometer davon entfernt, nahm unterdessen der ehrfurchterregende General des KGB, der sich in der dem »Schwalbennest« benachbarten Wohnung postiert hatte, die Berichte seiner im Wald versteckten Agenten entgegen. Am Nachmittag kehrte das Paar nach Moskau zurück. Sobald sie im »Schwalbennest« angekommen waren, rief Lora aus: »Es ist ein Telegramm von meinem Mann eingetroffen. Er kehrt morgen zurück.« Die Agenten warteten nebenan ungeduldig auf das vereinbarte Zeichen. Kaum hatte »die Schwalbe« das Codewort ausgesprochen, schon ging mit großem Getöse die Tür auf. Loras »Ehemann« und ein »Freund« stürzten sich, als Geologen verkleidet, mit Bergstiefeln und Rucksäcken, auf den Botschafter und schlugen ihn zusammen. Die junge Frau, die ein paar Ohrfeigen bekam und in Tränen ausbrach, flehte: »Hört auf! Ihr bringt ihn um! Es ist der französische Botschafter!« Und der »Ehemann« schrie, daß er Anzeige erstatten werde …

Aber auch diese vom Geheimdienst inszenierte Boulevardkomödie führte zu nichts, weil der Botschafter nicht bereit war, Verrat an seinem Land zu begehen, und nach Paris zurückberufen wurde, bevor die Erpressung durch den KGB richtig begonnen hatte. Einige Monate später enthüllte übrigens ein Überläufer die Details dieses abenteuerlichen kompromittierenden Plans.

De Gaulle empfing den Botschafter bei seiner Rückkehr mit der inzwischen berühmt gewordenen, scherzhaften Anspielung: »Also, Dejean, gehen wir ins Bett?« All diese Szenen der Spionageoperette waren grotesk und wirkten wie eine Satire; der »rote Zar« schrieb das Drehbuch, und die Meisterspione brachten die Zeit damit zu, die »Schwalben« zu instruieren.

Die französische Botschaft in Moskau blieb natürlich weiterhin eine der beliebtesten Zielscheiben der Sowjets. So ließ sich Anfang der 1960er Jahre Oberst Louis Guibaud, ein Attaché der Luftstreitkräfte, durch geschickte Machenschaften der »Schwalben« des KGB verführen. Aber als er, wie es üblich war, erpreßt wurde und als Beweis Fotos seiner Liebesspiele in Umlauf gesetzt wurden, nahm sich der Offizier mit seiner Dienstwaffe das Leben.

Chruschtschow (der eine Vorliebe für schlüpfrige Geschichten hatte), nahm wie ein verklemmter Voyeur Kenntnis von den »faktischen Beweisen« der Sexvergnügungen der Westeuropäer, die von den Agenten des Geheimdienstes gefilmt wurden. Diese kleinen Freuden lockerten aber nicht die mehr und mehr gedrückte Stimmung auf, die nunmehr im Kreml herrschte. Der Kremlchef mußte nämlich einer doppelten Infragestellung seiner Führungsposition die Stirn bieten. Sein Einfluß auf die Partei und den KGB war schwach, und die Nomenklatura war mit seiner Geschäftsführung nicht besonders zufrieden. Außerdem hatte die Kuba-Krise nicht nur sein politisches Abenteurertum, sondern auch die Grenzen seiner geistigen Fähigkeiten aufgezeigt.

Chruschtschows Ära ging mit einem Putsch zu Ende.[68] Als er im Herbst 1964 ans Schwarze Meer in Urlaub ging, verabschiedete sich die sowjetische Führung freundlich lächelnd von ihm. Als er am 13. Oktober nach Moskau zurückkehrte, um sich gegenüber dem Präsidium zu verantworten, wurde er am Flughafen nur vom KGB-Chef und einem hohen Sicherheitsbeamten empfangen. »Sie sind alle im Kreml und warten auf Sie«, verkündete ihm der KGB-Chef.

Chruschtschow ergab sich, ohne Widerstand zu leisten. Er bot seinen Rücktritt »aus Gesundheits- und Altersgründen« an. Rasch geriet er in Vergessenheit, sein Name verschwand aus den Zeitungen, bis die *Prawda* 1973 eine kurze Meldung über seinen Tod brachte. Auf seine Art hatte er den Kreml geprägt, dessen reale Umgestaltung zwischen 1959 und 1961 stattfand, als der imposante Kongreßpalast in der Mitte des Kreml-Geländes erbaut wurde.[69]

Der KGB übernimmt die Macht

Im Herbst 1964 wurde also Chruschtschow durch einen Putsch kaltgestellt, den die Großen des Kreml angezettelt hatten, um sich ihre Posten zu sichern, die durch die Reformen gefährdet schienen. Leonid Breschnew wurde dann zum neuen »roten Zaren« ernannt.

Als er an die Macht kam, war er ein energischer, kampflustiger Mann um die Fünfzig. Dieser aus der Ukraine, dem Süden der Sowjetunion, gebürtige Mann war ein Meister der Intrige, ging leidenschaftlich gern auf die Jagd, war ein Liebhaber von gutem Essen und hatte ein Faible für Sportwagen. Als er Kremlchef geworden war, stellte er seinen Narzißmus offen zur Schau. Seine Hauptsorge war, in Form zu bleiben. Darum schwamm er täglich zwei Stunden. Der KGB hatte einen Friseur ausfindig gemacht, der zweimal am Tag kam, um sein dichtes Haar zu bändigen. Einmal die Woche frönte er seiner Jagdleidenschaft.

Ganz in Anspruch genommen von seinen kleinen Vergnügungen und den politischen Intrigen, überließ Breschnew den Geheimdienst einem Mann, der nicht seinesgleichen hat: Juri Andropow. Den von den Wechselfällen der nachstalinistischen Ära gerüttelten KGB, dem oft die westliche Gegenspionage Schach geboten hatte, machte Andropow wieder zu einem wirksamen Instrument. Aus diesem Grund und auch, weil er sich vom zentralen Räderwerk der Macht, dem Parteisekretariat oder dem Politbüro, ferngehalten hatte, gelang es ihm, einer der mächtigsten Männer des Kreml zu werden. Andropow war paradoxerweise sowohl die Hoffnung der Modernisten als auch der Liberalen, derjenigen, die an eine Änderung der Politik glaubten. Kurzum, er war eine Art zweiter Berija, allerdings weniger belastet durch Verbrechen, vorsichtiger und glaubwürdiger als jener. Diese Einschätzung bezog sich auf seine persönliche Haltung. Möglicherweise weil er kein professioneller Geheimagent, sondern in erster Linie ein mit Auslandsbeziehungen betrauter hoher Funktionär und Diplomat war, erlaubte es sich Andropow, einen sonderbaren Enthusiasmus für die angelsächsische Welt zu bekunden: Er las oder ließ Bücher und Zeitschriften aus Amerika und Großbritannien lesen, hörte gern Jazzmusik und trank in Gesellschaft nur Whisky.

Als ich am Institut für internationale Beziehungen[70] studierte, hatte ich Gelegenheit, mit Igor, einem seiner Söhne, zu verkehren. Dieser war 1945 geboren und nicht nur in den USA erzogen, sondern auch zu einem längeren Aufenthalt in den Staaten verpflichtet worden, wo er eine Dissertation über die lokale Arbeiterbewegung schrieb.

War es der vollendete Ausdruck seines Berufsethos? (»Jeder Spion ist verpflichtet, seine Gegner innig zu kennen.«) War es Machiavellismus oder echter Nonkonformismus? Einige Antworten auf diese Fragen verdanken sich jenem berühmten »gefrorenen Lächeln«, das Andropow in die Lage versetzte, das Vertrauen anderer zu gewinnen, ohne daß er auf eventuelle Fragen zu antworten brauchte. Wer ihn kannte, erinnert sich an den höflichen, aber undurchsichtigen Umgangston dieses Mannes und an ein Lächeln, das ein gewisses Unbehagen auslöste. Als es mir 1982 im Kreml vergönnt war, ihn aus der Nähe zu beobachten, habe ich tatsächlich feststellen können, daß seine Augen die Farbe zu wechseln schienen und sein Blick hinter den Brillengläsern plötzlich eisig wurde.

Sein liberaler oder modernistischer Ruf beruhte aber auch auf unbestrittenen Tatsachen. Zu Beginn der 1950er Jahre war er eine der treibenden Kräfte des »finnischen Kompromisses« gewesen, bei dem man sich auf den Erhalt eines partiell unabhängigen, »bürgerlichen«, aber neutralen Finnland geeinigt hatte. Als er 1954–1957 Botschafter in Ungarn war, hatte er eine ähnliche Politik eingeschlagen. Er hatte zwar den Aufstand vom Sommer 1956 niederschlagen müssen, aber letztlich war es ihm gelungen, eine relativ liberale und zugleich moskautreue Regierung einzusetzen.[71] Als er 1957–1961 für die Beziehungen zwischen den Ostblockstaaten verantwortlich war, nahm er diese Haltung wieder ein und ermunterte diese Staaten, je nach Situation den »bürgerlichen Liberalismus«, den Nationalismus oder sogar die christliche oder islamische Religiosität in der Praxis zuzulassen.

Statt die Maschinerie des Terrors in Gang zu setzen, wollte Andropow dem Geheimdienst des Kreml die Funktion eines Kontrollorgans oder eines Organs »politischer Planung« übertragen, auch wenn er diese Entscheidung in die Worte kleidete, mit denen Stalin sich 1924 an den sowjetischen Botschafter in Afghanistan gewandt hatte: »Es ist nicht wichtig, daß die Faust zuschlägt, sondern daß jeder sie immer im Nacken spürt …«

Andropow begriff, daß Breschnews Losung – »Jeder Bojar da, wo er hingehört« – den Kreml ins Verderben führen würde. Das Land steckte in einer wirtschaftlichen, sozialen und sittlichen Krise, das Wirtschaftswachstum stagnierte, die Inflation stieg und der Militäretat machte einen übermäßig hohen Anteil des Bruttosozialprodukts aus. Aus einem Geheimdossier erfuhr er, daß die UdSSR im Jahre 2000 nur noch eine zweitrangige Macht und gar nicht mehr so weit entfernt von einem Dritte-Welt-Land zu sein drohte. Aber wie konnte die Wirtschaft wieder angekurbelt werden?

Mit seinem rätselhaften Lächeln war Andropow bereit, die Reformisten unterstützen, die »bestrebt waren, im Rahmen des Sozialismus zu arbeiten«, aber er würde »den Dissidenten und Verrätern« das Rückgrat brechen ... Doch Sachkenner fällten später ein schärferes Urteil über ihn: »Er war der Typ des Neostalinisten«, sagte mir einmal Alexander Jakowlew, der »Vater« der *Perestroika.*

Als Chef des KGB (1967–1982) sah Andropow es tatsächlich als seine vorrangige Aufgabe an, den Kampf gegen die ideologische Zersetzung zu führen, auch wenn er anstelle von Stalins Megaterror »die Vorbeugung« vorzog, wie er selbst sagte.

Besonders beunruhigt wegen der Reformen des »Prager Frühlings« im Jahre 1968, richtete der Chef der Geheimpolizei die fünfte Abteilung des KGB ein, die mit der Bekämpfung der Dissidenten und der Niederschlagung der Widerstandsbewegung betraut war. Der Fall Solschenizyn trieb ihn buchstäblich um. Als der Chef des KGB im Oktober 1970 erfuhr, daß der prominenteste Dissident der Sowjetunion den Literaturnobelpreis erhalten hatte, überreichte er dem Kreml unverzüglich eine Note, die einen Dekretvorschlag zur Ausbürgerung und Ausweisung Solschenizyns aus der Sowjetunion enthielt.[72] Im Jahre 1977 wurden insgesamt zweiunddreißig Operationen gegen einen anderen berühmten Dissidenten, Andrei Sacharow, durchgeführt – in Andropows Augen der Staatsfeind

Nummer eins. Alle Dissidentengruppen wurden ausnahmslos von einem oder mehreren Agenten und Informanten des KGB unterwandert.

Über diese Aktionen größeren Umfangs hinaus hatte die Geheimpolizei eine noch größere Sorge: das Alltagsleben Breschnews und seiner Angehörigen, vor allem seiner beiden Kinder. Sein ältester Sohn Juri, stellvertretender Minister des Außenhandels, war berüchtigt wegen seiner Alkoholprobleme und seiner Bestechungsaffären. Seine Tochter Galina – eine Schlemmerin wie ihr Vater – hatte einen sehr schlechten Ruf, und ihre Eskapaden mit Zirkusartisten waren ein offenes Geheimnis. Wahrlich, im Kreml geht die Operette oft Hand in Hand mit der Tragödie...

Aber Andropow vermied es, solche heiklen Themen anzusprechen. Die Breschnews führten ein ganz gewöhnliches Alltagsleben: Sie wohnten in einer dreistöckigen, etwa zehn Kilometer von Moskau entfernten Datscha, einem Bauwerk, das der typisch sowjetischen Seele entbehrte. Tag für Tag vollzog Breschnew dasselbe Ritual. Gegen neun Uhr, nachdem er mit seiner Frau und seinem KGB-Leibwächter gefrühstückt hatte, ging er in sein Arbeitszimmer und kehrte erst spät zum Abendessen zurück, wobei er recht schweigsam war. Die offiziellen Dokumente und die Berichte des Geheimdienstes, die man ihm vorlegte, las er nur »diagonal«; oft unterzeichnete er einfach die von seinen Assistenten vorbereiteten Beschlüsse. Dafür unterhielt er sich oft mit Andropow.

In diesem absurden Theater mußte der KGB sich auch um die Befriedigung der kleinen Wünsche des »roten Zaren« kümmern, wie zum Beispiel die Wahl seines Schneiders, dessen Besuch ihn immer in Hochstimmung versetzte. Als 1973 die ersten Symptome seiner Herzkrankheit auftraten, verlangte er nach einem Ver-

jüngungsmittel. Streng geheime, wissenschaftliche In-
stitute und ganze Universitätsabteilungen arbeiteten
unermüdlich daran, den Generalsekretär zufrieden-
zustellen. Einem Labor des »militärisch-industriellen
Komplexes« gelang es rasch, einen autonomen »Herzschrittmacher« zu entwickeln, der in Pillenform eingenommen werden konnte. Mit Hilfe von Impulsen, die
auf denselben Wellenlängen ins Gehirn übertragen
wurden, wie sie der Körper selbst verwendet, regene-
rierte der »Herzschrittmacher« den Energiehaushalt
des Organismus und versorgte ihn mit neuer Vitalität.
Dieser wissenschaftliche Erfolg stellte Breschnew jedoch nicht zufrieden. Seine Herzbeschwerden konnten
durch die Medikamente nicht gelindert werden. Einige
Verwandte rieten ihm, sich an eine Heilerin zu wenden.
Darum beschloß er, die Talente von Dschuna, einer jungen Frau georgischer Herkunft, zu testen.

In einem totalitären System ist die Gesundheit des
Staatsoberhaupts mehr als in demokratischen Staaten
eine Staatsangelegenheit. Die Geheimdienste haben
den Auftrag, mit besonderer Sorgfalt darüber zu
wachen. Obwohl der KGB seine Zweifel an Dschunas
Talenten hatte, mußte er sich den Wünschen Breschnews fügen, zumal es zahlreiche Apparatschiks höheren
Rangs und auch Künstler gab, die eine Behandlung
durch die Frau befürworteten, die alles, was in Moskau
Rang und Namen hatte, »die magnetische Muse« des
»roten Zaren« nannte. Aber trotz Dschunas guten Rufs
hielt es Andropow für angebracht, genauere Informationen über sie einzuholen. So geriet sie in die Hände
der Forscher des Instituts für Funktechnik und Funk-
elektronik der sowjetischen Akademie der Wissenschaften. Erst dann wurde ihr gestattet, den Kremlchef zu be-
handeln.

Ab 1978 zeichnete sich eine leichte Besserung des

Gesundheitszustands Breschnews ab, und er hatte wieder mehr Energie. In dieser verkehrten Welt sollte die Anwendung von Medikamenten einer der Faktoren des politischen Einflusses werden. Breschnew war überzeugt davon, daß er täglich mindestens neun Stunden Schlaf brauche, um seine Gesundheit zu erhalten. Deshalb griff er zunächst zu Schlafmitteln. Einer seiner Mitarbeiter riet ihm, sie zusammen mit Wodka einzunehmen ... und behauptete, daß sie auf diese Weise vom Organismus besser aufgenommen würden! Immer stärkere Medikamente folgten in dieser therapeutischen »Orgie« aufeinander. Bestürzt beschloß Andropow, eine »medizinische Wache« beim Kremlchef einzurichten, um den übermäßigen Medikamentenkonsum einzudämmen. Am Anfang teilten sich zwei Krankenschwestern diese Aufgabe, bis die eine von ihnen die andere ausbootete. Nina[73], eine etwa vierzigjährige brünette Schönheit, sollte den Generalsekretär der KPdSU, der sie immer voller Ungeduld im Ruhesalon erwartete, der an sein Büro angrenzte, von nun an nicht mehr verlassen.

Da Nina den Medikamentenkonsum ihres Patienten in keinster Weiser reduzierte, erfüllte sie nicht ihren Vertrag mit dem KGB ... Die schöne Frau machte sich immer unentbehrlicher; sie kümmerte sich um alles: um Breschnews Terminkalender wie um seine Massagen, um seine Spritzen wie um die hohe Politik.

Breschnews öffentliche Auftritte wurden immer absonderlicher, und der KGB hatte die größte Mühe, einen Moment geistiger Klarheit zu erhaschen, um ihn in der Öffentlichkeit zu präsentieren. Wieder einmal schwankte das Leben im Kreml zwischen komischer Oper und Tragödie. Wenn Nina ihren Ehemann sehen wollte, erhöhte sie die Medikamentendosis ihres Patienten, der daraufhin brav einschlief. (Dank des Einflusses seiner Frau machte dieser Hauptmann der Grenztruppen eine steile Karriere und wurde binnen weniger Jahre General.)

Was tat der KGB nicht alles, um diese Mata Hari der Medikamente loszuwerden! Man versuchte, mit Breschnews Gattin über das Problem zu sprechen. Vergeblich. Sie wollte keine Schwierigkeiten in ihrer Familie. Als Juri Andropow, der Chef des KGB, bei einem Gespräch unter vier Augen vorsichtig dieses Thema anschnitt, brach der »rote Zar« das Gespräch schnell ab: »Das geht einzig und allein mich etwas an ...« Andropow resignierte, da er wußte, daß dieser allerletzte Versuch ein ungünstiges Ende nehmen konnte. Der KGB mußte sich also in das Unvermeidliche fügen und Winkelzüge machen. Breschnews Leibwächter panschten den Wodka, indem sie ihn mit Wasser verdünnten, man bestellte Placebos bei den großen westlichen Pharmakonzernen. Schließlich arbeitete der KGB einen dunklen Plan aus, um Breschnew von seiner Lieblingskrankenschwester zu trennen. Und so legte man Nina nahe, sich ehrenhaft zurückzuziehen, nachdem ihr Mann bei einem mysteriösen Verkehrsunfall ums Leben gekommen war ...

Die Geschichte des Kreml hatte damals mehr Schattenseiten denn je zuvor.

Während früher dunkle unterirdische Gänge angelegt wurden, um wertvolle Bücher und die Schätze der Zaren zu verstecken oder um verborgene Liebschaften zu verheimlichen, wurden nun heimliche Verstecke zum Schutz der Nomenklatura angelegt. Nach Aussage des bereits erwähnten Oberst Joseph gab es zwei Kilometer südwestlich der Hauptstadt[74] eine regelrechte unterirdische Stadt, die eine geheime Untergrundbahnverbindung zum Kreml hatte. Der gigantische Komplex soll in siebzig bis hundertzwanzig Metern

Tiefe erbaut worden sein und mehrere Ebenen von je zwei Quadratkilometern Fläche gehabt haben. Diese gigantische Höhlenstadt sollte hundertzwanzigtausend Menschen beherbergen können.

In Anbetracht der aufzunehmenden Gäste sollte sie sehr komfortabel ausgestattet werden: mit geräumigen, gut eingerichteten Zimmern, einer Vielzahl von Dienstleistungsbetrieben wie Wäschereien, Schneiderwerkstätten, Kinos, Küchen und Lebensmittelvorräten für einen Aufenthalt von fünfundzwanzig bis dreißig Jahren! Selbst Breschnew wäre von diesem Wunder der Architektur sehr beeindruckt gewesen.

Die Angst vor einer Verschwörung, die Zwangsvorstellung des KGB, hatte wieder einmal die Chefs des Kreml erfaßt, als ob sich seit der Zeit Iwans des Schrecklichen und seiner Verliese nichts geändert hätte. Da ständig das Gespenst von Verschwörungen umging, die angeblich sowohl in der Sowjetunion selbst als auch im Ausland angezettelt würden, glaubten schließlich alle an die eigenen Lügen. So wurde die Operation »Ryan«[75] mit großem Getöse auf einer Konferenz des KGB beschlossen. Im Mai 1981 hielt der durch Krankheit geschwächte Breschnew eine kaum vernehmbare Rede, in der er die amerikanische Politik verurteilte und als große Bedrohung der Menschheit darstellte. Andropow ergriff dann das Wort, und zur Verwunderung aller Zuhörer verkündete er, daß auf Beschluß des Kreml die ewigen Konkurrenten – der KGB und der GRU, die Nachrichtendienstliche Hauptverwaltung des Generalstabs der sowjetischen Streitkräfte – zum erstenmal in der Geschichte der sowjetischen Spionage zusammenarbeiten würden, um Informationen über einen angeblichen amerikanischen Atomangriff auf die Sowjetunion zu erhalten.

Im November 1982 trat dann Andropow Breschnews

171

Nachfolge im Kreml an. Selbstverständlich hielt er den Kontakt zu den höheren Offizieren des Geheimdienstes und übte weiterhin seine Macht auf den KGB aus (auch wenn formell im Mai ein anderer an dessen Spitze getreten war). In seiner kurzen Regierungszeit, die kaum ein Jahr währte, galt sein Augenmerk in erster Linie der Operation »Ryan«. Auch wenn in den westlichen Hauptstädten die meisten seiner Agenten diese Aktion mit Skepsis betrachteten, wagte niemand, seine Karriere aufs Spiel zu setzen und die Meinung des Staatsoberhaupts anzufechten. Ein Teufelskreis für das Einholen und Analysieren von Informationen, die vom Geheimdienst übermittelt wurden. In der Tat waren die Agenten aufgefordert, Informationen zu liefern, die mit der Sicht des Kreml übereinstimmten, der sie natürlich für beunruhigend hielt und noch mehr Angaben zu ihrer Bestätigung verlangte.

Diese Desinformation erreichte ihren Höhepunkt im November 1983 anläßlich der NATO-Manöver. Einige Tage lang waren die Machthaber des Kreml fest davon überzeugt, die Manöverübungen seien die Vorstufe des ersten Atomangriffs. Die Amerikaner, die über diese Wahnvorstellung sehr besorgt waren, versuchten mehrmals, Moskau zu beschwichtigen.[76]

1984 ließ der Eifer der Operation »Ryan« nach, als ihr wichtigster Protagonist von der Bühne abtrat.

Als Andropow die Führung des KGB übernommen hatte, war der mythische Ruf des Kreml, der »Die Fünf aus Cambridge« gelockt hatte, im Schwinden begriffen. Die Geheimpolizei versuchte, sich der neuen Situation anzupassen, indem sie sich auf andere Mittel stützte. So setzte sie Sondereinheiten im KGB ein[77], die Ende der siebziger Jahre verstärkt wurden. Die wichtigste dieser Sonderaktionen war die Ermordung des afghanischen Präsidenten Hafizullah Amin, der 1979 nach einer blu-

172

tigen Palastrevolution an die Macht gekommen war.[78] Mit dem sowjetischen Einmarsch in Afghanistan begann ein schwieriger, ruinöser Krieg, vergleichbar vielleicht mit dem Vietnamkrieg für die Vereinigten Staaten, ein Krieg, der eine beachtliche Rolle in der Endphase des kalten Krieges spielen sollte.

Das Rätsel Gorbatschow

Dem KGB war der junge Michail Gorbatschow sicherlich bereits während seines Studiums der Rechtswissenschaft an der Moskauer Universität 1953–54 aufgefallen. Das war nicht verwunderlich, denn er war ein gutaussehender junger Mann. Zwar zog sich ein Feuermal über seine Stirn, aber er hatte ein schönes, wohlausgewogenes Gesicht.

Die Juristische Fakultät war eine wahre Rekrutierungsstelle für Agenten der Geheimpolizei. Er hätte bestimmt ein wichtiges Mitglied des Geheimdienstes werden können, wenn er nicht einer jungen Philosophiestudentin begegnet wäre, die bald seine Frau werden sollte. Zu dieser Zeit spürten Michail und Raïssa das wilde Verlangen, ihren eigenen Weg im Leben zu finden. Die junge Frau hatte in ihrer Kindheit Schweres durchgemacht, und die Methoden des KGB waren ihr verhaßt. Anfang der dreißiger Jahre war ihre Familie, die als oppositionell galt, enteignet und ihr Großvater verhaftet worden.

Damals gab es zwei »königliche« Möglichkeiten, um in der Sowjetunion Erfolg zu haben: den KGB oder die Partei. Da Gorbatschows Frau der ersten Alternative skeptisch gegenüberstand, drängte sie ihren Mann, in seinen Geburtsort Stawropol zurückzukehren, wo er Parteivorsitzender der KPdSU wurde. Raïssa zweifelte nicht an seinem Schicksal: »Ich werde aus Michail einen Zar im Kreml machen«, soll sie gesagt haben.[79]

Das Glück war damals dem Paar gewogen. Im Gebiet Stawropol gab es ein für sein eisenhaltiges Wasser renommiertes Seebad. Führende Persönlichkeiten aus der sowjetischen Politik kamen dorthin zur Kur, namentlich Juri Andropow, der mächtige Chef des KGB.[80]

Der erste Kontakt mit diesem überaus einflußreichen Mann kam im April 1969 zustande. Raïssa verstand es, eine Atmosphäre zu schaffen, die ein solches Treffen begünstigte. Bei ihren Zusammenkünften erkannten Gorbatschow und Andropow die Notwendigkeit, Reformen »zur Verbesserung« des Systems durchzuführen. Sie hinterfragten nicht die Moral des versteinerten Bolschewismus, sondern suchten Mittel und Wege, um dem Regime wieder neue Stärke zu verleihen. Nun begann Gorbatschows Glückssträhne.

Im folgenden Jahr machte Andropow seinen Schützling zum Sekretär des Zentralkomitees der KPdSU. Gorbatschow war damit für die Landwirtschaft der Sowjetunion zuständig. Von nun an gehörten die Gorbatschows zu der höchsten Nomenklatura der Sowjetunion. Das Paar ließ sich in Moskau nieder und profitierte von zahlreichen Privilegien, die mit Michails Amt verknüpft waren.

Gorbatschow schien auf dem Gipfel angelangt zu sein. Aber in Wirklichkeit hatte er eine untergeordnete Stellung, da er der jüngste der großen moskowitischen »Bojaren« war. Trotz einer förmlichen Beförderung hatte er verhältnismäßig wenig Einfluß im Kreml. So erhielt er in all den Jahren nicht einmal die Möglichkeit, seinen Förderer Andropow privat zu treffen.

Im Zusammenhang mit dem Krieg gegen Afghanistan spitzte sich die Situation auf höchster politischer Ebene zu. Der schwerkranke Andropow, der erste Mann im Staate, favorisierte seinen »Schützling« Michail Gorbatschow als seinen Nachfolger. Doch nach Andropows Tod Anfang 1984 traf die alte Garde des Kreml eine andere Entscheidung: Sie vertraute das Amt des Generalsekretärs dem dreiundsiebzigjährigen Breschnew-Anhänger Konstantin Tschernenko an. Wieder einmal wurde der Kreml von einem betagten, kranken Mann regiert, dessen Senilität einen unerbittlichen Kampf zwischen der alten Garde und der jüngeren Generation entfachte, die in der kurzen Regierungszeit Andropows ins Politbüro Einzug gehalten hatte. Tschernenko starb dreizehn Monate, nachdem er an die Macht gekommen war. Nun mußte die Wahl der Verbündeten genau bedacht werden. Man entschied sich für den jüngsten der großen »Bojaren«, Michail Gorbatschow, der dank der Unterstützung eines Bündnisses zwischen dem KGB und der Armee Sieg davontrug.

Diese mächtigen Stützen schienen ihm sicher zu sein: Dank Andropow war er mit der politischen Polizei eng verbunden.[81] Auch diese Seilschaft erwies sich am Vorabend der Wahl Gorbatschows zum Generalsekretär der KPdSU im März 1985 als sehr tragfähig.

Nach seiner Ernennung zum Kremlchef festigte Gorbatschow seine Macht in den wichtigsten Entscheidungsgremien des Kreml, indem er Rücksicht auf den KGB nahm, eine wichtige Stütze im Kampf um die Macht. Dennoch gab es zwei miteinander unvereinbare Reformpläne: Der KGB trachtete danach, das totalitäre System zu retten, während der radikale Reformflügel Jakowlews, der grauen Eminenz Gorbatschows und seines Außenministers Schewardnadse, den Abschied vom Kommunismus vorsah. Aber die Männer der politischen Polizei waren gegen eine Lockerung des Regi-

mes. Sie wollten weiterhin Macht als Selbstzweck ausüben.

Gorbatschow spielte weiter auf allen Klaviaturen
und strebte die Funktion eines Schiedsrichters an, der
zwischen den beiden gegensätzlichen Tendenzen innerhalb der alten Kremlherrschaft vermittelte.[82] Diese
Haltung kennzeichnete auch seine Haltung gegenüber
der Spionage.

Im Dezember 1985 kamen die hohen Funktionäre
des KGB aufgrund einer für den Kreml überraschenden Note Gorbatschows hinsichtlich der Desinforma-
tionspraxis zusammen.

Da dies nicht zu leugnen war, verwarf der Geheimdienst auf dieser Tagung die bis dahin übliche Praxis
der Gefälligkeitsberichte und erklärte – mit der Holz-
hammermethode –, daß es die Pflicht eines jeden sei,
nach dem leninistischen Grundsatz zu handeln: »Nur
die Wahrheit ist revolutionär.« Gorbatschows Agenten
brauchten also ihre Berichte nicht mehr zu fälschen,
auch wenn einige Offiziere Mühe hatten, ihre alten Ge-
wohnheiten abzulegen.

Anfangs interessierte sich Gorbatschow vorwiegend
für Geheiminformationen auf wissenschaftlichem und
technologischem Gebiet; man kann nicht leugnen,
daß der KGB damals in dieser Hinsicht größere Erfolge
vorzuweisen hatte als auf politischem Gebiet: Es war
leichter, Forschungsinstitute zu infiltrieren als westliche Regierungsbehörden. Und der Perestroika-Mann
unterließ es nie, Maßnahmen herauszustreichen, durch
die der Kreml ansehnliche Geldsummen einsparen
konnte.

Auch wenn Gorbatschow – nach eigener Aussage –
versuchte, »die Beziehungen zwischen seinem Geheimdienst und dem Reformkurs seiner Umgebung zu
regeln«, so nahmen die Ereignisse eine völlig andere

Wendung. Der KGB-Chef[83] mußte aus Krankheitsgründen in den Ruhestand gehen. In diesem Zusammenhang sah Gorbatschow später ein, einen grundlegenden Fehler begangen zu haben, als er Wladimir Kriutschkow auf diesen Posten berief…

Die Übergangsjahre

Auch dieser alte Hase der sowjetischen Auslandsaufklärung verdankte Andropow seine Karriere. Zur Zeit des Ungarnaufstands vom Oktober 1956 war er Privatsekretär, dann Presseattaché Andropows gewesen, der damals Botschafter in Ungarn war, wo die Sowjetunion mit eiserner Faust gegen die Unabhängigkeitsbestrebungen dieses Landes vorging. Zwischen 1974 und 1988 hatte Kriutschkow als Chef der Auslandsaufklärung des KGB hinreichend Erfahrungen im Hinblick auf Intrigen und Ausnahmesituationen sammeln können. Aber er erkannte auch die Zeichen der Zeit und verstand es, durch seine unerwarteten Stellungnahmen zugunsten der Sozialdemokratie Gorbatschow für sich zu gewinnen.

Bereits in den frühen 1980er Jahren hatte er seine Untergebenen getadelt, weil es ihnen nicht gelang, erstklassige amerikanische Agenten anzuwerben, und »eine radikale Verbesserung« der Kreml-Spionage gefordert. Doch dann glückte dem KGB ein Meisterstück, als er zum erstenmal einen wichtigen Agenten der CIA anwerben konnte. Im April 1985 fand nämlich ein *walk-in* in der Botschaft der UdSSR in Washington statt. Aldrich Ames, der seine Dienste dem KGB anbot, arbeitete seit achtzehn Jahren für die CIA. Binnen zwei Monaten lieferte er den Sowjets zwanzig Agenten, die für den Westen arbeiteten (vorwiegend Amerikaner). Als er neun Jahre später verhaftet wurde, hatte Ames vom KGB schon an die drei Millionen Dollar erhalten (zweifellos eine Rekordsumme in der sowjetischen Spionagegeschichte), und weitere Summen ähnlicher Größenordnung waren ihm versprochen worden. Der Geheimdienst schien damit Gorbatschows Forderung nach weniger voreingenommenen Berichten über die westlichen Länder entsprochen zu haben.

Aber das Jahr 1986 begann schlecht für den Geheimdienst. Der Botschafter der Vereinigten Staaten in Moskau lud die Dissidenten ein und machte sich über den KGB lustig, der ihnen vermutlich Steine in den Weg legen würde. Eine Nacht des Jahres 1986 waren Opponenten des Regimes und jüdische Aktivisten in die Botschaft eingeladen worden … zu einem Maskenball. (Gemäß einer Übereinkunft zwischen der Sowjetunion und den Vereinigten Staaten hatten die Agenten nicht das Recht, die Personalien zu überprüfen. Sie konnten nur die Einladungskarten kontrollieren, die auf den Namen einer herausragenden historischen oder literarischen Persönlichkeit ausgestellt waren: Napoleon, Christoph Kolumbus, Anna Karenina.) Drei amerikanische Journalisten hielten dabei drei frühere führende Persönlichkeiten des Kreml zum Narren. Im Smoking und mit weißgepudertem Gesicht tanzten sie mit Etiketten auf der Stirn: Breschnew, Andropow und Tschernenko. Der Geheimdienst rächte sich daraufhin, indem er aus einigen amerikanischen Marines, die die Botschaft bewachen sollten, sowjetische »Maulwürfe« machte, die den »Schwalben« des KGB Geheimcodes verrieten.

Im Dezember 1987 nahm Gorbatschow Kriutschkow mit nach Washington, als er mit Präsident Reagan ein Abkommen zur Reduzierung der Nuklearwaffenlager der Supermächte unterzeichnete. Es war das erste Mal, daß ein Leiter der Auslandsaufklärung einen Kremlführer in den Westen begleitete! Diese Geste war Ausdruck der Hochachtung, die Gorbatschow gegenüber dem Geheimdienst für die Unterstützung seiner Wahl und für die Erfolge bei der Infiltration der CIA hatte.

Während dieses Aufenthalts speiste Kriutschkow inkognito im Restaurant des Weißen Hauses mit dem künftigen Chef der CIA.

Von der Öffentlichkeit noch verkannt, wurde Kriutschkows Ehrgeiz im Oktober 1988 zufriedengestellt, und er wurde von Gorbatschow zum Chef des KGB ernannt.

Er begann das Jahr 1989 mit einer spektakulären Geste, die das neue Klima der Ost-West-Beziehungen herausstellen sollte, indem er den Botschafter der Vereinigten Staaten in seinem Büro empfing: Es war das erste Mal, daß ein Geheimdienstchef so etwas tat und eine Art PR-Kampagne führte.

Der Bruch

Gorbatschow zögerte noch, die Privatisierung und andere einschneidende Reformen durchzusetzen, die den Weg zur Marktwirtschaft öffnen würden. Er konzentrierte sich vorerst auf die Stärkung seiner Macht im Kreml. Doch sein Regierungsantritt war der Anlaß für ein noch größeres Ereignis: Durch die Verbesserung der Beziehungen zwischen Regierenden und Regierten war die jahrhundertealte Angst vor dem Geheimdienst verringert worden. Im Kremlpalast waren die Debatten in vollem Gang. Es war das erste Mal seit Ende der 1920er Jahre, daß die Reformer und die kommunistischen Konservativen öffentlich ihre Standpunkte darlegten. Der KGB wurde dann zur Zielscheibe heftiger Angriffe seitens der reformerischen Presse, die öffentlich mehrmals die Entlassung des Chefs der politischen Polizei forderte. Kriutschkow setzte zum Gegenschlag an. Seit seiner Ernennung zum Chef des KGB hatte er eine neue Abteilung gegründet, die »Analytische Abteilung«, und den für Wirtschaft zuständigen Abteilungen aufgetragen, Akten über die »Millionäre der Perestroika« anzulegen, das heißt über die neuen Unternehmer, die einen Schlupfwinkel aus dem Dickicht der Gesetze und staatlichen Dekrete zu finden suchten.

Es kam zu einer noch heftigeren Kontroverse zwischen den Reformern und dem KGB hinsichtlich der Auslandspolitik.

Im Herbst 1989 warnte der KGB-Chef Gorbatschow unentwegt vor den Folgen der sich in der DDR anbahnenden Entwicklung, die den Interessen der UdSSR zuwiderlief. Aber Gorbatschow wußte, daß es keine Alternative zur Wiedervereinigung gab, weil er sonst die sowjetischen Streitkräfte würde einsetzen müssen, und die Reformer, die bereits an Boden verloren, vom Militär und von der politischen Polizei als Geiseln genommen würden. Zudem wollte Moskau auf keinen Fall die Amerikaner brüskieren. Diese Einsicht bestimmte die Haltung des Kreml angesichts der Wiedervereinigung Deutschlands.

Für den Geheimdienst war dies der Tropfen, der das Faß zum Überlaufen brachte. Darum beschloß er, in die Offensive überzugehen und eine ultimative »Sonderoperation« einzuleiten. Der KGB plante, die Reformbewegung zu zerschlagen und Gorbatschow zu stürzen. Noch heute sagt der ehemalige KGB-Chef, daß er damals keine andere Wahl gehabt habe.

Die Golfkrise von 1991 war ein weiterer kritischer Faktor. Für den Geheimdienst stellte der Beistand, den Gorbatschow den Vereinigten Staaten gegenüber dem Irak, einem bislang privilegierten Verbündeten, leistete, eine zusätzliche Demütigung dar. Eine Demütigung zuviel. Wenn die Aufgabe Osteuropas noch als geschickte Transaktion im Hinblick auf ein wirtschaftliches und politisches Bündnis mit Deutschland getarnt werden konnte, so war die Kehrtwendung im Mittleren Osten nicht mehr als das pure Eingeständnis von Schwäche. Der KGB begann also, die Unzufriedenen um sich zu scharen. Offiziell ging es nur darum, »den Präsidenten des Präsidiums des Obersten Sowjet über die reale öffentliche Meinung besser zu informieren«. Dieselben

Manipulationen fanden hinsichtlich der Wirtschafts-
reform statt. Im August 1990 konkurrierten zwei Pläne
miteinander: der Plan des Premierministers[84], der ein
»gemischtwirtschaftliches System«, das heißt den Erhalt eines wichtigen staatlichen Sektors, befürwortete,
und der Plan der Reformer[85], der »in fünfhundert
Tagen« durch die Privatisierung des überwiegenden
Teils des Landes, der Immobilien und Betriebe, den
Übergang zur Marktwirtschaft und die völlige wirtschaftliche Eigenständigkeit der sowjetischen Republiken vorsah.

Was auf dem Spiel stand, war klar. Ein »gemischtwirtschaftliches System« blieb eine gelenkte Wirtschaft –
die Partei und der Geheimdienst würden auf diese
Weise ihre Macht im Kreml behalten. Dagegen würde
eine privatisierte Wirtschaft die Partei und den KGB
überflüssig machen.

Die Stunde der Wahrheit hätte in jener schrecklichen Nacht des 30. August 1990 schlagen können.
Nach langem Zögern hatte sich Gorbatschow entschlossen, in seinem Land den Weg für die freie Marktwirtschaft freizumachen. Diesmal schien der Kremlchef entschlossen, radikale Reformen durchzusetzen. Durch die
Einführung des allgemeinen Wahlrechts riskierte er
sogar, sein Amt aufs Spiel zu setzen. Jedoch mußte er
schnell handeln, weil der Widerstand der Reform-
gegner zusehends wuchs. Boris Jelzin, der 1990 zum
Präsidenten des russischen Parlaments gewählt worden
war, war schon aus der Partei ausgetreten und sprach
sich für großangelegte Reformen aus, die einen regel-
rechten Widerstand auslösten. Dadurch, daß er als
Vorsitzender der Moskauer KPdSU die Korruption in
den Moskauer Geschäften zu bekämpfen versucht
hatte, war seine Popularität gestiegen. Von massiger,
kräftiger Gestalt, mit dichtem, grauem Haar, glich er

dem Mann auf der Straße, während Gorbatschows westliches Auftreten das Mißtrauen der Bevölkerung erregte.

Jelzins Durchbruch und die Aussicht einer Umkehr zum Kapitalismus ließen die großen »Bojaren« des Kreml auf den Plan treten, angestachelt durch den KGB. Kaum hatte Gorbatschow sich zu dieser Zukunftsvorstellung für sein Land entschlossen, schon wurde er am 30. August 1990 vor seine Kollegen des Politbüros der KPdSU zitiert. Es wurde ihm nahegelegt, seine Mannschaft neu zusammenzustellen: »Wollen Sie den Ministerpräsidenten auswechseln? Wenn er zurücktritt oder seines Amtes enthoben wird, werden Sie der nächste auf der Liste sein.«[86] Aber Gorbatschow zögerte wieder und kam dann auf den abwegigen Gedanken, das Programm der Konservativen mit dem der Reformer unter einen Hut bringen zu wollen… Wieder einmal verpasste er die Gelegenheit, mit dem Geheimdienst zu brechen.

Ende des Sommers 1990 waren beunruhigende Gerüchte über Manöver in der Umgebung der Hauptstadt in Umlauf. Man hatte sechs Divisonen von Fallschirmjägern im Gebiet von Moskau aufmarschieren lassen. Diese Manöver wurden im Einvernehmen mit dem Geheimdienst abgehalten. Am 10. September kam Verstärkung aus Rjasan. Das Verteidigungsministerium, das sich gezwungen sah, den Kremlchef über diese Manöver in Kenntnis zu setzen, behauptete, daß die Soldaten dorthin abgeordnet worden seien, um »bei der Kartoffelernte zu helfen«. Der einzige Haken war, daß sie bis zu den Zähnen bewaffnet waren…

Jelzin, der Oppositionsführer, erhob daraufhin heftigen Protest, und die Truppen wurden zurückgezogen. Aber einige Tage später hatte er einen seltsamen Verkehrsunfall, bei dem er verprügelt wurde…

Am 13. November empfing Gorbatschow an die tausend Militärabgeordnete im Kreml; während der Versammlung wurde er heftig niedergeschrien. Vier Tage später, am 17. November, forderte ihn die prokommunistische Gruppe »Union« heraus: »Wir geben Ihnen dreißig Tage, um Ihre Präsidialmacht zu behaupten oder um zurückzutreten!«

Diese Zwischenfälle hinterließen einen nachhaltigen Eindruck beim Kremlchef. Das ist wenigstens das, was er seinen Reformverbündeten sagte, die sich fragten, inwieweit er aufrichtig sei: Die »Präsidialmacht« war eine Art Ausnahmezustand, der einige Monate zuvor vom Parlament gebilligt worden war. In diesem Rahmen hätte Gorbatschow mittels Dekreten regieren können. Eine Art »legale Diktatur« des Kreml, die ursprünglich von den Liberalen ersonnen worden war, um Strukturreformen durchzusetzen, die aber die Extremisten nun zu ihrem eigenen Vorteil nutzen wollten. Um sie einzuführen, mußte man sich auf den Geheimdienst stützen, beziehungsweise die Geisel des KGB werden.[87]

Am 8. Dezember 1990 ließ Kriutschkow zwei seiner engsten Mitarbeiter[88] zu sich kommen und erteilte ihnen den Auftrag, einen Bericht über die Maßnahmen abzufassen, die man treffen sollte, um das Land »zu stabilisieren«, wenn der Ausnahmezustand verhängt worden sei. In den folgenden acht Monaten versuchte der Geheimdienst immer wieder, Gorbatschow zu überreden, den Ausnahmezustand zu verhängen.

Im Dezember und Januar fanden verschiedene Umbesetzungen an der Spitze der Regierung statt – und extremistische Verschwörer nahmen, in der Tat mit Gorbatschows Billigung, die Schlüsselpositionen im Kreml ein.[89]

Steckte Gorbatschow mit seinem Geheimdienst unter einer Decke? Oder wurde er dazu gezwungen? Glaubte er wirklich an seine »Präsidialmacht«?

Auf jeden Fall bekamen die Reformer diese Umbildung sehr wohl zu spüren. Am 20. Dezember trat Schewardnadse aus Protest gegen die Angriffe der Konservativen auf Gorbatschows Reformen von seinem Amt als Außenminister zurück und erklärte; »Ich kann mich nicht mit der Diktatur, die auf uns zukommt, einverstanden erklären. Weder weiß man, wie diese Diktatur sein wird, noch wer der Diktator sein wird...« Eine schockierende Aussage, begleitet von tosendem Beifall in der Duma.

Hinter ihm saß Gorbatschow und schwieg. Dennoch schien das Schicksal der beiden Männer unentwirrbar miteinander verknüpft zu sein. Sie waren ungefähr gleichaltrig und seit langem sowohl Freunde als auch Verbündete.

Drei Tage später spielte sich ein neues Psychodrama am selben Ort ab. »Wir sind ins Chaos gestürzt«, erklärte Gorbatschow. Ein Abgeordneter rief dann wie ein Bojar von Boris Godunow aus: »Eine eiserne Hand! Das ist, was wir brauchen!« Der Kremlchef schwieg verstimmt. Im privaten Kreis gab er dann pathetisch von sich: »Ich bin ein schlechter Zar; ein guter Zar ist derjenige, der tötet.« Und öffentlich sagte er: »Alle wissen, daß ich kein Diktator sein werde. Wenn ich es hätte sein wollen, hätte ich die Macht bewahren können, die ich bereits hatte... Alle wissen, daß die alten Parteichefs sich einer Macht erfreut haben, die ihresgleichen auf der Welt sucht...«

Dennoch versuchten Mitte Januar Kommandos der KGB-Sondereinheit Alpha die unabhängigen baltischen Regierungen zu stürzen. Ihre Aktionen forderten über zehn Tote und Hunderte Verletzte, als sie den Fernsehturm von Wilna, der litauischen Hauptstadt, in ihre Gewalt brachten. Ähnlich, wenn auch weniger blutig, verlief es in Lettland, wobei der Übergriff der Geheimpolizei zugeschrieben wurde. Gorbatschow deckte all diese Aktionen, deren Verantwortliche er nie zur Rechenschaft zog. Man fragt sich, ob dieses Verhalten aus taktischen Erwägungen oder aus einem Strategiewechsel des Kremlchefs resultierte, der den kommunistischen Konservativen, die das Rad der Geschichte zurückdrehen wollten, freie Bahn ließ. Da Gorbatschow seinen Ruf als Liberaler in den Augen des Westens jedoch nicht aufs Spiel setzen wollte, begab er sich vor Ort, um zwischen den Konservativen und den baltischen Demonstranten zu vermitteln. Vergebens. Der Bruch zwischen dem Kremlchef und den Reformern, die Gorbatschow von nun an als Geisel des Geheimdienstes betrachteten, war bereits vollzogen. Im Gegenzug zögerte auch Jelzin, der Präsident des russischen Parlaments, nicht mehr, als sein Widersacher aufzutreten. Er setzte sich über die Konservativen hinweg und begab sich nach Litauen, um die Unabhängigkeitsbestrebungen zu unterstützen.

Gorbatschow rechtfertigt seine damalige Position auch heute noch. Er ist überzeugt, daß es im Kreml sofort zu einem Staatsstreich gekommen wäre, wenn er endgültig mit dem Geheimdienst gebrochen hätte, weil er und die Partei »die einzigen Stabilisierungsfaktoren waren, vor allem in der Provinz«.

Eine neue Konfrontation hätte sich zu Beginn des Sommers ereignen können, aber nichts geschah. Da der Geheimdienst sich bereits für den Putsch entschieden hatte, stapelte er tief. Am 12. Juni erfolgte die Wahl Jelzins zum Präsidenten des russischen Parlaments. Im Kreml legte er zur Musik von Glinkas Oper *Das Leben für den Zaren* vor dem Moskauer Patriarchen den Eid ab. Gorbatschow war zugegen und versuchte, ein Lächeln

188

anzudeuten; ihm war bewußt, daß die Rechtmäßigkeit seiner Staatsgewalt nun auf tönerneren Füßen stand als die seines Rivalen.

Eine Sitzung des sowjetischen Parlaments unter Ausschluß der Öffentlichkeit am 17. Juni beschleunigte den Gang der Dinge. In der Rede des KGB-Chefs, der die Gesamtstrategie der CIA anprangerte, die seiner Überzeugung nach darauf abzielte, sich einflußreicher Agenten zu bedienen, um die sowjetische Verwaltung zu sabotieren, schienen die alten Verschwörungstheorien wieder auf. Vier Tage später forderten die wichtigsten Regierungsmitglieder, die Verbündeten des KGB, daß die Abgeordneten der Regierung die unbeschränkte wirtschaftliche Vollmacht erteilten, und zwar auf Kosten der Macht des Präsidenten. Da er sich persönlich getroffen fühlte, unterdrückte Gorbatschow seine Wut und sagte seinen Ratgebern: »Ich habe mich oft getäuscht, aber ich hätte nie gedacht, daß diese Menschen so etwas würden tun können.«

Diesmal beschloß Gorbatschow, den KGB-Chef und den Verteidigungsminister nach der für den 20. August 1991 vorgesehenen Unterzeichnung des Unionsvertrags kaltzustellen. Im Juli erwähnte er diese Umbesetzung der Ministerposten während eines Abendessens, an dem in Anwesenheit von Jelzin der Alkohol reichlich floß. Die Sicherheitsbeamten, die in der Nähe waren, informierten unverzüglich die Leitung des KGB, der die logische Konsequenz zog: Der einzige Ausweg war der klassische Staatsstreich …

Eigentlich sprachen mehrere Indizien für die Vorbereitung eines Putsches. Popow, Moskaus Bürgermeister, führte diesbezüglich eine Unterredung mit dem amerikanischen Botschafter in der UdSSR und informierte auch Jelzin. So wußten alle, daß ein Putsch geplant war: Jelzin, Gorbatschow, die Amerikaner …

Warum aber hüllte man sich in Schweigen? Jeder spielte im Kreml sein eigenes Spiel in der Meinung, daß er aus dieser verworrenen Situation als Sieger hervorgehen könne.

In der Erwartung der kommenden Ereignisse fuhr Gorbatschow am 4. August in eine luxuriöse Datscha zum Urlaub auf die Krim.

Am Tag nach seiner Abreise trafen sich Kriutschkow und seine Komplizen[90] in dem geheimen KGB-Objekt »ABC«, das in einer ruhigen Straße am Stadtrand von Moskau liegt, wo sie sich heimlich als »Notstandskomitee« der UdSSR konstituierten. In den folgenden vierzehn Tagen bereiteten sie dort einen Staatsstreich vor, der die Unterzeichnung des Unionsvertrags, das heißt die Auflösung der UdSSR, verhindern sollte. Der KGB-Chef ließ gleichzeitig zwei Zellenetagen des Moskauer Gefängnisses Lefortowo räumen, um außergewöhnliche Gefangene dort unterbringen zu können. Für den Fall, daß der Putsch mißlingen würde, wurde im Sitz des KGB ein geheimer Bunker für das selbsternannte »Notstandskomitee« eingerichtet.

Am 18. August, zwei Tage vor der Unterzeichnung des Vertrags, versuchten die Verschwörer ein letztes Mal, Gorbatschow davon zu überzeugen, sich ihnen anzuschließen. Ohne Erfolg. Darum schnitten sie ihn von der Außenwelt ab, schalteten ihm alle Telefone ab, stellten ihn unter Hausarrest und verkündeten am nächsten Tag, daß der Präsident sein Amt »wegen seines Gesundheitszustands« nicht ausüben könne.

Die Würfel waren so gut wie gefallen. Während die Putschistendelegation auf die Krim fuhr, hatten sich die übrigen Verschwörer im Kreml im zweiten Stock des Gebäudes versammelt, in dessen erstem Stock sich Gorbatschows Büro befand, um die Details für die Absetzung des Präsidenten der UdSSR zu erörtern.

Außerhalb des vom Architekten Kasakow auf Wunsch Katharinas II. erbauten Gebäudes deutete nichts darauf hin, daß eine Verschwörung gegen den Staatschef im Gange war. Es fielen höchstens einige schwarze Limousinen auf, die sich gegen die frisch gestrichenen, ockerfarbenen Wände des alten Sitzes des russischen Senats abhoben. Nichts Außergewöhnliches ...

Die Zusammenkunft war für sechzehn Uhr angesetzt. Alle Putschisten gingen zum dritten Eingang, der gegenüber der berühmten Zarenkanone liegt, und passierten das schmiedeeiserne Tor, das nur von den Großen des Kreml benutzt werden durfte. Über die düsteren, geheimnisumwitterten Flure erreichten sie das »Büro Nr. 49«, das Büro des Vizepräsidenten Janajew, das früher – bittere Ironie des Schicksals – der Amtssitz Berijas, des Chefs von Stalins Geheimpolizei, gewesen war. Es schien die Verschwörer nicht zu stören, daß dort ein Portrait von Michail Gorbatschow an der Wand hing. In dieser langen Nacht dachte niemand daran, »die Ikone«, die seit 1985 in allen Büros hing, abzunehmen.

Um den Unschlüssigen Angst zu machen, eröffnete der KGB-Chef die Sitzung mit einem erschreckenden Bild der Situation, in der sich die Hauptstadt befinde. Den Berichten des KGB zufolge stünde ein bewaffneter Aufstand bevor, und die Aufständischen seien dabei, die strategischen Punkte Moskaus zu umzingeln. »Es wurden Listen der führenden Männer des Landes beschlagnahmt, auf ihnen findet man die Namen der meisten, die hier versammelt sind, wieder«, behauptete er. Und er fügte hinzu, daß alle erwähnten Personen sowie all ihre Familienmitglieder »hingerichtet« werden würden. (Der KGB-Chef erwähnte aber nicht, wer der Urheber des Aufstands war.)

Janajew, der Vizepräsident der UdSSR rauchte eine Zigarette nach der anderen. Er war interimistisch »Unionspräsident« geworden (er war eigentlich ein Strohmann) und leitete das »Staatliche Notstandskomitee«, das sich aus acht Männern zusammensetzte, die vom KGB überwacht wurden. Er konnte einem leid tun: Unter der Wirkung des Alkohols stehend, erweckte er nicht den Eindruck, als sei er überhaupt in der Lage zu regieren.

Die Putschisten stellten bald fest, daß es nicht mehr möglich war, die in Gang gesetzten, alten autokratischen Mechanismen des Kreml aufzuhalten. Sie hatten zwar einige Tage lang die Staatsgewalt inne und verfügten über die Streitkräfte des Landes, es gelang ihnen jedoch nicht, die telefonischen Verbindungen zwischen Moskau und dem Westen zu kontrollieren. Diese funktionierten übrigens besser als sonst, so daß die KGB-Sonderabteilung der Gruppe Alpha nicht den Befehl zum Stürmen des »Weißen Hauses« von Moskau, des Regierungssitzes der Russischen Föderation, und zur Verhaftung ihres Präsidenten Boris Jelzin (der sich auf seiner Datscha in Archangelskoje aufhielt) bekam. Von den siebentausend Reformern, die der KGB gefangensetzen wollte, wurde kein einziger inhaftiert.

Am 20. August, dem zweiten Tag des Putsches, konnten »die amerikanischen Sondergesandten« obendrein unbehindert den Sitz des russischen Parlaments mit brisantem Informationsmaterial erreichen, ohne daß die Elitetruppen des KGB, die das Generalquartier der Antiputschisten umzingelten, eingegriffen hätten.

Der Putsch brach auf groteske Weise in vier Tagen zusammen. Am 21. August war er vollends gescheitert.

So war das Resultat dieser »Sonderaktion« des Geheimdienstes genau das Gegenteil dessen, was die Verschwörer beabsichtigt hatten: Sie beschleunigte die

Auflösung der Sowjetunion und endete mit einer beispiellosen Demütigung des KGB.

Jelzin richtete sich dann im russischen Parlament
ein, hielt eine Ansprache an die Menge, trat den Pan-
zereinheiten entgegen, die die Junta in der Hauptstadt
hatte aufmarschieren lassen. Zwischen zwei kräftigen
Schlucken Wodka rief er die Regionalführungen des
KGB an, zunächst die Leningrads, wo ein gewisser
Wladimir Putin amtierte. Dieser weigerte sich, die Verschwörer zu unterstützen, solange die verantwortlichen
Offiziere des KGB die kompromittierendsten Dokumente vernichteten und verbrannten. Unter deren
Fenstern sah die fröhliche Menge, überrascht von
dem, was sich an diesem Abend des 22. August 1991
vor ihren Augen abspielte, den Sturz der riesigen Statue von Felix Dzierzynski, dem unheilvollen Gründer
der bolschewistischen politischen Polizei. Moskaus
Bevölkerung hatte das Bedürfnis, ihrem Sieg Ausdruck
zu verleihen; sie wollte ein Zeichen für ihre Befreiung
setzen. Spontan waren Zehntausende von Menschen
auf den Platz vor der Lubjanka, dem Sitz der »Geheimpolizei«, marschiert, und einige junge Leute waren auf
den Kopf des Tyrannen geklettert. Andere hatten Graf-
fitis auf die grauen Mauern des KGB-Gebäudes gekrit-
zelt, in dem so viele Unschuldige den Tod gefunden
hatten. Schließlich setzten die Behörden Kräne ein,
um das Denkmal zu entfernen. Dann fiel die Statue
vor den Fernsehkameras der ganzen Welt und wurde
zu einem nahegelegenen Gelände transportiert, das
fortan als »Friedhof« für die gestürzten Standbilder
des sowjetischen Regimes dienen sollte.

Gorbatschow kehrte verstört nach Moskau zurück.
Während des Putsches hatte seine Frau Raïssa einen
Zusammenbruch erlitten. In den Straßen wehte nun
anstelle der roten Fahne die Trikolore der Zaren.

Der Todeskampf der Sowjetunion zog sich über vier Monate hin. Gorbatschow legte am 25. Dezember 1991 sein Amt als Präsident der Sowjetunion nieder, siebzehn Tage, nachdem Rußland, die Ukraine und Weißrußland in Minsk ihr Ende proklamiert hatten (»Die UdSSR hat zu existieren aufgehört«) und einen Vertrag über die Bildung der Gemeinschaft Unabhängiger Staaten (GUS) geschlossen hatten. Jelzin wurde dann der neue Alleinherrscher im Kreml.

Am 23. Dezember fand die Amtsübergabe an Jelzin statt. In einem mehrstündigen Gespräch weihte der gestürzte Präsident in Anwesenheit von Alexander Jakowlew[91] seinen Amtsnachfolger in die letzten Geheimnisse des sowjetischen Reichs ein. Der neue »Zar« verließ das Büro und durchmaß mit dem gewichtigen Schritt eines Kommandeurs die unendlich langen Gänge des Kreml. Gorbatschow verweilte noch eine Zeitlang auf dem Sofa. Jelzin hatte ihm keine Demütigung erspart. Er sortierte seine Papiere in einem Nebenzimmer, dem Büro seines ehemaligen Ersten Sekretärs, dann verließ er das Gebäude.

In der alten Festung Iwans des Schrecklichen hat sich die Nachfolge schon immer als schmerzlich erwiesen.

Die Geschichte des Kreml schien einen neuen Anfang zu nehmen ...

Die Hofschranzen von »Zar« Boris

Unter Jelzin (1991–1999) herrschte eine besondere Atmosphäre im Kreml. Alle drei Monate zwangen gesundheitliche Probleme »Zar Boris«, sich für immer längere Zeiträume aus dem öffentlichen Leben zurückzuziehen. Er war psychisch labil, und um gegen seine depressive Stimmungslage anzukämpfen, suchte er Zuflucht zunächst im Alkohol, später (als ihm der Alkoholkonsum aus medizinischen Gründen untersagt wurde) in Antidepressiva. (Gorbatschow erzählt in seinen *Erinnerungen* nicht ohne Häme von den Selbstmordversuchen seines Rivalen.) Seine häufige Abwesenheit vom Kreml zwang die meisten Minister, zwischen Moskau und Sotschi zu pendeln, dem herrlichen Ort am Schwarzen Meer, wo das Leben des »Zaren« beinahe skurrile Züge annahm. Es wurden ihm nicht nur Antidepressiva verschrieben, sondern auf Anregung der unumgänglichen kaukasischen Quacksalber (und unter Kontrolle des Geheimdiensts) auch magnetische Massagen, damit er in der Öffentlichkeit auftreten und den Eindruck eines verantwortungsvollen Staatsoberhauptes erwecken konnte, imstande, Entscheidungen zu treffen und seinen Willen durchzusetzen.

Zu Beginn seiner Regierungszeit[92] trat Jelzins kauziger Günstling Korschakow, eine andere Symbolgestalt des Kreml, auf den Plan. Er war der Leiter des Personenschutzes des Präsidenten und immer in Jelzins Nähe.

Wie Nikolaus II. beehrte auch Jelzin selten den Kreml mit seiner Anwesenheit. Von September 1991 bis Mai 1996 brachte er nur dem Chef seiner Leibwache Vertrauen entgegen, der ihm die neuesten Gerüchte zutrug, seine Lektüre bestimmte und selbstverständlich ihn wichtige Erlasse unterschreiben ließ, die er selbst aufgesetzt hatte. Die Kaltstellung Korschakows im Mai 1996 war nicht nur auf das Einschreiten Tatjanas, der Lieblingstochter von »Zar« Boris, zurückzuführen. Denn, auch wenn er während seiner Amtszeit seinen Klüngel hatte, verstand Jelzin es, sich die Feindseligkeiten seiner Geheimdienste zunutze zu machen und dank seines sagenhaften Gespürs die Konflikte in seiner Umgebung zu schlichten.

Jeder Herrscher ist zur Vereinsamung verdammt; im Kreml wird diese Einsamkeit noch durch eine gewisse Realitätsferne erschwert, die vom Geheimdienst gefördert wird, der ständig eine Sperre zwischen dem Staatsoberhaupt und der Außenwelt errichtet.

Nach dem mißlungenen Putsch von 1991 waren viele der Meinung, daß das Land nie wieder mit einem – für den KGB typischen – so hohen Maß an Desinformation rechnen müsse. Doch im Geheimdienst kursierte damals, als Paraphrase einer Aussage Talleyrands, eine scherzhafte Bemerkung: »Was nicht übertrieben ist, ist unbedeutend.«[93]

Von heute auf morgen verwandelten sich Apparatschiks, ehemalige Minister und hohe Parteifunktionäre, in Bankiers oder Geschäftsleute und nahmen ganze Wirtschaftszweige in Beschlag. Und all das mit dem Segen des KGB, der sie als »autorisierte Milliardäre« führte. Die Tochter des »Zaren« Boris, Tatjana Djatschenko, wußte die Gunst der Stunde für sich zu nutzen. Als Stabschefin des Wahlkampfs von 1996 arbeitete sie sich auf den Posten der Ratgeberin und »Kommunikationsleiterin des Präsidenten« von 1996 bis 1999 vor. Ihr Kabinett, das »Büro Nr. 262« des Kreml, war all den anderen Rädchen der Exekutive vorgeschaltet, so wie früher das Politbüro eine Vormachtstellung gegenüber den Staats- und Parteiorganen eingenommen hatte. Die Ähnlichkeit war so groß, daß man die kleine Gruppe geheimer Ratgeber, die etwa ein halbes Dutzend Menschen zählte, als »neues Politbüro« bezeichnete. Während der zahlreichen Krankheitsrückfälle des Präsidenten – im November 1996 mußte er sich einer fünffachen Bypassoperation unterziehen – gewannen sie zunehmend Einfluß.

Der Schnee kann einen Blutflecken oder den Schlamm des Herbstes zudecken. Die Matroschkas, die russischen Puppen, veranschaulichen die Traditionen des Kreml, seine Kehrtwendungen sowie sein Schwanken und die ständige Faszination, die falsche Idole auf die Menschen ausüben. In Wirklichkeit aber lag die Macht in den Händen einer buntgemischten Personengruppe, den bekannten Clans und dem weitverzweigten illegalen Geschäftsnetz des Geheimdienstes, das als seine Galaxis galt.

Die Rettung

Auf den Trümmern der Sowjetunion entstand ein riesiges Geheimsystem – so wie es einst unter den Großbojaren gewesen war, die sich gegenseitig Gefälligkeiten erwiesen und entlohnten. Dieses System, das den Gehorsam gegenüber dem Kremlchef garantierte, sickerte in alle Ebenen des Staates ein und verhalf den traditionellen Methoden des Geheimdienstes – Manipulation und Desinformation, Zusammenschluß und Entzweiung, Provokation, Erpressung und zermürbende Intrige – zum Erfolg. Hinzu kam ein anderer nicht zu unterschätzender Aspekt: die Korruption, die auf einem noch nie dagewesenen, unermeßlichen Vermögen beruhte. Den Schätzungen Wladimir Putins zufolge (der als ehemaliger Geheimdienstchef bestens informiert ist) sind zwischen 1991 und 2000 jedes Jahr zwischen achtzehn- und zwanzigtausend Milliarden Dollar illegal in den Westen geflossen.

Zu dieser Zeit bestand die eigentliche Funktion des Geheimdienstes darin, dieses Riesendurcheinander aus privaten Vermögen und Staatsgeldern in den Dienst des Kreml zu stellen. Doch nach dem mißlungenen Putsch von 1991 war Gorbatschow nur noch von dem Gedanken durchdrungen, den KGB zu zerschlagen.[94]

Formal gab es diese Megapolizei seit 1991 nicht

mehr. Durch die Reduzierung der Mitarbeiterzahl von 700 000 auf etwa 80 000 war der neue Geheimdienst geschwächt und in erster Linie für die Bekämpfung der Korruption, des Drogenhandels und der Mafia zuständig. Aber schließlich hat der KGB diese Umstellung gemeistert; seine Agenten waren in der Diplomatie, in den Medien, in den großen Wirtschaftsunternehmen und Banken stets präsent. Bis Ende der 1980er Jahre gelang es ihnen auch, alle wichtigen Strukturen der Schattenwirtschaft zu infiltrieren; so führten sie den »privaten Informationsdienst« als einen neuen Zweig der russischen Industrie ein. Die Marktwirtschaft erweckte damals ein doppeltes, bis dahin in Rußland unbekanntes Bedürfnis: das Bedürfnis nach exakter wirtschaftlicher Information und nach dem Schutz vor der organisierten Erpressung.

Die Veteranen des Geheimdienstes stellten das größte Kontingent der Privatmilizen.[95] Die für Auslandsaufklärung zuständige ehemalige Erste KGB-Hauptverwaltung wurde also ein eigenständiger Dienst unter der Leitung Jewgeni Primakows[96], dem es gelang, das System des KGB aufrechtzuerhalten.

Als Orientalist und Akademiker war er strenggenommen kein Funktionär des KGB, da er seit den 1960er Jahren als »ehrbarer Korrespondent« (Deckname »Maxime«) für den Geheimdienst gearbeitet hatte. Dieser sowjetische Lawrence von Arabien, der die meiste Zeit in Kairo stationiert war, bereiste die meisten Länder des Nahen Ostens.

Primakow war also kein »Spion« des Kreml im gewöhnlichen Sinn. Er war auch kein »einflußreicher Agent«: Er mußte keine Operationen in der Öffentlichkeit durchführen. Seine Funktion bestand darin, langfristige persönliche Bande mit den höchsten amtierenden Führungskräften oder mit deren potentiellen

Nachfolgern zu knüpfen. Zu diesem Zweck genoß er eine Rede- und Meinungsfreiheit ohnegleichen.

Er trat auch als Experte des »politischen Enginee-ring« auf, das dem Geheimdienst schon immer am Herzen lag. Dann wurde er Ministerpräsident und persönlicher Ratgeber Gorbatschows und meisterte die Krise der zusammengebrochenen Sowjetunion, vor allem die des Kaukasus. Zwischen August 1990 und Februar 1991 versuchte er, die Golfkrise auf eine geschickte, für den Irak vorteilhafte Weise zu lösen. Später erwarb er den Ruf, sich in dieser Angelegenheit als echter Patriot verhalten zu haben, besorgt um die höheren Interessen seines Landes. Als Chef der Auslandsaufklärung stellte er seine Institution als ein normales Sicherheitsorgan dar, das die demokratische Grundordnung respektiere, und machte keinen Hehl daraus, das Erbe des Geheimdienstes, des Tempelhüters des ewigenRußland, bewahren zu wollen. In der Tat übernahm er mit Bedacht dessen Belegschaft und Strukturen. Sein wirkliches Ziel (er machte daraus kein Geheimnis) war die Wiederherstellung der russischen Macht. Er unterstützte auch die russischfreundlichen Tendenzen in den ehemaligen Sowjetrepubliken, die 1991 in die Unabhängigkeit entlassen worden waren. Primakow gab jedoch dem Geheimdienst eine neue Ausrichtung, indem er auf den Begriff des »Hauptfeindes« verzichtete, das heißt auf die direkte Konfrontation mit den Amerikanern.[97] Für die arabische und islamische Welt wurde er zum Symbol eines Rußland, das wieder seinen Rang als Weltmacht anstrebte und der Angelpunkt einer »antihegemonialen« Koalition sein wollte, um den Vereinigten Staaten die Vormachtstellung streitig zu machen und eine »mehrpolige Welt« zu ermöglichen (dieses beinahe ideologische Konzept wurde später von Putin wieder aufgegriffen).

Am heikelsten für ihn war zweifellos der Ausbau seiner Beziehungen zu den westlichen Geheimdiensten, denn es galt, die Vorurteile des kalten Krieges abzubauen. Die Kremlspione hatten nun auch eine andere Motivation. Vorher wurden sie nicht nur gut bezahlt, sondern auch von der Ideologie geleitet, wie Primakow selbst sagte: »Früher waren die, die uns ihre Hilfe anboten, vom Haß auf den Faschismus oder vom Wunsch, den Frieden zu wahren, angetrieben. Heute wollen viele nicht mehr in einer einseitigen, ungleichgewichtigen Welt leben. Andere unterstützen unsere gegen den islamischen Extremismus gerichtete Politik oder unsere Suche nach politischen Lösungen in Krisensituationen. Wir haben beschlossen, unsere ganze Kraft auf das jugoslawische Problem zu konzentrieren, aber wir gehen auch die Situation im Nahen Osten, den islamischen Fundamentalismus, den Drogenhandel und die Verbreitung von atomaren Massenvernichtungswaffen an.«

1999 unterlag Primakow jedoch beim Kampf um die höchste Macht Wladimir Putin, der überraschenderweise das Ruder übernahm und die regelrechte Auferstehung des Geheimdienstes des Kreml gewährleistete.

Die Operation »Auferstehung«

Wladimir Putin ist mir oft wie ein Mann mit mehreren Gesichtern vorgekommen, die sich hinter verschiedenen Masken verbergen. Sein manchmal leerer, dann wieder lebhafter Blick, sein Stirnrunzeln, sogar sein unwillkürliches Zucken der Lippen verraten einen eisernen Willen, bestärken aber den Eindruck, daß man ihn nicht fassen kann. Als erprobter KGB-Offizier hat er offensichtlich gelernt, verschiedene Rollen zu meistern. Es gibt nämlich mindestens fünf verschiedene Putins. Der erste ist der vom Geheimdienst ausgebildete und geprägte Mann, der zunächst in der Spionageabwehr und dann in der Auslandsaufklärung tätig war: ein perfektes KGB-Produkt. Der zweite ist der kompetente persönliche Referent des demokratischen Vorsitzenden des Leningrader Stadtsowjets Anatoli Sobtschak. Dann gibt es den hohen KGB-Funktionär, den Vorsitzenden des Sicherheitsrates (FSB), der zum Schutz Jelzins und seiner Familie auserkoren wurde.

Der vierte Putin ist der amtierende Premierminister des Tschetschenienkriegs, ein unbequemer Mann, der im August 1999 in der Untergangsstimmung der Sowjetunion an die Macht kam und einen schrecklichen Krieg gegen eine kleine, separatistische, kaukasische Republik führte, ein gewandter Taktierer, der geschickt die politischen Clans ausgenutzt und sich im Dezember

1999 unerwartet als Nachfolger von »Zar« Boris durchgesetzt hat.

Und schließlich gibt es den fünften Putin, der für uns heute relevant ist: den Kremlchef, der sich hohen Herausforderungen zum Wohle Rußlands im 21. Jahrhundert stellt.

Wieder hat der Geheimdienst eine ausschlaggebende Rolle bei der Wahl des Präsidenten gespielt. Viele seiner Minister sind aus dem Geheimdienst hervorgegangen. Ein ehemaliger KGB-Offizier, Sergei Iwanow, ist Verteidigungsminister; mehrere Generäle der Sonderdienste sind Gouverneure geworden; zwei der sieben »Superpräfekte« der Regionen kommen vom KGB; ein General des Geheimdienstes ist zum Vizepräsidenten des staatlichen Fernsehsenders ernannt worden; ehemalige Mitarbeiter der Lubjanka sind in der Präsidialadministration oder in der Regierung tätig. Der russische Präsident zögert nicht mehr, Schockmethoden aus dem Repertoire seiner Vorgänger, der Symbolfiguren des Geheimdienstes, zu übernehmen.

Unter Alexander II., sprach Fürst Loris-Melikow, der Chef der »Dritten Abteilung«, von der Diktatur des Herzens; Putin spricht von der Diktatur des Gesetzes. Unter Nikolaus II. sagte Oberst Subatow, daß Rußland weder ein neues Frankreich noch wie die Vereinigten Staaten werden dürfe, heute formuliert Oberst Putin, daß Rußland keine Neuauflage Großbritanniens oder der Vereinigten Staaten mit ihren alten liberalen Traditionen werden könne.

Der Werdegang
eines sowjetischen Spions

Alles begann wie in einem Märchen nach Sowjetart:

Es gab einmal einen kleinen Jungen namens Wladimir, der am 7. Oktober 1952 in Leningrad das Licht der Welt erblickte. Der Sohn eines mustergültigen Fabrikarbeiters und Enkel von Lenins Koch Spiridon war ein hervorragender Schüler und Judosportler, ein Einzelgänger, verschwiegen und willensstark. Seit frühester Kindheit träumte er davon, Kremlspion zu werden. Zwar wurde er anfangs einfach durch Spionagefilme beeinflußt; aber er war auch sozusagen vorbelastet durch seine Familiengeschichte, denn sein Vater war im Zweiten Weltkrieg in einem Sonderbataillon des Geheimdienstes für Sabotageakte tätig gewesen.

Noch während seiner Schulzeit erkundigte sich Putin bei der Leningrader KGB-Administration, wie er KGB-Agent werden könne. Man legte ihm nahe, Jura zu studieren und einen Hochschulabschluß vorzuweisen. 1975 schloß er an der Leningrader Universität sein Jurastudium als einer der Besten ab und wurde vom Geheimdienst angeworben.

Die Fortsetzung dieser Geschichte ist jedoch nicht mehr märchenhaft. Putin wurde in die Spionageabwehr eingegliedert und auf Regimegegner angesetzt. Der spätere Kremlchef verbrachte dort viereinhalb Jahre mit zwei Unterbrechungen für Speziallehrgänge, wovon

einer in Moskau stattfand, wo er seine Deutschkennt-
nisse vervollkommnete. Sein Traum, »an der Dissiden-
tenfront« eingesetzt zu werden, zerrann. Der junge
Mann aus der Provinz schien nicht »geschickt genug«
für einen solchen Auftrag zu sein. Er wurde also wieder
in seine Geburtsstadt zurückbeordert, allerdings wurde
er zum Trost in die hochangesehene Erste Hauptverwaltung des KGB, die Auslandsaufklärung, versetzt.

Schließlich wurde Putin 1985 zu einer weiteren Fort-
bildung an der legendären Andropow-Hochschule des
KGB nach Moskau zugelassen, wo er unter dem Decknamen »Platow« ein weiterführendes Spezialtraining
absolvierte. Danach wurde er in der DDR eingesetzt,
wo er in der sowjetischen Auslandsaufklärung arbeitete
und sich vor allem mit dem Auswärtigen Amt der Bundesrepublik befaßte.

Nach dem Fall der Berliner Mauer und dem Zusammenbruch des kommunistischen Regimes in der DDR
1989 war die überstürzte Rückkehr in die UdSSR für
den 38-jährigen Oberstleutnant schwer, denn sein Hei-
matland stand vor der Auflösung. Auch wenn er Assistent des Rektors der Leningrader Universität wurde,
blieb der Oberstleutnant des KGB immer noch Reserve-
offizier des sowjetischen Geheimdienstes. Doch Ende
1989 vollzog sich wieder eine Wende in seinem Leben:
Der Vorsitzende des Leningrader Stadtsowjets, Anatoli
Sobtschak, schlug Putin vor, seinen »Bau« zu verlassen
und sein persönlicher Referent zu werden. Putins tat-
sächliche politische Karriere begann während des kommunistischen Putschversuchs vom August 1991, als er in
dem nun wieder in St. Petersburg umbenannten Leningrad die »Neutralität« der offiziellen Sicherheitsdienste gegenüber der demokratischen Administration der
Stadt aushandelte und es dadurch Sobtschak ermöglichte, eine große Demonstration gegen die Putschisten

zu organisieren. Das »Umfallen« der zweitgrößten Stadt des Landes gab den anderen hohen Offizieren des KGB zu denken, entmutigte die unnachgiebigen Kommunisten und ermunterte die Liberalen, den Widerstand zu organisieren.

Nach dem Scheitern des Putsches übertrug Sobtschak, ein Charmeur und Mann von Welt, der oft zu Besuch im Ausland war, die Amtsbefugnisse seiner »rechten Hand«, Putin, der rasch zum Vizegouverneur der Stadt aufstieg. Die »Putin-Methode«, mit allen zusammenzuarbeiten und tunlichst nicht von einem einzigen Clan abhängig zu sein, geht übrigens auf diese Zeit zurück.

Aber 1996 verlor Sobtschak die Wahl in St. Petersburg und Putin seine Stelle. Putin, der über ein eigenes Netz im Kreml verfügte, fand schnell einen neuen Posten in der Kremladministration, wo mehrere St. Petersburger arbeiteten. Am 26. März 1997 wurde Putin per Präsidentenerlaß zum Stellvertretenden Leiter der Präsidialadministration und Chef der Kontrollabteilung der Kremladministration ernannt. Zu seinen Hauptaufgaben zählte die Oberaufsicht über die Rechtsangelegenheiten und das russische Vermögen im Ausland.

Der künftige Präsident richtete seine Aufmerksamkeit auf ein Gebiet, wo die Korruption in vollem Gange war, und legte umfangreiche Dossiers über die Gouverneure der russischen Provinzen an – Informationen, die sich für ihn als kostbar erweisen sollten, als er sich anläßlich der Wahlen die Unterstützung der starken Männer dieser Provinzen sichern wollte.

Am 20. Juli 1998 wurde Putin überraschend zum Chef des Föderalen Sicherheitsdienstes (FSB) ernannt, ein Posten, auf dem er sich vollkommen loyal gegenüber Boris Jelzin bewährte.

Im Herbst 1998, vier Monate nach dieser Ernennung, leitete der Generalstaatsanwalt Rußlands eine Untersuchung über Korruption ein, in die mehrere Personen der »Jelzin-Familie« verwickelt waren. Die Ermittlungen, die er in Zusammenarbeit mit der Schweizer Staatsanwaltschaft anstellte, weiteten sich zu einem Riesenskandal aus, der unerwartete Fakten ans Tageslicht brachte und das Ende der Regierung von »Zar« Boris ankündigte. Den Schweizer Ermittlungen zufolge soll die Baufirma Mabetex aus Lugano hohen Kremlbeamten aus Jelzins Umkreis Schmiergelder in Höhe von mehreren Millionen US-Dollar bezahlt haben, um Aufträge zur Renovierung des Kreml und zum Bau luxuriöser Häuser für russische Persönlichkeiten des öffentlichen Lebens zu bekommen.

Darauf beschloß der Kreml, die Angelegenheit an die große Glocke zu hängen. Die »Bombe« wurde im Fernsehen zum Platzen gebracht, indem ein Mann gezeigt wurde, »der dem Generalstaatsanwalt ähnlich sah« und beim Liebesspiel mit zwei Prostituierten aufgenommen worden war. Der Ruf des Generalstaatsanwalts war ruiniert, und er durfte seine Ermittlungen nicht fortsetzen …

Anfang 1999 wurde Putin Vorsitzender des Nationalen Sicherheitsrats und blieb weiterhin Chef des FSB. Damit erhielt er die Kontrolle über die Schalthebel der Macht: Er überwachte die Armee, das Innenministerium und alle Geheimdienststrukturen des Landes. Und sein Schicksal nahm im August 1999 erneut eine entscheidende Wende, als an die tausend tschetschenischer Kämpfer in die russische Nachbarrepublik Dagestan einfielen, die zur Russischen Föderation gehörte. Die russische Armee warf die Aggressoren zurück, und Moskau erklärte, »Zielscheibe des internationalen Terrorismus« geworden zu sein.

Diese Ereignisse bewirkten eine Änderung der

Marschroute des Kreml, weil die Situation sich dramatisch zuspitzte. Da die Verfassung von 1993 dem russischen Präsidenten die Macht nur für zwei Legislaturperioden von vier Jahren zubilligte, war nun die Suche nach einem Nachfolger Jelzins (der bereits 1991 und 1996 für dieses Amt kandidiert hatte) die Hauptaufgabe. Die Ratgeber des Präsidenten befürworteten die Lancierung eines »jungen Premiers«, eines aktiven, kompetenten Mannes, der überdies der »Jelzin-Familie« gegenüber absolut loyal sein sollte. Im Kreml ernannte also Boris Jelzin in äußerster Bedrängnis zum zweiten Mal in zwei Monaten einen neuen Premierminister: den bis dahin in der breiten Öffentlichkeit nahezu unbekannten Wladimir Putin, der am 9. August 1999 als Jelzins persönlicher Wunschkandidat bei den Präsidentschaftswahlen vorgestellt wurde. Dadurch gewann zugleich Jelzin wieder an Ansehen und konnte sich vor den gegen seine »Familie« gerichteten Angriffen der Justiz besser schützen.

»Zar« Boris schilderte folgendermaßen, was ihn zu dieser Wahl bewogen habe: »Ausschlaggebend sind seine politische Standhaftigkeit und sein eiserner Wille«, verkündete er, als er Putin im Fernsehen vorstellte. Dann fügte er hinzu: »Dieser Mann ist die Lösung für den tschetschenischen Konflikt«...

So gesehen verfügte Putin über beachtliche Mittel, um mit Hilfe mächtiger Fürsprecher Einfluß auf die politische Elite ausüben zu können. Einer seiner ersten politischen Fürsprecher war das Militär, das in Tschetschenien einen Krieg mit »punktgenauen Angriffen« führte. Als Gegenleistung verlangte das Armeekommando jedoch die Beteiligung an der Führung des Landes und die Durchsetzung einer »Machtpolitik«: die Wiederaufrüstung und Wiederherstellung des russischen Einflusses in den ehemaligen sowjetischen Republiken. Die zweite Gruppe von Fürsprechern, die dazu beigetragen haben, daß sich ihr Genosse durchsetzte, waren »seine« Leute vom ehemaligen KGB. So schienen Kreml und Geheimdienst nun wieder eins zu sein.

Drittens waren die »Bojaren« oder »Oligarchen«, die Leiter großer Wirtschaftskonglomerate auf Putins Seite. Diese Gruppe war zwar nicht homogen, aber immer mit dem Kreml eng verbunden.

Im Sommer 1999 kündigte ein grundlegendes Ereignis den Beginn des neuen Regimes an, wobei über all diesen Vorkommnissen immer der Schleier des Geheimnisses lag.

Am Abend des 22. September 1999 sah ein Einwohner Rjasans, einer Provinzstadt im Herzen Rußlands, wie drei Menschen Säcke aus einem Auto in einem Keller deponierten. Wachsame Geheimdienstagenten nahmen an, daß die Säcke, die an eine Zündvorrichtung angeschlossen waren, Sprengstoff enthielten. Am übernächsten Tag erklärte der Chef des russischen Geheimdienstes, es sei nur »eine Übung des Geheimdienstes gewesen, die die Wachsamkeit der Menschen testen sollte«, es habe sich um Zuckersäcke gehandelt und die Zündvorrichtung sei nur ein Köder gewesen! Aber mehrere Beobachter stellten Widersprüche in dieser Aussage fest. Mehr noch, auf diese Erklärung folgte die Meldung von der Verhaftung eines Agentenpaars des FSB, das den Sprengstoff deponiert hätte. Auch hielten die örtlichen Agenten an ihrer ersten Version fest: Es habe sich sehr wohl um Sprengstoff gehandelt, da niemand von dieser »Übung« in Kenntnis gesetzt worden sei. Ein Soldat eines nahen Militärstützpunkts versicherte andererseits, daß er in einem Raum, zu dem der Zutritt verboten sei, »Zuckersäcke« mit gelblichem Granulat aufbewahren müsse. Aber diese Aussage fand so gut wie keine Beachtung.

Eine Reihe blutiger Anschläge in Moskau und in der Provinz ließ die Stimmung endgültig umschlagen.[98] Die Bevölkerung geriet in Panik. Putin (der dank der Unterstützung der »Oligarchen« praktisch bereits alle Medien unter Kontrolle hatte) machte in aller Öffentlichkeit die Tschetschenen für diese Vorgänge verantwortlich und schwor, »Jagd auf die Terroristen zu machen bis zu den Aborten«.

Am 23. September 1999 stürzte sich Rußland, von der öffentlichen Meinung unterstützt, in den Krieg gegen die nach Unabhängigkeit strebenden tschetschenischen Rebellen.

Dieser Konflikt verstärkte das alte Bündnis zwischen dem Kreml und dem Geheimdienst. Putin nutzte geschickt den neu entfachten Nationalismus und bediente sich noch einmal der Medien, die sein »jugendliches« Alter hervorhoben – als Gegensatz zum geschwächten Jelzin. Sie betonten auch Putins Festhalten an der Wiedergeburt Rußlands und bezogen sich dabei auf die beiden – gemäß den Umfragen des Kreml – beliebtesten historischen Persönlichkeiten: auf Zar Peter den Großen und den ehemaligen KGB-Chef Andropow. (Der erste versinnbildlichte Rußlands Macht, der zweite den Kampf gegen die Korruption.)

Putin hielt dann eine äußerst streitbare Rede und verkündete, daß die Urheber der Anschläge zwar bekannt seien, es ihnen aber leider gelungen sei, sich nach Tschetschenien abzusetzen.

Am 31. Dezember 1999 gab Jelzin seinen Rücktritt bekannt und übergab Putin das Zepter. Im März 2000 wurde dieser im ersten Wahlgang zum russischen Staatschef gewählt. Der neue Präsident erwies sich sofort seinen Kollegen des Geheimdienstes dankbar: Von den einundzwanzig Posten, die er in den ersten dreißig Tagen seiner Regierung auf hoher Verwaltungsebene

vergab, besetzte er elf mit ehemaligen Geheimdienstagenten. Doch obwohl der Geheimdienst in Rußland
immer eine große Rolle gespielt hat, darf er traditions-
gemäß auch nie zu großen Einfluß gewinnen. Ein Herrscher, der nur von ihm getragen wäre, müßte zwangs-
läufig scheitern. Putin hat bestimmt mehr als einmal
über das Schicksal seiner Vorgänger nachgedacht…

Nach Putins Machtübernahme wehte ein anderer
Wind als unter Boris Jelzin. Er machte den »entthron-
ten Bojaren« keine Geschenke und distanzierte sich
von der »Jelzin-Familie«, indem er die am meisten
kompromittierten »Oligarchen« (wie den anrüchigen
Unternehmer Beresowski) dazu drängte, das Land zu
verlassen.

Seine Botschaft war klar und eindeutig: »Wenn Sie
mit dem Kreml an einem Strang ziehen, vergessen wir,
wie Sie Ihr Vermögen in dieser Zeit der Wirren erworben haben. Wenn Sie sich aber auf eigene Rechnung
weiter in die Politik einmischen, werden Sie sich selbst
in die größten Schwierigkeiten hineinmanövrieren.«

Auch die Haltung gegenüber dem Ausland verän-
derte sich. Die Krise vom 11. September 2001 hat dies
sehr deutlich zutage treten lassen. Seit seiner erstaun-
lichen Annäherung an Washington ist ihm stets daran
gelegen zu betonen, daß die Interessen Rußlands mit
denen des Westens übereinstimmen. Dieser große geopolitische Umschwung hat gegen den Willen der meisten Mitarbeiter des russischen Geheimdienstes statt-
gefunden, die vorwiegend antiamerikanisch eingestellt
sind und das Erbe des kalten Krieges pflegen.

Putin und die Welt

Putin hat die historische Chance zu nutzen verstanden, die sich ihm durch die Terroranschläge auf das World Trade Center in New York und das Pentagon in Washington boten.

Es war kurz nach 18.30 Uhr in Moskau: Die CNN strahlte gerade die Bilder des Anschlags auf die Zwillingstürme von New York aus. Der russische Präsident nahm sofort Kontakt zu den Verantwortlichen seines Geheimdienstes auf und bekam von ihnen die Bestätigung, daß die Hauptverdächtigen dieses Angriffs Osama bin Laden und sein Netzwerk al-Quaida seien. Diese Anschläge ließen auch die Behauptungen des Kreml bezüglich des Erstarkens des islamischen Terrorismus glaubwürdig erscheinen, den dieser für die Wiederaufnahme des Tschetschenienkriegs verantwortlich machte.

Als das dritte von den Terroristen entführte Flugzeug auf das Pentagon stürzte, war Wladimir Putin der erste ausländische Staatschef, der zu George W. Bush Kontakt aufnahm, indem er das berüchtigte »rote Telefon« benutzte, wodurch der Kremlchef jederzeit eine direkte Verbindung mit dem Weißen Haus hat.

Obwohl die amerikanischen Streitkräfte in höchster Alarmbereitschaft waren, erteilte der Kreml den Befehl, die Alarmstufe der russischen Armee herabzusetzen, »um in diesen dramatischen Augenblicken nicht unnötig die Spannung zu steigern«.

»Wir stehen auf Ihrer Seite«, hatte schlicht der ehemalige Oberstleutnant des KGB dem amerikanischen Präsidenten gesagt.

»Was erwarten Sie als Gegenleistung dafür?« fragte George W. Bush.

»Nichts. Wir stehen auf Ihrer Seite.«

Diese Worte sollten eine große Bedeutung für die Zukunft haben, weil die Amerikaner sie nicht vergessen würden, auch wenn der Kreml viel als Gegenleistung erwartete, nämlich die Aussicht auf ein strategisches Bündnis mit Washington. Äußerst geschickt weigerte sich Putin, auf der Stelle zu feilschen, um zu gegebener Zeit Zugeständnisse des Weißen Hauses hinsichtlich wunder Punkte erwarten zu können. Am selben Tag führte der Kremlchef auch ein Telefongespräch mit Condoleezza Rice, der Sicherheitsberaterin des amerikanischen Präsidenten; darin bestätigte er noch einmal, daß der Kreml bereit sei, sich an der Seite der Vereinigten Staaten für die Bekämpfung des Terrorismus zu engagieren. Außerdem garantierte Putin den Amerikanern, daß es künftig hinsichtlich der Erdöllieferung nie einen Engpaß geben werde, da Rußland im Notfall seine Pipelines für den Westen öffnen werde.

Aber wie weit würde der russische Präsident in seinem amerikafreundlichen Kurs gehen können? Putin sicherte seinen Gesprächspartnern zu, daß Rußland den Vereinigten Staaten seine uneingeschränkte Unterstützung bei der Bekämpfung des Terrorismus zusage. So bahnten sich in den nächsten Tagen delikate Verhandlungen auf Geheimdienstebene an.

In Wirklichkeit bezweifelte Washington, daß die Russen ihre Operationsgeheimnisse preisgeben würden.

Zu Unrecht. Am 19. September begab sich eine Delegation des amerikanischen Außenministeriums nach Moskau, um grünes Licht für die Nutzung militärischer Einrichtungen in Mittelasien zu bekommen. Zu ihrer großen Überraschung erfuhren die Amerikaner, daß Rußland dem möglicherweise zustimmen werde. Dann erteilte Putin die Anweisung, bedingungslos zu kooperieren.

Nach dieser grundlegenden Entscheidung schien eine neue Ära in den Beziehungen zwischen Moskau und Washington zu beginnen. Gewiß, die Anschläge des 11. September hatten auch die Russen buchstäblich erschüttert. Schon am nächsten Tag waren Tausende von Moskauern spontan zur Botschaft der Vereinigten Staaten gegangen, um ihr Beileid zu bekunden oder Blumen niederzulegen. Bis zum Abend war die amerikanische Botschaft in Moskau so mit Blumen geschmückt, wie nirgends sonst auf der Welt.

Aber im Kreml wurde diese Angelegenheit nicht von einem gefühlsmäßigen Standpunkt aus erörtert... Putin war zwar bereit, den Aufmarsch der Amerikaner an den Grenzen Afghanistans zu erleichtern, hütete sich aber, die Dinge zu überstürzen, und vollzog stufenweise seine Wende zugunsten der USA. Sechs Tage nach den Terroranschlägen erregte der russische Präsident großes Aufsehen, als er Bin Laden mit den Nazis verglich. In Washington wurde diese Bezugnahme auf Hitlerdeutschland besonders freundlich aufgenommen.

Aber der Kremlchef mußte noch die innere Abneigung seiner eigenen »Bojaren« überwinden, mit den Amerikanern zusammenzuarbeiten. In der Tat befürchteten die höheren militärischen Dienstgrade, Washington einen Vorteil in den Republiken zu verschaffen, die sie als ihr ureigenes Einflußgebiet ansahen. Die von der Stimmung des kalten Krieges immer noch durchdrungenen Würdenträger des Geheimdienstes waren davon überzeugt, daß die Amerikaner das Wohlwollen des Kreml bestimmt zu ihren Gunsten mißbrauchen würden, um sich in Mittelasien zu behaupten.

Wie konnte der russische Präsident trotz aller Vorbehalte diese radikale Änderung der Politik in seinem Land durchsetzen?

Am Samstag, den 22. September, führten auf Initiative Washingtons hin der russische und der amerikanische Präsident wieder ein mehr als vierzigminütiges Telefongespräch. Diesmal sprachen die beiden Staatsoberhäupter über die militärische Zusammenarbeit in Mittelasien. Der Anruf des amerikanischen Präsidenten kam zum richtigen Zeitpunkt. Wladimir Putin, der gerade Urlaub am Schwarzen Meer machte, war gerade in eine heftige Diskussion mit seinen wichtigsten Mitarbeitern verwickelt, die mit der Sicherheit und der Verteidigung betraut waren (die Amerikaner mußten später einsehen, daß Putin auch über ihre innerstaatlichen Probleme Bescheid wußte).

Der russische Präsident legte dann kurz und bündig seinen Ministern die Situation dar: Es sei für Rußland eher von Vorteil, die Amerikaner als die Taliban an den eigenen Grenzen zu haben. Diese lebhafte Diskussion erlaubte dem Präsidenten, seine Generäle zur Verantwortung zu ziehen. Er hob die historische Chance hervor, die sich dem Kreml bot, den alten Dämonen den Rücken zu kehren und erhobenen Hauptes ein Bündnis mit dem Westen einzugehen. Es gelang ihm auch, das Zögern eines Großteils seiner Regierungsmitglieder zu bezwingen, indem er sie, wie einst Boris Godunow, vor vollendete Tatsachen stellte: »Rußland hat keine andere Chance«, sagte er.

Aber die russisch-amerikanische Zusammenarbeit beschränkte sich nicht auf die Bekämpfung des Terrorismus. Ende September stellte Präsident Bush klar: »Wir können uns über ein neues strategisches Abkommen verständigen.«

Die Idylle war jedoch nicht von langer Dauer. Im Frühjahr 2003 sprach sich Rußland, zusammen mit Frankreich, entschieden gegen die bei der UNO eingebrachte amerikanische Resolution aus, die den Krieg gegen den Irak eröffnete.

Warum fand dieser Umschwung im Kreml statt? Wieder einmal gab der Geheimdienst den Ausschlag. Einer eingehenden Studie zufolge war die russische Allgemeinheit (über 90 Prozent) gegen den Krieg im Irak. Im Hinblick auf die Präsidentschaftswahlen Anfang 2004 beschloß Putin darum, kein Öl ins Feuer zu gießen, um dem Antiamerikanismus des Mannes auf der Straße keine neue Nahrung zu geben. Diese latente Feindseligkeit spiegelt nicht nur die alten Wahnvorstellungen der sowjetischen Epoche wider, sondern hängt auch mit der Erinnerung an den Krieg auf dem Balkan unter Verletzung internationaler Rechtsstaatlichkeit zusammen, als Washington ohne Rücksicht auf die Einwände Moskaus zur Tat geschritten war.

Zwei weitere Faktoren bestimmten die Haltung des Kreml: das Vorhandensein von zwanzig Millionen Moslems in Rußland und die zunehmenden Ressentiments eines Landes, in dem bittere Armut herrschte, gegenüber der Arroganz Amerikas. Natürlich war auch das Erdöl ein Zankapfel zwischen den beiden Mächten.

In der Tat versuchte Washington in dieser Zeit, den Kreml mit Versprechungen in die Enge zu treiben, ohne je eine regelrechte strategische Partnerschaft im Atomteststop oder eine dauerhafte Zusammenarbeit auf dem Energiesektor in die Wege zu leiten. Die Situation begann sich im Februar 2003 zuzuspitzen, als der Kreml die Absicht kundtat, von seinem Vetorecht Gebrauch machen zu wollen, um sich der amerikanisch-britischen Resolution hinsichtlich des Irakkriegs entgegenzustellen. Niemand hatte das ernstgenommen. Alle dachten, Rußland sei zu sehr von den Vereinigten Staaten abhängig, als daß es sich ihnen widersetzen könne. Aber zu Beginn des Krieges verurteilte der Kreml plötzlich heftig den amerikanischen »Fehler« und forderte eine multilaterale, von der UNO ratifizierte Strategie.

In der Tat wurden durch die aktive Außenpolitik innere Schwierigkeiten verschleiert. Da es einen Beamten- und Verwaltungsapparat gab, der dem der ehemaligen UdSSR in nichts nachstand, reichten die Steuereinnahmen nicht aus, um die Heerschar von Funktionären angemessen zu bezahlen. Wie früher die Zaren des ewigen Rußland konnte Putin nur auf die Unterstützung der »großen Bojaren« des Geheimdienstes zählen, die sich bereits wieder daran machten, in Ausübung ihrer Amtsgewalt die Zentralisierung der Macht, vom Kreml bis zu den Provinzen, zu garantieren: Pressezensur, Besetzung aller Schlüsselpositionen mit Leuten aus den eigenen Reihen.

Der russische Präsident hat aus der Fehleinschätzung seiner Diplomaten und den ungünstigen Analysen der Militärs sein Fazit gezogen und wird künftig ihre Angaben kritischer überprüfen. Letztere haben ihn zur Ablehnung des Irakkriegs verleitet und dadurch die Ergebnisse dreijähriger Bemühungen um eine Annäherung an die Amerikaner gefährdet. Die Militäranalytiker hatten einen ziemlich langen Krieg im Irak vorausgesagt, der ins Stocken geraten und den Aufstand der gesamten islamischen Welt nach sich ziehen würde. Mit Hilfe dieses Szenarios konnten sie Putin überzeugen, »ins Ablehnungslager« überzuwechseln.

Jedoch hat der Kreml dafür gesorgt, Washington nicht offen anzugreifen ... Dieser diplomatische Rückschlag im Irak hat nur eine günstige Auswirkung auf das russische Staatsoberhaupt gehabt: die Stärkung seiner Position gegenüber den Militärs, den Hauptverantwortlichen für die Irrtümer der Analyse des Irakkriegs.

Die Clans im Kreml fuhren aber fort, sich zu bekämpfen. Ein schlagender Beweis dafür sind die beiden Morde, die fast gleichzeitig zu Beginn des Sommers 2003 im Raum Moskau begangen wurden. An jenem Tag haben in der Tat die Kugeln der Mörder die Macht mitten ins Herz getroffen: Zwei dem Kreml nahestehende »große Bojaren« wurden auf Bestellung erschossen.[99]

Für den Kreml, wo sich immer alles auf die Person seines Chefs gründet, waren diese Morde ein Alarmsignal. Sollte der Kremlchef beseitigt werden, so konnte sich »alles« grundlegend verändern.

Aber Putin blieb, drückte der Präsidialadministration seinen Stempel auf und rationalisierte dadurch die von Boris Jelzin aus dem Stegreif heraus eingeführte und unausgegorene »Präsidialordnung«. Zugleich machte er sich ohne großen Medienwirbel unentwegt Gedanken über die Entwicklung der Kräfteverhältnisse, über mögliche Veränderungen der Situation und neue Lösungen.

Drei diametral entgegengesetzte Gruppen beherrschen nun Rußlands politisches Feld. Jede von ihnen hat eine (offenkundige oder latente) Funktion und spielt eine ganz bestimmte Rolle. Das Zentrum, die Regierungspartei, hat die Aufgabe, den Präsident im Parlament zu unterstützen und den strategischen Kurs der Exekutive zu vermitteln; die Kommunisten sollen als »Opposition dienen« und sozusagen als Volkstribune fungieren; die Liberalen sollen der Staatsgewalt die Unterstützung der ihnen vertrauten Geschäftswelt und der Medien sichern. (Das erinnert ein wenig an das französische Herrschaftssystem unter Napoleon Bonaparte, der selbst die Rollen verteilte, die verschiedene politische Akteure spielen sollten.) Nach den Parlamentswahlen vom Dezember 2003 hat die Präsidialpartei das Ruder fest in der Hand – auf Kosten der Kommunisten und Liberalen, die ins Abseits geschoben worden sind. Die Nationalisten hingegen sind die Komplizen der Macht.

Diejenigen, die sich nicht an diese Spielregeln halten, riskieren bestenfalls ins Abseits geschoben zu werden, schlimmstenfalls mit »kompromittierenden Beweisstücken« zugeschüttet und von der Justiz verfolgt zu werden. Ein solches Vorgehen widerspricht den demokratischen Prinzipien. Schlimmer noch, es schließt einen Teil der sozialen Kräfte aus – die Menschenrechtsorganisationen, die Journalisten oder die Umweltschutzbewegung –, die zweifellos in der Minderheit, aber dynamisch, modern, weltoffen sind und die Integration Rußlands in Europa befürworten.

Für den Kremlchef ist Politik in erster Linie wie eine Technologie, die es zu meistern gilt. Zu diesem Zweck hat er Ratgeber um sich geschart, die sich bei der Erarbeitung ihres Kommunikationssystems auf die Erfahrungen des Geheimdienstes stützen.

Im April 2003 hat Wladimir Putin die Erweiterung der Kompetenzen des Sicherheitsdienstes (FSB) angekündigt, in den er den etwa hunderttausend Mann starken Föderalen Grenzdienst der Russischen Föderation (FPS) und die Föderale Agentur für regierungsinterne Telekommunikation und Information (FAPSI) eingegliedert hat. Auf einmal wurde die Demontage der riesigen Maschinerie des KGB von 1991 wieder in Frage gestellt. Was die Kompetenzen und die Mittel anbelangt, so kann der heutige Geheimdienst durchaus behaupten, der würdige Erbe seiner gigantischen Vorgängerorganisation zu sein.

Anhand der Untersuchung von 3500 Biographien von Persönlichkeiten des öffentlichen Lebens kommt die russische Soziologin Olga Krischtanowskaja zu dem Schluß, daß ein Rückfall Rußlands in die Sowjetisierung und Restauration drohe. Die Fakten sprechen eindrucksvoll dafür: Unter Jelzin waren drei Männer aus dem ehemaligen KGB mit Regierungsaufgaben betraut, jetzt sind es achtzehn. Die ehemaligen Angehörigen des Geheimdienstes, die als Reservisten zur Verfügung stehen, sind allgegenwärtig im Wirtschaftsministerium und in allen föderalen Diensten, die mit Industrie und Handel befaßt sind. Sie stellen 50 Prozent der in der Präsidialadministration Beschäftigten. »Und was den ehemaligen KGB anbelangt, so ist man dabei, ihn wieder aufzubauen«, fährt die Soziologin fort.

Der Kreml hatte versprochen, die Errungenschaften der »wilden Privatisierung« nicht anzutasten, aber dieses Abkommen zwischen den »Oligarchen« und der russischen Staatsmacht wurde außer Kraft gesetzt, als im Sommer 2003 die Feindseligkeiten gegen den reichsten Mann Rußlands, den Ölmagnaten und Yukos-Chef Michail Chodorkowski, eröffnet wurden. Seine Verhaftung hat in Rußland die Urangst des Kreml wieder zutage treten lassen. Darum stellte Putin die Aufrechterhaltung des Status quo für die »Oligarchen« der Jelzin-Ära wieder in Frage: die Straffreiheit für die illegalen Privatisierungen gegen den Verzicht auf jegliche politische Aktivität.

Wer hat das Abkommen gebrochen? Etwa die »Oligarchen«, die besorgt waren über die autoritären Absichten einer Staatsmacht, die entschlossen war, eine Offensive zu eröffnen, um die Kontrolle über die Unternehmen auszuüben? Wie auch immer die Antwort lautet, die neuen Vorschriften wurden vom Kreml erlassen.

Nun ist die Geschichte des Kreml wieder am Ausgangspunkt angelangt.

Auf dem großen freien Platz vor dem Kreml sind wir immer sehr beeindruckt von der prächtigen Anhäufung von Palästen, Kirchen und Klöstern, deren Stil weder gotisch noch byzantinisch, sondern schlicht moskowitisch ist. Nie hat eine freiere, originellere Architektur so phantasievoll ihr Versprechen eingelöst.

Welchen Launen des Schicksals wird sich Wladimir Putin aussetzen müssen? Welches Los erwartet ihn? Das von Boris Godunow oder das Peters des Großen? Nur die ewigen Mauern des Kreml, auf die der Geheimdienst ein wachsames Auge hat, kennen die Antwort. Und, als Zeichen der Unveränderlichkeit, werden die vergoldeten Kuppeln mit dem griechischen Kreuz in hellem Glanz erstrahlen und die Lichtstrahlen sich am höchsten Punkt zu einem leuchtenden Stern bündeln …

ANHANG

Zeittafel

1462 – 1505	Regierung des Großfürsten Iwan III.
1480	Befreiung Rußlands von der Mongolen- herrschaft.
1485 – 1495	Bau der Befestigungsmauern und Tor- türme des Kreml.
1505 – 1533	Regierung des Großfürsten Wassili III.
1533 – 1584	Regierung Iwans IV., genannt »der Schreckliche«; 1547 Krönung zum »Zaren aller Russen«.
1552	Eroberung von Kasan.
1564	Druck des ersten Buches in Moskau.
1581	Feldzug des Kosaken Jermak nach Sibi- rien.
1584 – 1598	Regierung von Iwans IV. schwachsinnigem Sohn Fjodor I. Iwanowitsch. Die Regent- schaft führt Fjodors Schwager Boris Godu- now.
1587	Handelsvertrag mit Frankreich.
1589	Errichtung des Patriarchats Moskau.
1598	Eroberung Sibiriens.
1598 – 1605	Boris Godunow wird zum Zaren gewählt.
1605	Polnische Truppen besetzen Moskau im Namen des falschen Dimitri.
1605 – 1606	Herrschaft des falschen Dimitri.
1606	*Mai*: Aufstand der Moskowiter gegen die Polen; Tod des falschen Dimitri.
1610	Der Bojar Fürst Wassili Iwanowitsch Schui- ski wird zum Zaren gewählt.
1611	Polnische Invasion in Moskau. *19. März:* Aufstand gegen die Polen. *September/Oktober:* Der Kaufmann Kusma Minin und der Fürst Dimitri Poscharski rufen eine gegen die polnischen Invaso- ren gerichtete Landwehr ins Leben, um Moskau zurückzuerobern.

	26. Oktober: Rückeroberung des Kreml.
1613	*21. Februar:* Wahl und Krönung von Michail Romanow zum Zaren.
1645–1675	Zar Alexei Michailowitsch.
1676–1682	Zar Fjodor III. Alexejewitsch.
1682–1689	Regentschaft von Sofia Alexejewna.
1689–1725	Zar Peter I. der Große.
1698	Aufstand der Strelitzen.
1702	*16. Dezember:* Die erste russische Zeitung erscheint in Moskau.
1703	Gründung der Stadt St. Petersburg.
1705	Aufstellung eines regulären Heeres nach Einführung der Wehrpflicht in Rußland.
1709	*27. Juni:* Sieg der Russen über die Schweden bei Poltawa.
1711	*Mai/Juni:* Feldzug Peters des Großen gegen Preußen.
1711–1713	Russisch-Türkischer Krieg.
1712	St. Petersburg wird Hauptstadt des Russischen Reiches.
1721	Abschaffung des Patriarchats und Gründung des Heiligen Synods, eines geistlichen Kollegiums mit staatlichem Behördencharakter. Friedensschluß mit Schweden.
1722	Einführung der »Rangtabelle« in vierzehn Rangstufen.
1724	Gründung der Akademie der Wissenschaften.
1725–1727	Regierung Katharinas I.
1727–1730	Regierung Peters II.
1730–1740	Regierung von Anna Iwanowna.
1735–1739	Russisch-Türkischer Krieg.
1740–1741	Regierung Iwans VI. Antonowitsch (Regentschaft der Anna Leopoldowna).

1741–1761	Regierung der Kaiserin Elisabeth Petrowna, der jüngeren Tochter Peters des Großen.
1741–1743	Schwedisch-Russischer Krieg.
1755	Gründung der Universität Moskau.
1757	*6. November:* Gründung der Akademie der Schönen Künste in St. Petersburg.
1757–1762	Teilnahme Rußlands am Siebenjährigen Krieg (1756–1763).
1761–1762	Regierung Peters III.
1762–1796	Regierung Katharinas II. der Großen.
1764	Säkularisation der Kirchengüter; Beginn des Baus der »Kleinen Eremitage« in St. Petersburg.
1767–1768	Eine »gesetzgebende Kommission« aus rund 450 Vertretern aller Stände (außer den Leibeigenen) berät in St. Petersburg über Reformen.
1768–1774	Russisch-Türkischer Krieg.
1772	Erste Teilung Polens.
1773–1775	Aufruhr des Kosaken Jemeljan Iwanowitsch Pugatschow.
1775	Aufhebung der »Sjetsch« der Saporoger Kosaken.
1783	Die Krim wird Rußland einverleibt.
1787–1791	Russisch-Türkischer Krieg.
1792	*29. Dezember:* Friede zu Jassy mit der Türkei.
1796–1801	Regierung des Zaren Paul I. Petrowitsch.
1799	Suworows Feldzug nach Italien und in die Schweiz. Gründung der russisch-amerikanischen Handelsgesellschaft.
1801–1825	Regierung Alexanders I.
1805	Sieg Napoleons I. über die österreichischrussische Koalition.

	2. *Dezember:* Niederlage der Russen und Österreicher bei Austerlitz.
1806–1812	Russisch-Türkischer Krieg.
1806–1807	Rußland und Preußen führen Krieg gegen Napoleon.
1807	7./8. *Februar:* In der Schlacht bei Preußisch-Eylau (südlich von Königsberg) kann Napoleon gegen russisch-preußische Truppen keine Entscheidung erzwingen.
	14. *Juni:* Niederlage der Russen bei Friedland.
	7.–9. *Juli:* Friedensvertrag von Tilsit zwischen Napoleon und Alexander I.
1812	Napoleons Rußlandfeldzug.
	7. *September:* Französischer Sieg in der Schlacht bei Borodino (westlich von Moskau).
	14. *September:* Napoleon besetzt den Kreml.
	27.–29. *November:* Verlustreicher Übergang der Reste von Napoleons Armee über die Beresina.
1813	16.–19. *Oktober:* Niederlage Napoleons in der Völkerschlacht bei Leipzig.
1814	31. *März:* Einzug der Alliierten in Paris.
	6. *April:* Erste Abdankung Napoleons.
	3. *Mai:* Rückkehr Ludwigs XVIII.
1814/1815	Wiener Kongreß.
1815	20. *März:* Napoleon kehrt nach Paris zurück.
	18. *Juni:* Sieg einer britisch-niederländischen und einer preußischen Armee über Napoleon bei Waterloo (nahe Brüssel) über Napoleon.
	22. *Juni:* Abdankung Napoleons.

	26. September: Die Heilige Allianz.
1825–1855	Zar Nikolaus I.
1825	*26. Dezember:* Aufstand der »Dekabristen« in St. Petersburg.
1826	*Juli:* Prozeß gegen die Dekabristen: Die Führer werden hingerichtet, die Mitglieder zur Zwangsarbeit nach Sibirien verschleppt. Gründung der »Dritten Abteilung«, der gefürchteten politischen Geheimpolizei.
1837	Tod des Schriftstellers Alexander Puschkin. Einweihung der ersten Eisenbahnstrecke Rußlands.
1853–1856	Krimkrieg.
1855–1881	Zar Alexander II.
1861	*Februar:* Manifest über die Aufhebung der Leibeigenschaft.
1864	Verwaltungs- und Justizreform, Einführung der Selbstverwaltung (»Semstwo«) für Gouvernements und Kreise.
1865–1885	Rußland erobert Mittelasien.
1873	*22. Oktober:* Dreikaiserabkommen zwischen Österreich, Rußland und dem Deutschen Reich (Franz Joseph, Alexander II. und Wilhelm II.).
1873–1875	Massenaufbruch der »Narodniki« (Volkstümler »ins Volk«. Die spontane Aktion dieser intellektuellen Elite, die vorwiegend den anarchistischen Thesen Bakunins folgt, erweist sich als Mißerfolg.
1876–1879	Aktivität der revolutionären Organisation »Land und Freiheit«.
1881	*1. März:* Alexander II. fällt einem Spreng-

stoffanschlag des Geheimbundes des »Volkswillens« zum Opfer.

1881–1894	Zar Alexander III.
1887	*13. März:* Attentat auf Alexander III. in St. Petersburg. Die beteiligten »Narodniki«, darunter Lenins ältester Bruder Alexander Uljanow, werden hingerichtet.
1891	Baubeginn der Transsibirischen Eisenbahn.
1892	*17. August:* Russisch-französische Militärkonvention als Defensivbündnis gegen den Dreibund.
1893	Ratifizierung der geheimen französisch-russischen Allianz.
1894–1917	Zar Nikolaus II.
1894	Volksunruhen während der Krönung Nikolaus' II. in Moskau (Aufstand von Khodynka).
1896	Nikolaus II. auf Staatsbesuch in Frankreich.
1904–1905	Russisch-Japanischer Krieg. *Januar:* Erste Russische Revolution. *22. Januar:* »Blutiger Sonntag«: Nachdem eine friedliche Demonstration vor dem Winterpalais in St. Petersburg von der Polizei und dem Militär zusammengeschossen wird, schlägt die Streikbewegung in revolutionäre Unruhen um. *27. Juni–8. Juli:* Meuterei in Odessa (Panzerkreuzer »Potemkin«). *5. September:* Friede von Portsmouth zwischen Rußland und Japan. *30. Oktober:* Das Oktobermanifest Nikolaus' II. gewährt allen Untertanen die Rechte freier Bürger, sagt das allgemeine

Wahlrecht zu und verspricht, die Duma als Organ der Legislative einzusetzen.

1917

12. März: In der Nacht zum 27. Februar (nach dem russischen Kalender alten Stils) bricht die Februarrevolution aus.

15. März: Nikolaus II. dankt zugunsten seines Bruders Michail ab, der auf den Thron verzichtet.

17. März: Bildung einer Provisorischen Regierung und eines Arbeiter- und Soldatensowjets.

Juni: Russische Offensive an der Südfront, Niederlage.

24. Juli: Kerenski wird Ministerpräsident.

September: Erfolgloser Putschversuch des Oberbefehlshabers der Armee L. G. Kornilow gegen die Provisorische Regierung. Er wird verhaftet.

14. September: Kerenski setzt sich durch und erklärt Rußland zur Republik.

6./7. November (25./26. Oktober nach dem russischen Kalender alten Stils): Oktoberrevolution, Machtergreifung der Bolschewiken

9. November: Bildung einer provisorischen Arbeiter- und Bauernregierung, des »Rats der Volkskommissare« unter dem Vorsitz Lenins; Trotzki übernimmt das Kommissariat für Äußeres, Stalin das für Nationalitätenfragen. »Dekret über den Frieden«, das »sofortigen Frieden ohne Annexionen und Kontributionen« anbietet und »Dekret über den Grund und Boden«, das die entschädigungslose Enteignung der Gutsbesitzer anordnet

und die Verfügung über das Land
den Kreis-Landkomitees und den
Bezirkssowjets der Bauerndeputierten
überträgt.

1918 *18. Januar:* Zusammentreten der Gesetz-
gebenden Versammlung.

19. Januar: Auflösung der Gesetzgeben-
den Versammlung, weil sie sich weigert,
die »Sowjetmacht« vorbehaltlos anzuer-
kennen.

25. Januar: Der Dritte Sowjetkongreß
gründet an ihrer Stelle die »Russische
Sowjetrepublik« als »Föderation nationa-
ler Sowjetrepubliken«.

28. Januar: Schaffung der Roten Armee.

14. Februar: Einführung des Gregorianischen Kalenders.

Februar: Österreichisch-deutsche Offensive gegen Sowjetrußland.

3. März: Friede von Brest-Litowsk mit
den Mittelmächten: Sowjetrußland
verzichtet auf seine Hoheit in Polen,
Litauen und Kurland sowie durch einen
Ergänzungsvertrag vom 27. August auf
Estland und Livland und erkennt die
Selbständigkeit Finnlands und der
Ukraine an.

10./11. März: Verlegung des Regierungs-
sitzes von St. Petersburg nach Moskau.
Die sowjetische Regierung richtet sich im
Kreml ein.

März/April: Landung britischer und französischer antibolschewistischer Truppen
in Murmansk.

April: Japanische und britische Truppen in

Wladiwostock. Trotzki wird Verteidigungs-
kommissar und schafft mit der Roten
Armee die Voraussetzung für den Sieg im
Bürgerkrieg.

25. Mai: Konterrevolutionärer Aufstand
der tschechischen Legion. Die gegen-
revolutionären Kräfte vereinigen sich in
den »weißen« Armeen.

8. Juni: Eroberung von Samara; Bildung
einer konterrevolutionären Regierung.

28. Juni: Bildung einer provisorischen
konterrevolutionären Regierung in Sibirien.

4.–10. Juli: Der V. Allrussische Sowjetkongreß nimmt die Verfassung der Russischen
Föderativen Sowjetrepublik an.

16. Juli: Hinrichtung Nikolaus' II. und der
Zarenfamilie in Jekaterinburg (Swerd-
lowsk).

2. August: Landung der Briten und Franzosen in Archangelsk.

4. August: Die Briten besetzen Baku.

30. August: Attentat auf Lenin.

1922	*3. April:* Stalin wird Generalsekretär der Kommunistischen Partei Rußlands.
	Dezember: Erster Allunions-Sowjetkongreß.
1923	*6. Juli:* Inkrafttreten der Verfassung der UdSSR.
1924	*21. Januar:* Tod Lenins.
1924–1953	Die Ära Stalin (ab 1929 Alleinherrschaft).
1939	*19.–23. August:* Abschluß eines deutsch-sowjetischen Handelsabkommens und eines Nichtangriffspakts (»Hitler-Stalin-Pakt«) in Moskau.
	30. November: Winterkrieg mit Finnland.

1941	*6. Mai:* Stalin, bisher Erster Sekretär der KPdSU, übernimmt den Vorsitz des Rats der Volkskommissare.
	22. Juni: Deutscher Überfall auf die UdSSR.
1942/1943	Kampf um Stalingrad.
1945	*4.–11. Februar:* Konferenz von Jalta.
	9. Mai: Deutsche Kapitulation.
1953–1964	Die Ära Chruschtschow. Festigung der Sowjetmacht.
1955	*14. Mai:* Warschauer Pakt.
1959	*15.–27. September:* Chruschtschow besucht die USA.
1962	Kuba-Krise.
1964–1982	Die Ära Breschnew.
1968	*20./21. August:* Einmarsch der Warschauer-Pakt-Staaten in die ČSSR beendet den »Prager Frühling«.
1973	Die UdSSR weitet ihre militärische Präsenz auf alle Weltmeere aus.
1975	*1. August:* Unterzeichnung der KSZE-Schlußakte; nach der Veröffentlichung Aktivierung der Dissidentenbewegung.
1977	*16. Juni:* Breschnew wird Vorsitzender des Präsidiums des Obersten Sowjet und damit Staatsoberhaupt.
1979	*ab 27. Dezember:* Militärischer Einmarsch in Afghanistan.
1982–1984	Andropow wird Generalsekretär des ZK der KPdSU, Vorsitzender des Verteidigungsrates und Staatsoberhaupt.
1984–1985	Tschernenko wird Staats- und Parteichef. Nach seinem Tod wird Gorbatschow neuer Generalsekretär der KPdSU.
1985–1991	Die Ära Gorbatschow.

1985	Gorbatschow leitet die »Perestroika« ein.
1988	*1. Januar:* Unternehmensgesetz tritt in Kraft: volle wirtschaftliche Rechnungsführung und Eigenverantwortlichkeit der Unternehmen.
	1. Oktober: Gorbatschow wird zum Staatsoberhaupt gewählt.
1988–1989	Abzug der Roten Armee aus Afghanistan.
1989	Zahlreiche Sowjetrepubliken erklären ihre Selbständigkeit und die nationalen Sprachen anstelle des Russischen zur Amtssprache.
1990	Das Amt des Präsidenten der Sowjetunion wird vom Obersten Sowjet *(27. Februar)* und vom Kongreß der Deputierten *(12./13. März)* eingeführt.
	15. März: Gorbatschow wird Präsident.
	15. Oktober: Friedensnobelpreis für Gorbatschow.
1991	*Februar/März:* Volksabstimmungen in Litauen, Lettland und Estland ergeben eine Mehrheit für die Unabhängigkeit.
	12. Juni: Präsidentschaftswahl; Boris Jelzin wird Präsident der Russischen Föderation.
	19.–21. August: Putschversuch des selbsternannten »Staatlichen Notstandskomitees« gegen Gorbatschow wird abgewehrt; Jelzin führt den Widerstand gegen den Staatsstreich an.
	6. November: Verbot der KPdSU und Auflösung ihrer Organisation durch Jelzin.
	25. Dezember: Auflösung der UdSSR und Rücktritt Gorbatschows.
1994	*11. Dezember:* Beginn des Tschetschenien-Konflikts. Russische Truppen besetzen

Tschetschenien nach einer Geiselnahme russischer Soldaten durch tschetscheni- sche Separatisten in Grosny.

1996	*Juni:* Wiederwahl Jelzins zum Staatspräsi- denten der Russischen Föderation.
2000	*März*: Ernennung Putins zum Staatspräsi- denten der Russischen Föderation.

Der Kreml und seine Umgebung
in der Sowjetperiode

Man darf nicht vergessen, daß der Kreml nicht nur das geistige, sondern auch das politische Zentrum Moskaus ist. Das elegante ehemalige Senatsgebäude aus dem 18. Jahrhundert, das 1776–1788 von Kasakow, dem von Katharina II. beauftragten Architekten, errichtet wurde, ist ein Symbol der Zentralgewalt. Heute dient der weiße Saal dieses Palastes für Empfänge ausländischer Botschafter.

Vom Kathedralenplatz leicht zurückgesetzt befindet sich ein riesiges, mit spiegelndem Glas und mit Marmor aus dem Ural verziertes Gebäude, das 1961 als Kongreßpalast errichtet wurde. Sein sechstausend Menschen fassender Saal ist für politische Veranstaltungen und Theateraufführungen bestimmt.

Der Palast mit seinen zum Teil unter der Erde befindlichen Räumen und die unterirdischen Gänge des Kreml beherbergen noch die Phantome der Zaren und der Diktatoren. Stalin hat auch dem Kreml den Stempel seiner Persönlichkeit aufgedrückt. Die Kremlwache, die über den Diktator und sein Gefolge wachte, bestand aus 15 000 sorgfältig ausgewählten Männern; sieben Angehörige der Leibwache sorgten zusätzlich für die Sicherheit rings um den Kreml und in den umliegenden Gebäuden, in denen gewöhnlich die getreuesten Apparatschiks wohnten.

Das imposanteste Gebäude ist der **Große Kreml-palast** (Bolschoi Kremljowski Dworez), der ehemals die Moskauer Zarenresidenz war, in der Sowjetperiode den Sitzungssaal des Obersten Sowjets beherbergte und heute Sitz der Präsidialadministration ist. Der Bau wurde 1838–1849 nach einem Entwurf von Constantin Thon errichtet. Der Palast hat über siebenhundert Räume, wovon der berühmteste der Georgssaal ist: Der abwechselnde Einsatz von Weiß und Gold verleiht diesem riesigen Paradesaal ein festliches Aussehen. Am prunkvollsten ist der Katharinensaal mit Malachit-pilastern, die bronzene Kapitelle haben. Zwischen den Kapitellen sind Moirévorhänge in den Farben des Ordens der heiligen Katharina, gespannt: Rosa mit silberheller Paspelierung.

An der höchsten Stelle des Roten Platzes in der Mitte der Umfassungsmauer des Kreml befindet sich das **Lenin-Mausoleum.** Um es zu errichten, hat die ehemalige sowjetische Regierung das Denkmal zu Ehren Minins und Poscharskis, der beiden Volkshelden des 17. Jahrhunderts, versetzt. Der Leichnam Lenins wurde von einem wissenschaftlichen Institut einbalsamiert und in einem gläsernen Sarg aufgebahrt. Während der Sowjetperiode ruhten die sterblichen Überreste Lenins auf einer Fahne der Pariser Kommune, die mit Inschriften der Freimaurer versehen war. Der in dunkelrotem Granit nach einem Entwurf des Architekten Alexei Schtschussew ausgeführte würfelförmige Bau erhebt sich stufenartig über einem Eisenbetonsockel und erinnert an eine Pyramide. Heute sind die Wachen vor dem Mausoleum abgeschafft, aber Lenins Leichnam ist nach wie vor nicht bestattet worden.

Hinter dem Mausoleum befinden sich an der Kreml-mauer die letzten Ruhestätten herausragender Persönlichkeit der UdSSR, darunter Stalins Grab, das von seinen Anhängern immer mit Blumen geschmückt wird. An der Nordostfront des Roten Platzes erhebt sich das bekannteste Kaufhaus Rußlands, das **GUM**, das früher »Hauptkaufhaus« genannt wurde. Der glasüberdachte Riesenbau ist ein Zeugnis des neo-altrussischen Baustils. An der Nordseite des Roten Platzes befindet sich das im gleichen Stil erbaute **Historische Museum** (Gossudarstwenni istoritscheski Musei), das pyramiden- bzw. kokoschnikförmige Dächer hat. Seitlich davon, am Revolutionsplatz, steht das **Lenin-Museum**. Zwischen diesen beiden Gebäuden aus rotem Backstein können Sie eine originalgetreue Rekonstruktion des **Auferstehungstors** sehen, das nach dem Zusammenbruch des Kommunismus mit seinen zwei Türmen neu aufgebaut wurde, die auf ihrer Spitze den russischen Doppeladler tragen, das Symbol des zaristischen Rußlands.

Im Norden des Roten Platzes können Sie in die Uliza Ochotni Rjad einbiegen. Dieser Name, der oft von den Dichtern besungen wurde, löst bei den Russen Erinnerungen aus. Dort verkauften die Jäger ihr Wild und versteigerten die fliegenden Händler Speisen für die Festtafeln: Lachse aus dem Norden, Fleisch- und Wurstwaren, die mit verschiedenen Wodkas angeboten wurden, wie dem ukrainischen Pfefferwodka, dem weißrussischen Wodka mit Wildkräutern und dem berühmten Beerenwodka »Klukowka« für die Frauen, der zu den warmen Piroggen hervorragend paßte, deren Güte die Passanten rühmten. Heute hat sich dieses Viertel sehr verändert. Dort sehen Sie jetzt ein Zeugnis der stalinistischen Architektur, das alte Hotel Moskau, das heute wiederaufgebaut wird, und ein grünes Gebäude mit weißen Säulen, das Gewerkschaftshaus. Der Säulensaal dieses Hauses ist mit den großen Ereignissen der Geschichte des Landes eng verbunden. An diesem Ort hielt Stalin im Januar 1924 eine für seine Laufbahn entscheidende Rede, mit der er wegen seines Nachrufs auf Lenin die Menge begeisterte. Dort fanden 1937 die großen Säuberungsprozesse statt. Dort wurde im März 1953 Stalins Leichnam auf einem karmesinroten Katafalk inmitten eines Blumenmeers aufgebahrt. Heute werden in diesem ehemaligen Ballsaal der zaristischen Aristokratie Konzerte oder politische Kundgebungen veranstaltet.

Warum sollte man nicht einen mythischen Führer auswählen, um Moskau, die Stadt der Leidenschaften und der Geheimnisse, besser zu verstehen? Gogol, Dostojewski und Puschkin lebten alle drei im **Arbat-Viertel**, einem der bekanntesten Stadtteile Moskaus. Puschkin wohnte nach seiner Heirat in der Uliza Arbat 53. Gogol beging dort eine schicksalhafte Tat, als er den zweiten Band der *Toten Seelen* verbrannte.[100] Dostojewski, Tschaikowski und andere berühmte Persönlichkeiten wohnten eine Zeitlang in diesem Viertel. Unvergeßlich ist auch die Passage von *Krieg und Frieden*, in der Tolstoi das Stadthaus der Gräfin Rostow beschreibt, das in Moskau wohlbekannt ist. Vor diesem Haus, in dem heute der Schriftstellerverband seinen Sitz hat, thront die Büste des Schriftstellers. Dieses Viertel, das Anfang der 1980er Jahre Fußgängerzone geworden ist, erstrahlt mit seinen pastellfarbenen Fassaden, die mit Risaliten und Säulen verziert sind und wie Miniaturpaläste aussehen, wieder im Glanz vergangener Zeiten. Zur Zeit der Perestroika belebte sich das Viertel und wurde zu einem Mittelpunkt des Schwarzhandels, in dem unweigerlich, wie in der Unterwelt üblich, auch abgerechnet wurde. Aber im Herbst 1992 wurde auf Geheiß des Bürgermeisters von Moskau der Schwarzhandel verboten. Seitdem ist der Arbat ein völlig sicheres Flanierviertel, in dessen Geschäften und Ausstellungsräumen, die sechs großen Gruppen mit offizieller Verkaufslizenz gehören, man

Souvenirs kaufen kann. Auch die angebotenen Souvenirs haben sich verändert. Früher stellten die Matroschkas Gorbatschow oder Jelzin dar. Heute erfreuen sich außer Putin auch die großen Zaren, angefangen bei Iwan dem Schrecklichen, oder die internationalen Stars des Show-Business großer Beliebtheit.

Michail Bulgakow, der Autor von *Der Meister und Margarita*, dessen Handlung sich um den **Patriarchenteich** herum abspielt, scheint der ideale Führer für Fußwanderungen zu sein.[101] Bulgakow, erst Arzt, dann unterdrückter Schriftsteller, rekurrierte in seiner unverhohlenen Kritik am stalinistischen System auf die Mystik, auf die Passionsgeschichte Christi, und hielt dem Bösen das Gute entgegen. Versäumen Sie nicht, das nette Café Margarita in der Uliza Malaja Bronnaja 28 zu besuchen; Sie werden dort in die Welt dieses Schriftstellers eintauchen. Sie können Ihre Wanderung auch mit der Besichtigung der Wohnung Nr. 50 in der Uliza Sadowaja Kudrinskaja 10 – 12 fortsetzen, wo Bulgakow das Liebesabenteuer seines Romans ansiedelte.

Wenn Sie noch nicht müde sind, kehren Sie zur Uliza Arbat zurück. Dort werden Sie in einer Gasse, der Spassanoliwkoski-Pereulok, die Residenz des Botschafters der Vereinigten Staaten finden, in der die in Bulgakows Roman beschriebenen Empfänge stattfanden. In der Tat organisierte damals der amerikanische Botschafter, der mit dem Schriftsteller befreundet war, glanzvolle Feste, über die ganz Moskau sprach. Seitdem die Moskauer auf einmal lange verbotene Vergnügungen für sich entdeckt haben, lebt in der dekadenten Atmosphäre der heute in der Hauptstadt veranstalteten privaten Soireen der Geist von Bulgakows Roman wieder auf.

Moskaus Aussehen ist auch von Stalins Geist geprägt. Wenngleich er die Stadt sehr zerstört hat, so hat er auch mehrere Gebäude errichten lassen, die ihm Ruhm einbringen. Das wichtigste Bauwerk Stalins ist zweifellos die Untergrundbahn, die **Metro.** Die erste Metro-Linie wurde im Mai 1935 zwischen der Station **Sokolniki** und **Kulturpark** eingeweiht. Für Stalin war die Untergrundbahn jedoch nicht nur ein Transportmittel: Sie gehörte zur Symbolik eines Kults, den er begründen wollte. Das Leben der Sowjets war damals sehr karg, und die palastartigen Bahnhöfe mit den weitläufigen, mit Marmor, Bronze und bisweilen auch Gold geschmückten, riesigen Hallen beeindruckten die Bevölkerung. Stalin wußte, wovon er sprach, als er seiner Schwägerin sagte, daß das Volk Fetische und dekorative Pracht brauche. Er suchte übrigens selbst die Dekors aus, beispielsweise den karmesinroten Marmor der Station **Majakowskaja** oder das beeindruckende Mosaik der Station **Komsomolskaja.** Besichtigen Sie unbedingt auch die Station **Platz der Revolution** (Ploschtschad Rewoljuzii), deren Bronzestatuen sich zu einem unterirdischen Museum der totalitären Kunst fügen, und die Station **Arbatskaja**, berühmt wegen ihrer Kronleuchter, die durch die makellose Marmorverkleidung zur Geltung gebracht werden.

Die Untergrundbahn ist, wie oft in Rußland, eine Welt mit doppeltem Boden, weil es neben der »offiziellen« Metro noch eine »geheime« Metro gibt, die von Stalin seit 1947 ersonnen wurde, um bei Gefahr die hohen Würdenträger unversehrt aus der Stadt herausbefördern zu können. So befindet sich beispielsweise die geheime Station Tschentralnaja im Bereich der Station Arbatskaja und hat einen direkten Zugang zum Verteidigungsministerium. Die Vorliebe, die ehemals Iwan der Schreckliche für geheime unterirdische Gänge an den Tag legte, ist auch in der Morgendämmerung des dritten Jahrtausends immer noch nicht erloschen.

Zu den anderen Bauwerken aus der Stalin-Ära zählen auch sieben Hochhäuser, darunter das Außenministerium am Smolenskaja-Sennaja-Platz, die Lomonossow-Universität mit ihrem von der Spitze des zentralen, 240 Meter hohen Turms leuchtenden roten Stern oder das Haus der Nomenklatura, das die »neuen Russen« heute so zu schätzen wissen und am Zusammenfluß von Jausa und Moskwa, an der Anlegestelle Kotelnitscheskaja, steht.

Spaziergänge auf den Spuren der Zaren

Wie bereits erwähnt, verdankt Moskau seinen Namen dem breiten, imposanten Fluß, der durch die Stadt fließt.[102]

Lange Zeit war Moskau ein kleiner Marktflecken, dann wurde es im Laufe eines Jahrhunderts zu einem politischen und kulturellen Zentrum. Womit hing dieser rasante Aufstieg zusammen? Zum einen mit seiner geographischen Lage, weil undurchdringliche Wälder damals die Stadt schützten, zum andern verbanden die Nebenflüsse der Moskwa sie mit dem Oberlauf der Wolga, mit der Oka und dem Dnjepr.

In der zweiten Hälfte des 13. Jahrhunderts entstand das unabhängige Fürstentum Moskau. **Wladimir, Susdal, Rostow** und **Jaroslaw** waren die wichtigsten Städte dieses Gebiets, aber durch den Einfall der Mongolen wurden diese kulturellen Zentren der Reihe nach vernichtet, und die Bevölkerung suchte dann Zuflucht in Moskau. 1238 von den Mongolen geplündert, aber nicht zerstört, wurde Moskau die Hauptstadt des Großfürstentums Susdal auf Beschluß des Fürsten Daniel Alexandrowitsch, des jüngsten Sohnes von Alexander Newski.

Der wahre Aufstieg Moskaus ist aber auf den Fürsten Iwan I. Kalita[103] (1304–1340) zurückzuführen. Um sein Fürstentum auszuweiten, begann er die »Sammlung der russischen Erde« und kaufte drei Städte: Uglitsch,

Bjelozero und Galitsch sowie einige Dörfer in der Umgebung von Nowgorod, Wladimir und Rostow. Er verlegte die Hauptstadt des Großfürsten und den Sitz des Metropoliten »aller Russen« nach Moskau, wohin der Metropolit Peter auch übersiedelte.

Vor seinem Tod prophezeite dieser im Jahre 1326: »Wenn Iwan eine Kirche zu Ehren Mariä Himmelfahrt errichten läßt, wird Moskau um sich herum die ganze russische Erde sammeln.« Am 4. August 1326 wurde mit dem Bau der herrlichen **Mariä-Himmelfahrtskathedrale** begonnen, der ersten Kirche aus Stein in Moskau, die aber Ende des 15. Jahrhunderts verfiel und neu errichtet werden mußte. Auf den Metropoliten Peter folgte Theoniost, der sich ebenfalls in Moskau niederließ. So wurde die Hauptstadt zur Metropole. Heute noch kann man im historischen Kreml, dem Symbol der russischen Kultur und ihrer geistlichen Macht, das Gesamtkunstwerk der altrussischen Kunst bewundern. Von den etwa zweitausend Kirchen Moskaus befinden sich dreißig im Kreml.

Iwan III.[104] wollte den Kreml zum Symbol seiner politischen Ambitionen machen, die Rußlands Sendungsbewußtsein beflügeln sollten. 1472 heiratete er im Alter von zweiunddreißig Jahren die byzantinische Prinzessin Sophia Palaiologa (Zoë), die Nichte Konstantins XI., des letzten Kaisers von Byzanz, der bei der Belagerung Konstantinopels durch die Türken den Heldentod starb. Sophia spielte eine entscheidende Rolle für die Baukunst Moskaus. Die im Italien der Frührenaissance aufgewachsene Prinzessin hatte die glückliche Idee, italienische Baumeister nach Moskau zu holen, um die imposanten Bauvorhaben ihres Gatten zu verwirklichen. 1475 wurde auf Veranlassung dieser außergewöhnlichen Frau Semjon Tolbusin, ein Diplomat und Kunstliebhaber, nach Italien geschickt, um die besten

Architekten anzuwerben. Der Anblick Venedigs fesselte ihn; beim Anblick der byzantinischen Bögen der Markuskirche, die er seinen Fürsten als ein wahres Wunderwerk schilderte, fühlte er sich heimisch. Der Diplomat ließ kurz darauf einen ganzen Stab italienischer Architekten unter der Leitung von Aristotele Fioravanti aus Bologna und Alovisio Novi aus Mailand nach Moskau kommen. Welch große geistige Offenheit bewiesen die Architekten und Fürsten, als sie einräumten, daß man einen dem Geschmack und den Traditionen des Landes angemessenen Stil finden müsse, der sich die Technik der Zeit und das Know-how der Architekten zunutze mache! Das war kein einfaches Unternehmen, zumal der Bau orthodoxer Kirchen einer strengen Symbolik folgen mußte. Fioravanti studierte vor Ort die Originale und fuhr erst nach Wladimir, dann nach Nowgorod, um die Meisterwerke der russischen Kunst des Mittelalters in Augenschein zu nehmen. Heute noch kann man dieses imposante Gesamtkunstwerk bewundern, das Elemente der traditionellen russischen Bauweise mit Schmuckelementen aus der italienischen Renaissance in sich vereint.

Fern von Byzanz und nahe an Byzanz – Europa und Rußland, der Westen und der Osten, oder, wie General der Gaulle sagte: »das Europa des Atlantik im Ural«. Der Historiker Louis Réaux erinnert uns daran, wenn er den Architekten Alovisio Novi zitiert, der in seinem in einem Mailänder Archiv aufbewahrten Brief vom 16. November 1496 bestätigt, daß Iwan III. für den Bau des Kreml ausdrücklich darum gebeten hatte, das im 14. Jahrhundert in Mailand errichtete Schloß der Sforza zum Vorbild zu nehmen. Der Zar ließ sich zunächst durch die Farben des Schlosses anregen und ordnete an, die Befestigungsmauern des Kreml ebenfalls aus rotem Backstein zu errichten. Auch die Form mußte be-

stimmt werden. Iwan III. entschied sich für einen dreieckförmigen Umriß. Der Mauerring des Kreml ist 3,5
bis 6,5 Meter dick, 5 bis 10 Meter hoch und hat eine
Länge von 2,235 Kilometern.

Der Kreml hat zwanzig Türme, an den Ecken des
dreieckförmigen Grundrisses entstanden Rundtürme
mit Brunnen und technischen Anlagen für die Wasser-
versorgung. Mächtige **Tortürme** wie der **Borowizki-
Turm**, der **Dreifaltigkeitsturm**, der **Erlöserturm**, der
Nikolausturm und der **Konstantin-und-Helena-Turm**
entstanden an den Stellen, an denen strategisch wichtige Straßen auf den Kreml zuliefen. Steigt man auf die
Tortürme, so sieht man, daß sich die Mauern der Ober-
flächengestalt des Bodens anpassen. Oft dienten diese
Türme reinen Wehrzwecken; dank der Höhenunter-
schiede konnten die Verteidiger des Kreml von allen
Seiten auf die Angreifer feuern.

Der **Erlöserturm** dient seit jeher als Haupt- und
Paradeeingang des Kreml. Wieviele Feierlichkeiten begannen mit dem Einzug durch dieses Tor! Gemäß der
Tradition sollten die Zaren an ihrem Krönungstag mit
bloßem Kopf dieses Tor passieren. Alle Russen stellen
ihre Uhr nach dem Glockenspiel, das sich auf dem Erlöserturm befindet. Seit 1625 ist der Mechanismus dieses Glockenspiels oft ausgetauscht worden. Der letzte
wurde 1851 von den Brüdern Butenop der Stadt geschenkt. Diese zum Himmel emporragenden Türme
werden immer das Symbol der russischen Kultur sein.

Zum **Kreml** gelangt man über den **Borowizki-** oder
den **Trojtskajaturm**, die beiden Tortürme, die als erste
errichtet wurden. (Die historischen Baudenkmäler des
Kreml können täglich, außer Donnerstag, vom 1. Mai
bis zum 30. September von 10 bis 19 Uhr und vom
1. Oktober bis zum 30. April von 10 bis 17 Uhr besichtigt
werden. Der Eintritt ist frei.)

Äußerst verlockend ist es, die Besichtigung des Kreml mit der **Staatlichen Rüstkammer** (Gossudarstwennaja Oruschejnaja Palata) zu beginnen. Es ist das älteste und bedeutendste Museum Rußlands und gilt als eine der größten Schatzkammern der Welt. Das Gebäude wurde nach den Plänen des französischen Architekten Constantin Thon errichtet, der Hervorragendes leistete in einem Stil, der als typisch russisch angesehen wurde. In zwei Stunden zieht die ganze Geschichte des Landes an unseren Augen vorbei. Versuchen Sie als erstes die berühmte **Monomachkappe** zu sehen. Der Legende nach schickte der Kaiser von Byzanz Konstantin IX. Monomachos diese Kronkappe seinem Enkel, dem russischen Großfürsten Wladimir II. Monomach, aber in Wirklichkeit war die Kronkappe, die die Zaren vom 15. bis zum 17. Jahrhundert bei ihrer Krönung trugen, eine orientalische Goldschmiedearbeit. Bis heute beziehen sich die Russen auf diese königliche Kopfbedeckung, um auf die Schwierigkeit, das Land zu regieren, hinzuweisen: »Wie schwer ist es, die Kronkappe Monomachs zu tragen!«

Bevor Sie diesem Juwel begegnen, werden Sie vom Anblick der herrlichen **Ostereiersammlung von Fabergé** hingerissen sein. Sie können auch **mehrere Throne** russischer Zaren bewundern, wie beispielsweise den Elfenbeinthron von Zar Iwan IV. dem Schrecklichen und den mit Blattgold überzogenen und mit über zweitausend Edelsteinen verzierten Thron von Boris Godunow. Am eindrucksvollsten sind zweifellos der Diamantenthron des Zaren Alexei Michailowitsch und der Doppelsilberthron Peters des Großen mit seinem Kuppelgewölbe und seinen mit Fabelwesen und Pflanzenornamenten geschmückten Seitenwänden. Sie werden dort auch das »große Ornat« der Zaren und Zarinnen entdecken, darunter das rote mit

Silberbrokat verzierte Krönungskleid der Zarin Katharina II.

Wer versteht es besser als die Russen, im Winter zu reisen, wenn die Bäume mit Rauhreif bedeckt sind und der Schnee unter ihren Schritten knirscht, während sich die Kremlmauern blutrot färben? In der Rüstkammer werden Sie eine wunderbare **Kutschen- und Schlittensammlung** sehen. Reiter werden hingerissen sein von dem mit Edelsteinen, Gold und Silber besetzten Pferdegeschirr sowie von den Sätteln und Satteldekken, die nach orientalischer Art »Tschepraks« genannt werden. Kunstliebhaber werden durch außergewöhnliche russische und westeuropäische **Goldschmiedearbeiten**, **liturgische Gegenstände** wie reich verzierte Bibeln und Reliquienschreine, **Ikonen**, **Fayencen** und **Porzellanwaren** zufriedengestellt. Außerdem können Sie die glitzernden **Krondiamanten** bewundern sowie die Geschenke westeuropäischer Gesandter und Monarchen an die russischen Zaren. Jeder Diamant hat seine eigene Geschichte und ein besonderes Funkeln. Der Legende nach soll der berühmte Orlow-Diamant (einer der größten geschliffenen Diamanten der Welt mit 199,8 Karat) eine Buddha-Statue geschmückt haben, bevor er in die Hände eines französischen Soldaten, eines persischen Schahs und eines großen Amsterdamer Bankiers geriet und schließlich von Graf Grigori Grigorjewitsch Orlow erworben wurde, der ihn Katharina II. zum Geburtstag schenkte. Das Diadem der Zarin Elisabeth Alexejewna[105] zählt 175 Brillanten und 1200 zartrosa Diamanten. (Öffnungszeiten: täglich von 10.00 bis 16.30 Uhr; Donnerstag geschlossen.)

Wenn Sie aus der Rüstkammer kommen, gehen Sie direkt auf diesen Platz, den Mittelpunkt der Kreml-festung, zu. Er fängt die Atmosphäre der russischen Geschichte ein, die in Puschkins Drama und in Mussorgskis Oper *Boris Godunow* verewigt worden ist. Besichtigen Sie zuerst die **Mariä-Himmelfahrtskathedrale** (Uspenski Sobor), auch **Mariä-Entschlafenskathedrale** genannt, die 1475–1479 errichtet wurde. Italienischer und russischer Stil ergänzen sich hier geradezu ideal. In dieser Kirche, die zweifellos von den Kirchen Wladimirs inspiriert wurde, werden Sie die Harmonie des Lichtes und der Farben, die von den Ikonen ausgeht, spüren. Früher befand sich dort die Ikone der **Jungfrau von Wladimir.**[106] Sie kam 1136 von Konstantinopel nach Wyschgorod, in der Nähe von Kiew, und wurde dann 1155 vom Fürsten Andrei Bogoliubski nach Wladimir gebracht. Als 1395 der Mongolenherrscher Tamerlan (Timur Leng) in Moskau einzufallen drohte, wurde die Ikone in die Hauptstadt gebracht, damit sie »alle Russen« schützte. Unbedingt sehenswert ist auch die Ikone des heiligen Georgs, die sich vor der Solea[107] befindet. Dieses Meisterwerk aus dem 12. Jahrhundert wurde durch Zufall erst 1935 bei Restaurierungsarbeiten unter einer Ikone jüngeren Datums gefunden. Der Schutzheilige der Krieger und Ritter ist hier besonders originell dargestellt, mit nachdenklichem, auf das göttliche Licht gerichteten Blick. Am 16. Januar 1547 wurde in dieser Kathedrale zum erstenmal ein Zar gekrönt: Iwan der Schreckliche.

Galt die Mariä-Himmelfahrtskathedrale als die wichtigste Kirche Rußlands, so war die kleine, 1482–1490 erbaute **Mariä-Verkündigungskathedrale** (Blagoweschtschenski Sobor) mit ihrer intimen Atmosphäre die

Privatkapelle der Zaren. Die Klarheit der Linienführung und die Eleganz dieses Baus sind der Vereinigung der Bautraditionen von Pskow und Moskau zu verdanken. Charakteristisch für die russische Kunst und Architektur des 15. Jahrhunderts sind der würfelförmige Baukörper, die überdachten Galerien und gestaffelten Kielbögen – in Anlehnung an die russische Kopfbedeckung für Frauen auch »Kokoschnik« genannt –, das heißt, zur Mitte hin ansteigende, kurze Tonnengewölbe, die nach außen hin kielbogenartig geformt sind und den Übergang vom Kirchenraum zu den Kuppeln vermitteln. Zu erwähnen ist auch die von den größten Meistern der Zeit, Theophanes dem Griechen (russisch auch Feofan Grek) und Andrei Rubljow, geschaffene **Ikonostase.** Unvergeßlich ist der Eindruck, den die von Theophanes dem Griechen geschaffenen, schlanken Silhouetten der Erzengel und Aposteln hinterlassen. Die freundliche, lichte Farbskala kündigt den Anbruch einer neuen Epoche an. Bewundern Sie auch die **Ikone der Verklärung Christi**, eine der sieben von Andrei Rubljow gemalten Ikonen dieser Kathedrale. Die weiße Gestalt Christi mit der Mandorla ist licht, beinahe durchsichtig.

Die **Erzengelkathedrale (Archangelski Sobor)** wurde 1505–1509 unter der Leitung des italienischen Architekten Alovisio Novi auf dem Borowizki-Hügel errichtet. Sie ist prunkvoller und üppiger als die anderen Kirchen des Kreml, und der italienische Einfluß ist deutlich erkennbar. Zu Ehren des heiligen Michael, des Schutzherrn der christlichen Heere, den die russischen Krieger als ihren Schutzheiligen ansahen, erbaute Novi sie aus weißem Stein. Von 1340 bis zu Peter dem Großen war sie die Grabstätte russischer Großfürsten und Zaren. Iwan Kalita, Iwan III. und Iwan IV. der Schreckliche ruhen hier. Auch die ersten Zaren der

Romanow-Dynastie sind hier begraben. Berühmt ist die Erzengelkathedrale nicht nur wegen ihrer fünf Kuppeln, sondern auch wegen der Andrei Rubljow zugeschriebenen Ikonostase, in der auch die **Ikone des Erzengels Michael** zu bewundern ist. Die fesselnde Architektur der Kirchenfassade mit ihren senkrecht übereinander gestellten Pilastern, die oben mit Bögen und einer kräftig ausgebildeten Muschel abschließen, prägt sich fest im Gedächtnis ein. Welch gelungene Mischung der Stile und was für ein erhabener russischer Baustil, bestimmt einerseits durch strenge Gläubigkeit, andererseits durch die von Italiens Sonne angeregte Lebensfreude.

Der berühmte **Glockenturm Iwan der Große** (Kolokolnja Iwana Welikogo) befindet sich auf der rechten Seite des Kathedralenplatzes. Nach seinem Bau (1505–1508) entstand neben ihm das breite Massiv des Glockenstuhls und der daran grenzenden Filaret-Anbau. Der 82 Meter hohe Turm hebt sich schneeweiß vom blauen Himmel ab. Ursprünglich war er als Wachturm der Befestigungsanlage des Kreml bestimmt und wurde 1505–1508 vom italienischen Baumeister Marco Bono errichtet. Er wurde nach und nach auf der abgebrochenen Kirche des heiligen Johannes Klimakos, genannt der Scholastiker, erbaut. Rußlands Zaren mußten ein Symbol für die Einheit der russischen Erde finden. Der vergoldete Zwiebelturm bot sich dafür an: Von dort oben hatte man eine herrliche Aussicht über die ganze Stadt. Im Glockenturm und Glockenstuhl befinden sich einundzwanzig Glocken.

Sie können Ihren Besuch des Kreml fortsetzen, indem Sie zwischen der Erzengelkathedrale und dem Glockenturm Iwan der Große zum **Iwanowskaja-Platz** laufen. Früher säumten die Paläste der Bojaren diesen Platz. An ihrer Stelle erheben sich heute die Regierungsgebäude der Russischen Föderation. Hier wurden in der Zarenzeit öffentlich Strafen vollstreckt, und hier verkündeten die Herolde die Ukasse der Zaren. An diese Zeit der unumschränkten Macht erinnert ein 1586 gegossenes Artilleriegeschütz: die **Zarenkanone** (Zar Puschka). Dieses über fünf Meter lange Kunstwerk der Geschützgießerei hat ein Kaliber von 890 mm und wiegt vierzig Tonnen. Mit ihr wurde aber nie ein Schuß abgegeben. Es sei daran erinnert, daß Kanonen eine besondere Rolle in der Geschichte Rußlands spielten und vielfach als politisch-diplomatische Boten eingesetzt worden sind. So wurde die Asche des »falschen Dimitri« von einer Kanone, die auf einem der Kremltürme angebracht war, in die Luft verschossen.

Neben ihr befindet sich die **Zarenglocke** (Zar Kolokol). Es ist die größte Glocke der Welt. Sie ist mit Basreliefs verziert, die Zar Alexei Michailowitsch Romanow und die Zarin Anna Iwanowna darstellen. Die Glocke ist 6,15 Meter hoch, hat einen Durchmesser von 6,60 Metern und wiegt zweihundert Tonnen. Auch die Zarenglocke hat ihren Zweck nie erfüllt, denn nachdem sie zwei Jahre lang keinen Ton von sich zu geben brauchte, wurde sie durch den Moskauer Brand von 1737 so stark beschädigt, daß sie zahlreiche Risse bekam und durch den zu hohen Temperaturunterschied ein dreizehn Tonnen schweres Stück herausbrach.

Der **Facettenpalast** (Granowitaja Palata) mit seiner facettierten Rusticaverkleidung (Kalkstein) der Hauptfassade gehört zu den bedeutendsten Denkmälern profaner Baukunst. Der Palast beherbergt den geschichtsträchtigen Thronsaal, die Stätte offizieller Feierlichkeiten. Das bedeutendste Fest, das hier stattfand, war das von Iwan dem Schrecklichen im Jahre 1552 veranstaltete Festessen anläßlich der Einnahme der Stadt Kasan. Der Thronsaal – über quadratischem Grundriß mit vier niedrigen, vergoldeten Kreuzgewölben, die nur von einem mächtigen Mittelpfeiler gestützt werden – besticht durch seine riesigen Ausmaße von knapp 500 Quadratmetern und ist mehrmals restauriert worden. Die jetzigen Wandmalereien stammen aus dem Jahr 1880 und sind in Anlehnung an Fresken von Simeon Uschakow aus dem 17. Jahrhundert entstanden.

Einen gänzlich anderen Charme entfaltet der **Terempalast** (Teremnoi Dworez). Er wurde als privater Wohnbau der Zaren errichtet. Das **Thron- und Arbeitszimmer des Zaren**, das **Vorzimmer der Bojaren**, der **Empfangssaal der Gesandten** und das **Kreuzzimmer**, die berühmte **Krestowaja**, sind von der Geschichte durchdrungen. Diese Räume waren im Dezember 1564 Zeuge der Abreise Iwans des Schrecklichen, der in dem hier befindlichen Betraum beschloß, vorübergehend den Kreml zu verlassen. Wieviele Zaren knieten in diesem Raum nieder, dessen Wände mit schützenden Ikonen und vergoldeten Schnitzereien bedeckt sind, die im Kerzenschein leuchten!

Nicht weit davon entfernt befindet sich die **Mariä- Gewandniederlegungskathedrale** (Risopolsenski Sobor). Die Besonderheit dieser Kirche ist dem Metropoliten Gerontius zu verdanken, der sie 1486 sozusagen als Kontrapunkt zum italienischen Baustil errichten ließ. Von 1653 an diente sie als Hauskirche der Romanows. Überall äußert sich hier die Eigenart der Psokower Bau- und Malschule, vor allem in den leuchtenden Farben der von Nasari Istomin geschaffenen Wandmalereien.

Wenn man den Kreml durch den offiziellen Ausgang beim Erlösertor verläßt, kommt man auf den **Roten Platz** (Krasnaja Ploschtschad). Im Altrussischen bedeutet »krasny« sowohl rot als auch schön. Das Kennzeichen dieses Platzes ist die **Basiliuskathedrale**, die Iwan der Schreckliche 1555 – 1560 an der Schmalseite des Platzes zur Moskwa hin errichten ließ.

Vor der Basiliuskathedrale befinden sich das Denkmal für die Volkshelden Minin und Poscharski, die 1612 Moskau von polnischen Eindringlingen befreiten, und die kreisrunde Steinplattform **Lobnoje Mesto**, auch »Schädelstätte« genannt. Hier wurden Zarenedikte verlesen, kirchliche Zeremonien abgehalten und Hinrichtungen vollzogen. Der Kremlkomplex bildet das, was man »Zar-Gorod« (Stadt des Zaren) nennt und das mit seinen Schutzwällen und Türmen über 28 Hektar einnimmt. Unter Iwan dem Schrecklichen war die Stadt in vier Bezirke eingeteilt: **Zar-Gorod, Kitai-Gorod** (die Chinesenstadt), ein Bezirk, der an den Tatareneinfall erinnerte, **Belgorod** (die weiße Stadt), ein Bezirk, der zur Zeit Boris Godunows von einer Mauer aus weißem Stein umgeben war, und **Schemlanoi-Gorod** (die Stadt aus Erde), ein Stadtteil, der mit Erdwällen befestigt war. Eine Mauer aus rotem Backstein sicherte den Kreml und Kitai-Gorod und bildete den ersten Befestigungsring der Stadt Moskau. Der zweite Befestigungsring bestand aus Kalkstein und mit Kalk geweißtem Backstein, und schließlich umfaßte der 1592 – 1593 auf Veranlassung von Boris Godunow angelegte, fünfzehn Kilometer lange Erdwall das größte Gebiet der Stadt. Dieser Erdwall wurde zusätzlich durch eine Holzwand mit etwa hundert Türmen und vierunddreißig Toren versehen. Noch heute verwendet man diese symbolisch gewordene Einteilung Moskaus in vier historische Bezirke.

Wenn Sie den Kreml oder Zar-Gorod verlassen, können Sie Kitai-Gorod besichtigen. Hier verlief die erste Straße Moskaus. Nichts ist von der äußeren Befestigungsmauer übriggeblieben, die der des Kreml ähnlich sah, aber die großen Denkmäler des mittelalterlichen Rußland sind noch gut erhalten. Beachtung verdient in dieser Hinsicht der **Altenglische Hof**, ein Gebäude aus dem 16. Jahrhundert. Die Reinheit der Linienführung seiner Nordseite, die auf die Uliza Warwarka 4 geht, ist ein Musterbeispiel der russischen Architektur dieses Jahrhunderts. Iwan der Schreckliche hatte dieses Gebäude englischen Kaufleuten geschenkt, die es für Empfänge zu Ehren der großen Bojaren nutzten.

Machen Sie auch einen Abstecher zur kleinen **Dreifaltigkeitskirche in Nikitniki** (sie liegt versteckt in einer linken Seitengasse der Uliza Warwarka, in der Nikitnikow pereulok). In der Uliza Warwarka 10 stoßen Sie auf das **Bojarenhaus**, das im 16. Jahrhundert erbaut wurde. Der alte Wohnsitz von Michail Romanow (dem Begründer der Dynastie der Romanows) beherbergt heute ein **Museum für angewandte Kunst** des 17. bis 18. Jahrhunderts. (Öffnungszeiten: Montag, Dienstag, Donnerstag, Samstag und Sonntag von 10.00 bis 18.00 Uhr, Mittwoch von 11.00 bis 19.00 Uhr, Freitag geschlossen.)

Kitai-Gorod war ein großes kulturelles Zentrum des mittelalterlichen Rußland. Dort wurden die erste Druckerei, die erste öffentliche Bibliothek, das erste Theater und die erste Universität gegründet. Um auf den Spuren der Vergangenheit zu wandeln, müssen Sie einen kleinen Umweg über die Uliza Nikolskaja 9 machen, wo sich das Saikonospasski-Kloster befindet, das im Jahre 1600 von Boris Godunow gegründet wurde. Das erste Buch wurde 1664 von Iwan Fjodorow in der Synodal-Druckerei in der Uliza Nikolskaja 15 gedruckt; dort erschien auch die erste Ausgabe der Zeitung *Wedemosti*. Im 19. Jahrhundert wurde Kitai-Gorod zum Handelszentrum. Es war das repräsentative Viertel der »Stadt der Kaufleute und der Muschiks«, wie Moskau zu jener Zeit genannt wurde. Damals wurden die Uliza Iljinka und die Uliza Nikolskaja zu einer Art Londoner City nach russischer Art. Durch Banken und Geschäfte wurde aus diesem Viertel ein wichtiges Handelszentrum, zumal es hier so gut wie keine Wohnhäuser gab, abgesehen von einigen *traktiri*, die sich allmählich zu kleinen Moderestaurants entwickelten, wo Geschäfte abgewickelt wurden. Eines davon gibt es heute noch in der Uliza Nikolskaja 17, und es trägt immer noch den Namen, den es bei seiner Gründung im Jahre 1870 erhielt: **Slawjanski Basar**.

Vom Norden des Roten Platzes aus können Sie über die Uliza Ochotni Rjad zum Theaterplatz (Teatralnaja) gelangen, wo sich das **Kindertheater**, das **Mali-Theater** und das **Bolschoi-Theater** befinden. Das Bolschoi-Theater wurde 1824 errichtet und 1856, nach dem Brand von Moskau, wiederaufgebaut. Der Front ist eine Reihe von acht Säulen vorangestellt, auf denen ein Giebel ruht, der von einer bronzenen Apollo-Quadriga gekrönt wird. Sein großer roter, goldbestickter Vorhang und der Zuschauerraum, in dem Gold und Rot dominieren, sind ein Symbol des Triumphs der russischen Kunst. Zu seinem Repertoire gehören die großen russischen Ballette und russische Opern wie *Schwanensee*, *Boris Godunow* oder *Ein Leben für den Zaren*, *Fürst Igor Borodin* usw.

Das heilige Moskau, »die Stadt der Sonate«, wie Rabelais es wegen des Glockengeläutes der zweitausend Kirchen nannte, hat heute sechs Klöster, wovon das bekannteste das **Neue Jungfrauenkloster** (Nowodewitschi Monastir) ist. (Öffnungszeiten: täglich von 10.00 bis 17.00 Uhr außer Dienstag und dem ersten Montag des Monats.)

Das Kloster wurde 1524 auf dem »Grund der Jungfrauen« gebaut, wo junge Mädchen als Entgelt für den Zehnten, den die Moskowiter entrichten mußten, den Tataren übergeben wurden. Sein heutiges Erscheinungsbild geht auf das 17. Jahrhundert zurück. Der sogenannte **Neue Friedhof** (Nowodewitschi-Friedhof) ist seit langem ein Wallfahrtsort für die Moskauer. Einige pilgern dorthin, um die Grabstätten bedeutender Schriftsteller, wie beispielsweise Tschechow, zu besuchen, andere hingegen, um die seltsame Mischung aus repräsentativer Kunst und sozialem Realismus zu bewundern. Chruschtschows Grabmal hat lange Kontroversen ausgelöst. Der von dem ebenso berühmten wie lange Zeit verfemten Dissidenten Ernst Neiswestni gestaltete Grabstein spricht eine deutliche Sprache. Das aus weißem Marmor gemeißelte Gesicht des Apparatschiks, der die Entstalinisierung des Landes einleitete, scheint aus einer schwarzen Marmorplatte hervorzutreten.

Das **Danilow-Kloster** (Danilowski Monastir) in der Danilowski Wal 22 (Gottesdienst täglich um 7.00 und 9.00 Uhr, Vesper um 17.00 Uhr sonntags und an Feiertagen) ist das älteste Kloster Moskaus. Es wurde 1930 von der sowjetischen Regierung geschlossen, 1983 aber wiedereröffnet und ist heute der offizielle Sitz des Patriarchen. Sie sollten die orthodoxen Chorgesänge nicht versäumen.

Wenn Sie die russische Seele ergründen wollen, zögern Sie nicht, in den dunklen Gassen der Klosteranlage herumzustreifen, die manchmal von Gärten gesäumt sind, die in der Dämmerung den Blick auf die erleuchteten Fenster versperren. Lassen Sie im Inneren dieses Gebäudekomplexes – eines der schönsten russischen Klöster – den matten Glanz des alten Golds der Ikonostase auf sich wirken und kosten sie diese den Kirchen eigene Stille aus, in der man kaum zu atmen wagt, aus Angst, die friedliche Stimmung zu beeinträchtigen.

In den letzten Jahren sind die Klöster zu echten Unternehmen geworden. Das Kloster verfügt auch über ein Gästehaus, das Gästehaus Danilowski, und ein

Restaurant mit vorzüglicher Hausmannskost. Sowohl im Gästehaus als auch im Restaurant kehrt der Patriarch Rußlands regelmäßig ein.

Das **Andronikow-Kloster** (Andronikow Monastir) im Osten der Stadt in der Andronjewskaja Ploschtschad 10 (Öffnungszeiten: täglich von 11.00 bis 18.00 Uhr außer am letzten Freitag des Monats) wurde im 14. Jahrhundert auf dem linken Ufer der Jausa als Wehrkloster gegründet und gehörte zu den Festungen zum Schutz Moskaus. Dort sollten Sie unbedingt auch das **Andrei Rubljow-Museum für altrussische Kunst** besichtigen, das eine Sammlung der Ikonen des bedeutendsten russischen Ikonenmalers in Kopien von allerdings hohem künstlerischem Wert beherbergt.

Die **Erlöserkathedrale** ist seit 1998 die wichtigste orthodoxe Kirche Moskaus. 1931 war sie im Auftrag Stalins gesprengt worden. Die Kirche wurde aufgrund der Eingaben der Moskauer Stadtverwaltung und des Patriarchats zu Beginn der neunziger Jahre wiedererrichtet. Der Wiederaufbau wurde privat (vor allem von den großen Banken) finanziert. Äußerlich entspricht der Neubau dem Original von 1883, aber leider ist das verwendete Baumaterial modern wie der Eisenbeton …, der mit Marmor überzogen wurde.

Ein Moskauer Menüvorschlag

(zur Erinnerung an die Reise zum Kreml)

Borschtsch nach Moskauer Art

Eine Brühe mit Rinderbeinfleisch, Markknochen oder Rindermark zubereiten und kochen lassen, bis das Fleisch gar ist.

Rote Beete, Möhren, goldbraun gebratene Zwiebeln, gewürfelte Kartoffeln und in Streifen geschnittenen Weißkohl dazugeben. Am Schluß Knoblauch und Gewürzkräuter beifügen.

Einige Stunden ziehen lassen und mit saurer Sahne abschmecken. Wodka oder Rotwein dazu reichen.

Salzfisch im »Mantel«

Den gesalzenen, in Stücke oder Scheiben geschnittenen Fisch (Hering, Thunfisch oder Lachs) auf einen Teller legen.

Das gekochte Gemüse (Rote Beete, Möhren, Kartoffeln), die hartgekochten Eier, die Zwiebeln und einen Apfel in kleine Würfel schneiden. Alles gut vermischen und auf den Fisch legen, ohne Salz hinzuzufügen.

Saure Sahne und Mayonnaise verrühren, einige Orangenstückchen und etwas Orangensaft dazugeben, dann den Teller reichlich mit dieser cremigen Masse überziehen.

Zwei Stunden in den Kühlschrank stellen. Wodka oder Weißwein dazu reichen.

Watruschka des Zaren

1 kg Quark · 3 Eier · 3 Eßlöffel Mehl · ½ Glas Zucker · Honig · kleingeschnittenes Dörrobst

Das Ganze verrühren, die Mischung auf ein mit Butter gefettetes Blech geben und in den heißen Backofen schieben.

Eine Stunde bei mittlerer Hitze im Backofen garen lassen.

Die Watruschka ist durch, wenn bei der Garprobe kein Teig am Hölzchen haften bleibt.

Diese Süßspeise ißt man warm oder kalt (in den Kühlschrank stellen), mit oder ohne saure Sahne, mit Marmelade oder Honig; dazu trinkt man Früchtetee, Kirsch- oder Erdbeerwodka.

Danksagung

Zunächst möchte ich Isabelle de Tredern meinen Dank aussprechen, die mich bei dieser Arbeit wie gewohnt unterstützt hat.

Mein besonderer Dank gilt meinem Verleger Jean-Paul Bertrand und all seinen Mitarbeitern, die mir immer Vertrauen und Wohlwollen entgegengebracht haben, sowie Jacques Belin, dem Generaldirektor des Memorials von Caen, und seinen Mitarbeitern, insbesondere seinem wissenschaftlichen Direktor Claude Quetel.

Ich danke auch Jean-Yves Poirier, dem Bürgermeister von Fontenil, der die Einrichtung eines »Dorfes des Buches« initiiert hat, deren krönender Abschluß dieses Buch bildet. Und schließlich danke ich Claude Alzieu, dem Animateur dieses »Dorfes«.

Anmerkungen

1 *Dolgoruki* heißt auf russisch »Langfinger«. Diesen Spitznamen hatte man ihm gegeben, weil er sich so weit entfernte Städte wie Kiew und Nowgorod aneignen wollte.
2 Zitiert nach Viktor Alexandrow, Paris 1960.
3 Nach der Legende hatte der heilige Antonius ein Schwein als Begleiter.
4 Mitte des 15. Jahrhunderts beherrschte Moskau bereits ein Gebiet von etwa 700 000 Quadratkilometern.
5 1475–79 wurde die Mariä-Himmelfahrtskathedrale errichtet. Hier wurden die russischen Metropoliten und seit 1589 die Patriarchen der orthodoxen Kirche begraben; hier fanden die Krönungen und Hochzeiten der Großfürsten, später der Zaren, statt. Baumeister aus Pleskau erbauten die Kirche der Gewandniederlegung, die Hauskirche der Moskauer Herrscher, und die Mariä-Verkündigungskathedrale (1484–89). 1505–08 wurde auf dem Kathedralenplatz die herrliche Erzengel-Michael-Kathedrale errichtet, die Grabstätte der russischen Fürsten und Zaren bis Iwan IV. einschließlich.
6 Die Schuiskis und die Bielskis.
7 Sein Briefwechsel mit seinem Jugendfreund, dem Fürsten Kurbski, der aus Angst, daß der Zar eines Tages sein Henker werden könnte, nach Litauen floh und sich in den Dienst des polnischen Königs stellte, ist eines der besten Beispiele seines Schreibstils. Die Korrespondenz umfaßt fünf Briefe des Fürsten Kurbski und zwei Iwans. Die Originale der Briefe sind verlorengegangen; es gibt nur Abschriften aus dem 17. und 18. Jahrhundert. Deutsche Ausgabe: *Briefwechsel Iwans des Schrecklichen mit dem Fürsten Kurbski.* Aus dem Russischen von Karl Stählin. Leipzig 1921.
8 Die Schöpfer dieses Meisterwerks sind unter den Namen

Posnik und Barma bekannt. Der grausame Monarch soll über die Umsetzung seiner Anweisungen so erfreut gewesen sein und dieses Meisterwerk so bewundert haben, daß er ihnen die Augen ausstechen ließ, damit sie nicht der Versuchung erlagen, anderswo ein so schönes Gebäude zu errichten, und damit die Kathedrale des »seligen Basilius« einmalig auf der Welt sei. Dokumenten zufolge, die 1957 entdeckt wurden, sollen aber Posnik und Barma eine einzige Person gewesen sein: Posnik Jakowlew sei Barma genannt worden. Das ist sehr glaubwürdig, denn in früheren Schriften heißt es, daß Iwan der Schreckliche dem Schöpfer – und nicht den Schöpfern – dieses Wunderwerks die Augen ausstechen ließ.

9 Das Kloster befindet sich in Sergijew Possad, etwa 60 Kilometer von Moskau entfernt.

10 Die Versammlung von weltlichen (Bojaren und Vertreter der einzelnen russischen Provinzen) und kirchlichen Würdenträgern.

11 Im 17. Jahrhundert wurde einer dieser unterirdischen Gänge gebaut, um die Rendezvous Sophias, der Tochter des Zaren, mit dem Fürsten Galitzine, dem Nachkommen eines der ältesten und angesehensten Adelsgeschlechter Rußlands, zu erleichtern. Dieser Gang stellte eine Verbindung zwischen dem Kremlpalast und dem Palast der Galitzines her, der sich im Zentrum der Hauptstadt befand.

12 Palast von Jussupow.

13 Sein Name war Wisniowiecki.

14 Maria Nagaja.

15 Nach der Legende bekam die künftige Zarin kurz vor ihrer Heirat Besuch von ihrem Bräutigam in ihrem Badepavillon. Vom Eukalyptusduft betört, unterhielten sie sich lange. Im Verlauf des Gesprächs lernte Marina den Mann schätzen, mit dem sie den Bund fürs Leben schließen würde. Wurde sie möglicherweise an jenem Tag in das Geheimnis des falschen Dimitri eingeweiht? Diesmal erteilte sie ihm keine Abfuhr, sondern willigte in die Ehe ein.

16 Preobraschenski Prikaze.

17 Johann Georg Korb.

18 Die erste Zahl bezieht sich auf den in Rußland damals gebräuchlichen »Kalender alten Stils«, die zweite auf den »Kalender neuen Stils«, den Gregorianischen Kalender.

19 Leo Tolstoi, *Krieg und Frieden*, Düsseldorf/Zürich 1996 (Artemis & Winkler), S. 1191ff.

20 Joseph Fouché (1759–1820) war ein französischer Politiker. Er gehörte zu den Führern der Schreckensherrschaft
von 1793/94 und war 1793 in Lyon für über 1600 Todesur-
teile verantwortlich.

21 Nach dem alten russischen Kalender am 1., nach dem Gregorianischen Kalender am 13. März.

22 Der ultrareaktionäre Konstantin Pobedonoszew.

23 Die erste Zahl entspricht dem alten russischen Kalender,
der dem Gregorianischen Kalender um 13 Tage nachgeht.

24 Siehe Anm. 23.

25 Siehe Anm. 23.

26 Siehe Anm. 23.

27 Die Oktoberrevolution fand nach dem alten russischen
Kalender am 25./26. Oktober 1917, nach dem Gregorianischen Kalender am 7./8. November 1917 statt, daher wird
sie auch »Novemberrevolution« genannt.

28 Am 25. Oktober nach dem alten russischen Kalender, am
7. November nach dem Gregorianischen Kalender.

29 Als die sowjetische Regierung 1918 nach Moskau übersiedelte, war die *Tscheka* in der Uliza Bolschaja *Lubjanka*
Nr. 11 im Gebäude der britischen Lloyd's untergebracht,
bevor sie in das Haus Nr. 2, in das Gebäude der panrussi-
schen Versicherungsgesellschaft einige hundert Meter
vom Kreml entfernt, umzog.

30 Im folgenden werden wir zwei Begriffe verwenden: sowohl
sowjetische Geheimpolizei als auch KGB (Komitee für
Staatssicherheit). 1922 wurde die *Tscheka* in PU (Politische
Verwaltung), dann ein Jahr später, anläßlich der Einführung der ersten Verfassung der UdSSR, in GPU (Staatliche
Politische Verwaltung) umbenannt. Nachdem sie durch
stärksten Terror die Bevölkerung Rußlands niedergehalten
und antibolschewistische Stimmungen im Keim erstickt
hatte, wurde die GPU 1934 dem NKWD, dem Volkskommis-
sariat für Inneres, eingegliedert. Mitten im Zweiten Weltkrieg (1943) beschloß die Sowjetregierung, dem Innenministerium die Zuständigkeit für die Spionageabwehr zu
entziehen, und schuf den berühmten *Smersh*, eine Kontrak-
tion der Parole »Tod den Spionen!« (russisch *Smert schpio-
nam*). Dann teilte sich die sowjetische Polizei in zwei
Organe auf: den MWD und den KGB. Der MWD (Innenministerium) hatte die Kontrolle über die reguläre Polizei,
das Strafvollzugssystem und die Spezialabteilungen, die
überall im Land mit aller Strenge durchgriffen. Der KGB

unterstand direkt dem Ministerrat und behielt seinen Namen bis zum Zusammenbruch des kommunistischen Regimes im Jahre 1991. Auch heute noch ist in Rußland für den Mann von der Straße der »Tschekist« ein Agent des Geheimdienstes der Russischen Föderation, der nach wie vor im allgemeinen KGB genannt wird! (Auch während der Zarenzeit hat die Geheimpolizei mehrmals ihren Namen geändert, ohne jedoch von ihren abscheulichen Praktiken Abstand zu nehmen.) Mit der Bezeichnung »Außerordentliche Kommission« wollten die Bolschewiki auf ihren provisorischen Charakter hinweisen.

31 So wurden 1918 die Gegner der russischen Sowjetrepublik genannt.

32 N. Balabanowa.

33 E. Drabkina.

34 Lazare Nicolas Carnot (1753–1823) war der Schöpfer der Massenheere der Französischen Revolution. Als Mitglied des Konvents übernahm er im August 1793 im Wohlfahrtsausschuß das französische Kriegswesen und erließ den Aufruf zur »Levée en masse«. Er war auch Mitglied des Direktoriums. Als Republikaner stand er Napoleon I. ablehnend gegenüber, verteidigte aber für ihn 1814 Antwerpen gegen Ludwig XVIII. und war 1815 sein Innenminister.

35 Seine Anhänger führten eine Kampagne gegen Sinowjew, den Vorsitzenden des Exekutivkomitees der Komintern, und gegen Kamenew, den Leiter des Exekutivkomitees des Moskauer Sowjets.

36 Alle drei entkamen der strafrechtlichen Verfolgung und starben eines natürlichen Todes: K. Gliasser starb 1951 mit 61 Jahren, N. Woloditschewa 1973 mit 82 Jahren und W. Fotiewa 1975 mit 84 Jahren.

37 Kamenew.

38 N. Woloditschewa, empfohlen von W. Fotiewa.

39 In der *Prawda* vom 29. Januar 1924.

40 Die ersten fünfzackigen Sterne, die aus vergoldetem Kupfer hergestellt wurden, waren aber nach Stalins Meinung nicht rot und nicht sichtbar genug, auch wenn sie mit Hammer und Sichel aus fein geschliffenen Edelsteinen aus dem Ural versehen waren. 1937 bestimmte er anläßlich des zwanzigjährigen Jahrestags der Oktoberrevolution, daß sie durch rote Sterne aus elektrisch beleuchtetem, sibirischen Rubinglas ersetzt wurden.

41 Abraham Slutzki.

42 Im Dezember wurde der Chef der Geheimpolizei N. Jeschow (der dann erschossen wurde) durch L. P. Berija ersetzt.

43 Geleitet von Leopold Trepper.

44 1895 in Baku geboren.

45 Zuerst in Schanghai, dann in Nankin.

46 Sein Funker Max Clausen; der Deutsche Branks; ein Jugoslawe, ein Fotosachverständiger; Hozumi, ein Japaner, der Sekretär des japanischen Premierministers wurde, und Miyaki Yotoko, ein Künstler, der zu allen politischen und militärischen Kreisen Tokios Zutritt hatte.

47 Hampstead.

48 »Söhnchen«, russisch *sinok*.

49 Er bekam zwei Decknamen: »Waise« auf deutsch und *sirota* auf russisch: eine Anspielung auf den kürzlich erfolgten Tod seines Vaters, eines einflußreichen liberalen Ministers.

50 Der Deckname »Mädchen«, den ihm die Sowjets gaben, war eine scherzhafte Anspielung auf seine Homosexualität. Diese Findigkeit bei der Zuteilung der Decknamen nahm übrigens fast literarische Konnotationen an, als der KGB später in seinen Dossiers Philby, MacLean und Burgess als »die drei Musketiere der heutigen Zeit« bezeichnete.

51 Von der Literatur inspiriert, verliehen ihm die Sowjets den Decknamen »Molière«: Der Autor des *Tartuffe* war der Lieblingsschriftsteller des jungen Mannes, der ihm zwei Essays widmete, die auf französisch veröffentlicht wurden.

52 Mit seinem Decknamen »Toffy« (nach dem englischen Weichbonbon) wollte der KGB auf seine »Päderastie« anspielen.

53 Auf russisch spricht man Homer »Gomer« aus. Der britische Geheimdienst brachte darum kurzerhand das Wort »Gomer« mit dem Namen eines anderen Verdächtigen, Gore-Booth, dem Ersten Sekretär der britischen Botschaft, in Verbindung. Dieser entsprach eher der Personenbeschreibung, als daß sich die Polizei an die Information erinnert hätte, daß es einen Kreml-Agenten im Foreign Office gab, einen ehemaligen Absolventen von Eton und Oxford, was auf den Diplomaten MacLean zutraf.

54 Unter Burgess' Flucht hatte auch Cairncross zu leiden. Blunt hatte Burgess' Wohnung sorgfältig »gesäubert«, aber er hatte einige handgeschriebene Notizen übersehen, die direkt zu Cairncross führten. Um einen neuen Skandal zu vermeiden, beschlossen die britischen Behörden, ihn

kaltzustellen; er verließ Großbritannien und ließ sich in Südfrankreich nieder.

55 W. Gorski.

56 Übermittelt von Cairncross (einem der fünf sowjetischen Agenten aus Cambridge).

57 Die Deckenfresken stellen den allmächtigen Gott und die himmlischen Gefilde dar; auf der Südwand ist zu sehen, wie der byzantinische Herrscher dem Fürsten Wladimir von Rußland die kaiserlichen Insignien überträgt; die Wandmalereien der Westwand zeigen die gerechten Ritter, und auf der Nord- und Ostwand sind Fresken von Joseph und seinen Brüdern.

58 Worontsow und Liwadia.

59 M. T. Pomaschnew (in einem Gespräch mit dem Autor).

60 Malenkow, Berija, Chruschtschow und Bulganin.

61 Matriona Petrowna.

62 Malenkow wurde Präsident des Ministerrats und die beiden anderen stellvertretende Vorsitzende.

63 Unter Alexander Schelepin, dem dynamischen und relativ jungen KGB-Chef von 1958 bis 1961, der keinen Hehl daraus machte, Sekretär des Kremlchefs werden zu wollen, verfuhr der Geheimdienst wieder wie gewohnt: Er wurde aus dem Weg geräumt, als Breschnew und seine Komplizen Chruschtschow stürzten. Am 29. Juni 1961 legte Schelepin Chruschtschow einen ersten vom KGB ausgearbeiteten Entwurf einer globalen Strategie zur Bekämpfung der Vereinigten Staaten vor. Es ging darum, »in verschiedenen Gegenden der Welt Situationen zu schaffen, die die Amerikaner und ihre Verbündeten während der Regelung der Frage von Ostberlin ablenkten und kaltstellten«. Er schlug vor, sich der nationalen Freiheitsbewegungen auf der ganzen Welt zu bedienen, um sich einen Vorteil im Ost-West-Konflikt zu sichern. Man müsse »mit den dem KGB zur Verfügung stehenden Mitteln bewaffnete Aufstände gegen die prowestlichen Regierungen vorantreiben«. Der Geheimdienst legte dann eine Aufstellung der »reaktionären« Regimes an, die es zu stürzen galt, angefangen mit denen Mittelamerikas, dem »Hinterhof« des »Hauptgegners«. In Nicaragua schlug er vor, eine »revolutionäre Front« aus Kubanern und örtlichen Sandinisten zu bilden. Schelepin hatte auch eine Operation der Destabilisierung der NATO in Westeuropa und eine Desinformationskampagne vorgesehen, um den Westen zu zersetzen und ihn von der zuneh-

menden Überlegenheit der sowjetischen Streitkräfte zu überzeugen.

64 Charles Bartlett.

65 Im Dezember 1961 war auf den energischen Schelepin Wladimir Semitschastni gefolgt, ein farbloser Mensch, der wie ein Fremdkörper in der verschworenen Gemeinde des Geheimdienstes wirkte. Chruschtschow verhehlte übrigens nicht, daß er sich aus diesen jungen kommunistischen Apparatschiks generell nichts machte. Dieser »unbedeutende Apparatschik« wurde übrigens während der Kuba-Krise nie zum Kremlchef gebeten. Er wurde nicht einmal zu den Versammlungen im Kreml hinzugezogen, die das wirkliche Zentrum der politischen Entscheidungen waren.

66 Archipow.

67 Um Dejean vorgestellt zu werden, nahm Gribanow den Namen Gorbunows, eines »wichtigen Mitglieds des Ministerrats«, an; er kam in Begleitung seiner »Ehefrau«, einer Offizierin des KGB, mit Vornamen Wera.

68 Später gab Semitschastni, der KGB-Chef, öffentlich bekannt, daß Breschnew, der damalige Anführer des Putsches, 1964 Kontakt zu ihm aufgenommen und ihm vorgeschlagen habe, Chruschtschows Ermordung zu organisieren. Semitschastni weigerte sich, willigte aber darin ein, die privaten Telefonleitungen Chruschtschows abzuhören. Breschnew soll auch vorgeschlagen haben, einen Giftmischer in die Küchen des Kremlpalastes einzuschleusen, und in Erwägung gezogen haben, einen Flugzeugunfall zu inszenieren, als Chruschtschow von einem Staatsbesuch aus Kairo zurückkehrte.

69 Der Kongreßpalast ist das einzige moderne Gebäude des Kreml. Er ist ein typisch sowjetischer, rechteckiger Bau, 120 Meter lang und 70 Meter breit. Da man die altehrwürdige Kreml-Silhouette nicht völlig ruinieren wollte, wurde der 30 Meter hohe Koloß 15 Meter tief in den Boden versenkt; darum befindet sich ein großer Teil der Räume unter der Erde. Der Kongreßsaal, der für die Parteitage der KPdSU gebaut wurde, faßt 6000 und der Bankettsaal 2500 Menschen.

70 Eine Art sowjetisches Studium der Politischen Wissenschaften, besser bekannt unter dem Kürzel Mschimo.

71 Unter der Führung von János Kádár.

72 Andropow gelang es jedoch nicht die Mehrheit des Polit-

büros zu überzeugen. Diesmal zog Breschnew es vor, dem Rat seines persönlichen Freundes Nikolai Schtschelokow zu folgen, des »Ministers für den Schutz der öffentlichen Ordnung der UdSSR«, des Innenministers also. Dieser riet ihm im Herbst 1971, er solle versuchen, Solschenizyn auf die Seite des KGB zu ziehen, statt ihn zu verfolgen: »Einer der Dienstvorgesetzten muß mit ihm reden, um ihm den bitteren Geschmack aus dem Mund zu nehmen, den die Verfolgungen ihm hinterlassen haben.« Breschnew rief – anscheinend unter allgemeiner Zustimmung – eine gewisse Anzahl von Punkten in Erinnerung, die in einer Note von Schtschelokow aufgeführt waren. »Um den Fall Solschenizyn zu lösen, empfiehlt es sich, die Fehler zu analysieren, die wir in der Vergangenheit in unseren Beziehungen zum Künstlermilieu begangen haben... Im vorliegenden Fall dürfen wir unsere Feinde nicht öffentlich hinrichten, sondern sie mit Liebkosungen ersticken.«

73 Nina Korowikowa.

74 In dem Gebiet von Moskau Ramenki.

75 Abkürzung von Raketno-Jadernoje Napadenje, das heißt »nuklearer Angriff«. Damit wollte Andropow herausfinden, ob Reagan einen Atomangriff plante.

76 Laut Zeugnis des sowjetischen Botschafters A. Dobrinin.

77 Die Kommandos Alpha und Zenith.

78 Entgegen seiner üblichen Vorsicht hatte sich Andropow bereit erklärt, dieses aufsässige Staatsoberhaupt »physisch zu beseitigen«. Mit dem Angriff auf den Präsidentenpalast am 27. Dezember waren siebenhundert Mitglieder der Sondereinheiten Alpha und Zenith vom KGB betraut worden, die afghanische Uniformen trugen und sich in Militärfahrzeugen fortbewegten, die als afghanische Fahrzeuge getarnt waren. Die Detonation eines Sprengkörpers, der einige Tage zuvor unter einem Baum auf Kabuls Hauptplatz versteckt worden war, gab das Signal zum Angriff. Aber die Palastwachen boten einen zäheren Widerstand, als man erwartet hatte, und an die hundert Männer des KGB starben, bevor der Palast eingenommen und Amin erschossen wurde. In den folgenden Wochen unterstützten zweihundertfünfzig Sowjets die afghanische Armee im Kampf gegen die Aufständischen. Beeindruckt von der Effizienz der Luftlandetruppen, war der Westen jedoch abgeschreckt durch diese neue Entwicklungsphase des sowjetischen Aktivismus.

79 Laut Aussage von Alexander Jakowlew.
80 Auch Michail Suslow, der Ideologe der Partei, und Ministerpräsident Alexander Kossygin fuhren dorthin.
81 Und mit der Armee dank seines Verbündeten Marschall Ustinow, eines wichtigen Mannes aus der Militärindustrie.
82 Diese Haltung führte zu einer von den Veteranen dieser Institution verbreiteten Darstellung, nach der sie sich als Urheber der »Perestroika« ausgaben. General Nikolai Leonow erklärte zum Beispiel geradeheraus, daß »seine Kollegen pragmatisch, offen für neue Ideen, für Erfahrungen mit dem Ausland waren und großen Wert auf die Rolle ihres Landes als Großmacht legten«.
83 Viktor Tschebrikow, KGB-Chef seit 1982.
84 Nikolai Ryschkow.
85 Grigori Jawlinski, ein junger, im amerikanischen Universitätsmilieu beliebter Wirtschaftswissenschaftler, trug zur Ausarbeitung eines Plans bei, der unter der Bezeichnung »Programm der fünfhundert Tage« in die Geschichte einging. Er war Chef des unabhängigen »Zentrums für ökonomische und politische Forschungen« in Moskau.
86 Zitiert nach Gorbatschows Wirtschaftsberater S. Schatalin.
87 Durch Nationalisten setzte damals Kriutschkow folgende Analyse in Umlauf:
1. Die meisten Kader der Partei, des Heeres und des KGB werden die neue Machtübernahme des Kreml befürworten genauso wie die meisten chinesischen kommunistischen Kader 1989 dem Gewaltstreich auf dem Platz des Himmlischen Friedens zugestimmt haben.
2. Aufgrund der Golfkrise wird der Westen gezwungen sein, angesichts einer eventuellen Repression in der UdSSR beide Augen zuzudrücken.
3. Diese Krise löst im Inneren der UdSSR einen nationalistischen Aufruhr aus, der der Operation dienlich sein wird.
88 Es handelte sich um seinen ehemaligen Kabinettchef Wjatscheslaw Dschilin, der nun stellvertretender Direktor der Ersten Abteilung des KGB war, und um Alexei Jegorow, der in der Spionageabwehr tätig war.
89 Pawlow ersetzte Ryschkow als Ministerpräsident. Boris Pugo verdrängte den Innenminister, den gemäßigten Wadim Bakatin. Noch überraschender war die Ernennung Janajews, eines konservativen Kommunisten, zum Vizepräsidenten der UdSSR.
90 Die wichtigsten davon waren der Verteidigungs- und der

Innenminister, Dimitri Jasow und Boris Pugo (der ehemalige Chef des lettischen KGB).
91 Alexander Jakowlew, Gorbatschows graue Eminenz, ehemaliges Mitglied des ZK der KPdSU, Ko-Vorsitzender der »Demokratischen Reformbewegung« und stellvertretender Präsident der Internationalen Stiftung für sozialökonomische und politische Studien (Gorbatschow-Stiftung). Überraschenderweise wurde Jakowlew Zeuge der Übergabe der geheimen Protokolle über den Hitler-Stalin-Pakt vom August 1939 sowie der Dokumente über die Erschießung von mehr als viertausend polnischen Offizieren durch den NKWD, der Auslandsaufklärung der UdSSR, in Katyn im Frühjahr 1940. Gorbatschow hatte nämlich immer vermieden, die Existenz dieser Dokumente zuzugeben.
92 1991–1999.
93 Der eigentliche Wortlaut war: »Was übertrieben ist, ist unbedeutend.«
94 Mit Jelzins Hilfe berief Gorbatschow einen seiner Getreuen, Wadim Bakatin, an die Spitze seines reorganisierten Geheimdienstes. Der KGB wurde daraufhin in vier unterschiedliche Dienste aufgeteilt: die Erste KGB-Hauptverwaltung (PGU), zuständig für die Auslandsaufklärung, wurde in SWR (Dienst für Auslandsaufklärung der Russischen Föderation) umbenannt. Die ehemalige Zweite KGB-Hauptverwaltung, zuständig für Spionageabwehr, hieß nach einigen Namensänderungen FSK (Föderaler Spionageabwehrdienst), dann FSB (Föderaler Sicherheitsdienst) und war zusätzlich zur Spionageabwehr auch zuständig für die Bekämpfung des Terrorismus und des organisierten Verbrechens sowie für den Schutz der Staatsordnung. Die ehemalige Achte und Sechzehnte KGB-Hauptverwaltung bildeten eine eigenständige Agentur, den FAPSI (Föderale Agentur für regierungsinterne Telekommunikation und Information beim Präsidenten der Russischen Föderation), zuständig für radioelektronische Spionageabwehr und Aufklärung (*Signal Intelligence, Electronic Intelligence*). Die früher eigenständige Hauptverwaltung für Personen- und Objektschutz GUO ist seit 2002 in den FSB integriert. Und schließlich wurde die Neunte Hauptverwaltung, die früher für den Schutz hochrangiger Persönlichkeiten des Regimes bestimmt war, in SBP (Dienst für Sicherheit des Präsidenten der Russischen

Föderation) umbenannt und ist seit 1996 dem FSO, dem Föderalen Dienst für Personen- und Objektschutz der Russischen Föderation, untergeordnet.

95 In Rußland gab es über tausend private Sicherheitsdienste, aber 90 Prozent davon waren Schutz- oder Werttransportgesellschaften, und nur etwa hundert Gesellschaften befaßten sich wirklich mit Wirtschaftsspionage.

96 Später Außenminister (1995–1998), dann Ministerpräsident (1998–1999).

97 Die westliche Technologie blieb eines der Hauptziele des Geheimdienstes. Unter Berücksichtigung des realen Stands der russischen Forschung und Industrie versuchte Moskau insbesondere, sich die vertraulichen Berichte großer Experten zu beschaffen in der Hoffnung, Sparten zu entdecken, die für die westlichen Geheimdienste relevant seien. Obwohl er seine gute Verbindung zum Irak nicht abreißen ließ, verbesserte Primakow die Beziehungen zum Iran, indem er den Waffenhandel und den Ankauf von Öl förderte.

98 In nicht einmal drei Wochen, vom 31. August bis zum 17. September 1999, verwüsteten Sprengsätze ein Handelszentrum in der Nähe des Kreml, eine kleine Kreisstadt der Dagestanischen Republik (Bujnaksk), zwei dicht besiedelte Moskauer Wohnblöcke und ein Wohnhaus in der südrussischen Provinzstadt Wolgodonsk.

99 Igor Klimow war der amtierende Generaldirektor des Rüstungskonzerns Almas-Antei und Sergej Schtschitko der Finanzdirektor des Elektronikunternehmens RATEP. In der russischen Rüstungsindustrie war ein blutiger Machtkampf ausgebrochen. Aus strategischen sowie aus finanziellen Gründen wurde der Handel der Rüstungsindustrie in Devisen über geheime Kanäle abgewickelt.

100 Heute befindet sich auf dem Nikitski Bulwar 7 ein Gogol-Museum und ein in den fünfziger Jahren aufgestelltes Denkmal für den Schriftsteller.

101 Zugang über die Uliza Bolschaja Nikitskaja.

102 Moskwa bedeutet auf slawisch »feucht«.

103 Kalita bedeutet »Geldsack«.

104 Vater von Basilius III., 1462–1505.

105 Gemahlin Alexanders I.

106 Die älteste bekannte Ikone Rußlands.

107 Erhöhung vor der Ikonostase.

Bibliographie

Adjoubeï, Alexeï: *A l'ombre de Khrouchtchev*, Paris: La Table ronde 1989

Alexandrov, Viktor: *Les Mystères du Kremlin*, Paris: Fayard 1960

Albats, Evguenia, *La Bombe à retardement. Enquête sur la survie du KGB*, Paris: Plon 1995

Amalrik, Andreï: *L'Union soviétique survivra-t-elle en 1984?* Paris: Fayard 1990

Andrew, Christopher/Mitrochin Wassili: *Das Schwarzbuch des KGB: Moskaus Kampf gegen den Westen.* Deutsch von Klaus-Dieter Schmidt und Kurt Baudisch, München: Ullstein 2001

Barron, John: *KGB: Arbeit und Organisation des sowjetischen Geheimdienstes in Ost und West.* Deutsch von Wulf Bergner, Bern/München: Scherz 1974

Beria, Sergo: *Beria, mon père*, Paris: Plon 1999

Besançon, Alain: *L'Anatomie d'un spectre*, Paris: Calmann-Lévy 1981

Blanc, Hélene/Lesnik, Renata: *Die neue Mafia: Gefahr aus dem Osten.* Deutsch von Marianne Schönbach, München: Langen Müller 1997

– *Le mal russe du chaos à l'espoir*, Paris: L'Archipel 2000

Bukowski, Wladimir: *Abrechnung mit Moskau: Das sowjetische Unrechtsregime und die Schuld des Westens.* Deutsch von Klaus Hähnel und Vera Ammer. Bergisch Gladbach: Lübbe 1996

Carrère d'Encausse, Hélène: *Risse im roten Imperium.* Deutsch von Karin Linhuber und Johannes Eidlitz. Wien/München/Zürich: Molden 1979

– *Le Pouvoir confisqué; gouvernants et gouvernés en URSS*, Paris: Flammarion 1980

Churchill, Winston: *The Aftermath*, London: Macmillan & Co 1941

Coulloudon, Virginie: *La Mafia en Union soviétique*, Paris: Lattès 1990

Daix, Pierre: *L'Avènement de la nomenklatura*, Paris: Éditions Complexe 1982

Djilas, Milovan: *Die neue Klasse: Eine Analyse des kommunistischen Systems*. Deutsch von Reinhard Federmann, München: Kindler 1958

Gates, Robert: *From the Shadows*, New York: Simon & Schuster 1996

Gorbatschow, Michail: Erinnerungen. Deutsch von Igor Petrowitsch Gorodetzki, Berlin: Siedler 1995

– *Perestroika – Die zweite russische Revolution. Eine neue Politik für Europa und die Welt*. Deutsch von Gabriele Burkhardt, Reiner Pfleiderer und Wolfram Ströhle, München: Droemer 1988

Gratchev, Andreï: *Staline est-il mort?* Monaco: Le Rocher 1998

Gromyko, Andrej: *Erinnerungen*. Deutsch von Hermann Kusterer, Düsseldorf: Econ 1989

Guetta, Bernard: *L'Éloge de la tortue*, Paris: Hachette 1991

Heller, Michel: *La Machine et les Rouages: la formation de l'homme soviétique*, Paris: Calmann-Lévy 1985

Jakowlew, Alexander: *Die Abgründe meines Jahrhunderts: Eine Autobiographie*. Deutsch von Friedrich Hitzer, Leipzig: Faber & Faber 2003

Jelzin, Boris: *Aufzeichnungen eines Unbequemen*. Deutsch von Annelore Nitschke, München: Droemer 1990

– *Auf des Messers Schneide: Tagebuch*. Deutsch von Helmut Ettinger, Berlin: Siedler 1994

– *Mitternachtstagebuch – meine Jahre im Kreml*. Deutsch von Alfred Frank, München: Ullstein 2001

Kennan, George: *Im Schatten der Atombombe. Eine Analyse der amerikanisch-sowjetischen Beziehungen von 1947 bis heute*. Deutsch von Hainer Kober, Köln: Kiepenheuer & Witsch 1982

Kerwokow, Wiatscheslaw: *Tajnyj kanal*, Moskau: Gueja 1997

Klebnikov, Paul: *Der Pate des Kreml: Boris Beresowski und die Macht der Oligarchen*. Deutsch von Norbert Juraschitz und Andrea Kann, München: Econ 2001

Korjakow, Alexander: *Boris Eltsine: ot passveta do zakata*, Moskau: Interbook 1988

Kostin, Sergej: *Bonjour farewell. La vérité sur la taupe française du KGB*, Paris: Laffont 1997

Kriutschkow, Wladimir: *Litsknoje delo*, Moskau 1997

Laporte, Pierre: *Histoire de l'Okhrana*, Paris: Payot 1936

Laurent, Éric: *L'effondrement*, Paris: Olivier Orban 1992

276

Lecomte, Bernard: *Le Bunker, vingt ans de relations franco-soviét-iques*, Paris: Lattès 1994

Lorrain, Pierre: *La mystérieuse ascension de Vladimir Poutine*, Monaco: Le Rocher 2000

Loupan, Victor: *Le défi russe*, Paris: Les Syrtes 2000

Medwedew, Roy.: *Die Wahrheit ist unsere Stärke; Geschichte und Folgen des Stalinismus*. Deutsch von Günther Danehl, Frankfurt a. M.: S. Fischer 1973

– *Das Urteil der Geschichte: Stalin und der Stalinismus*. Deutsch von Helmut Ettinger, Berlin: Dietz 1992

Modin, Juri: *Mes camarades de Cambridge*, Paris: Robert Laffont 1994

Palajtchenko, Pavel: *My years with Gorbatchev and Shevernadze: The Memoir of a Soviet Interpreter*, Pennsylvania State University Press 1997

Popov, Gavriil: *Que faire? Mon projet pour la Russie*, Paris: Belfond 1992

Putin, Wladimir (mit N. Geworkjan, N. Timakowa und A. Kolesnikow): *Aus erster Hand. Gespräche mit Wladimir Putin*, München: Heyne 2000

Roche, François: *Le hold-up du siècle*, Paris: Le Seuil 2000

Scherbarschin, Leonid: *Ruska Moskwy*, Moskau: Tsentr-100 1992

Sentalinskij, Vitalij: *Das auferstandene Wort: Verfolgte russische Schriftsteller in ihren letzten Briefen, Gedichten und Aufzeichnungen aus den Archiven sowjetischer Geheimdienste*. Aus dem Russischen von Bernd Rullkötter, Bergisch Gladbach: Lübbe 1996

Sinowjew, Alexander: *Les confessions d'un homme en trop*, Paris: Orban 1990

Solschenizyn, Alexander: *Die Eiche und das Kalb: Skizzen aus dem literarischen Leben*. Deutsch von Swetlana Geier, Darmstadt/ Neuwied: Luchterhand 1975

Sokolov, Georges: *Puissance pauvre*, Paris: Fayard 1996

Sudoplatov, Pavel: *Der Handlanger der Macht: Enthüllungen eines KGB-Generals*. Deutsch von Sonja Schuhmacher, Düsseldorf: Econ 1994

Thom, Françoise: *Le moment Gorbatchev*, Paris: Hachette 1989

Tichonow, Nikolai; *Die sowjetische Wirtschaft. Errungenschaften, Probleme, Perspektiven*, Frankfurt a. M.: Verlag Marxistische Blätter 1985

Troyat, Henri: *Rasputin*. Deutsch von Yla Margrit von Dach, Düsseldorf: Artemis & Winkler 1998

Tschernajew, Anatoli: *Die letzten Jahre einer Weltmacht: Der Kreml von innen.* Deutsch von Friederike Börner, Stuttgart: Deutsche Verlagsanstalt 1993

Vadreau, Pierre-Marie: *Où va la Russie?* Paris: First 1996

Dokumentationen

Naumow, W. P./Sigatschow, Ju. B.: *Lawrentij Berija. 1953. Stenogramm des Juni-Plenums des ZK der KPdSU und andere Materialien*, Reihe »Rußland im XX. Jahrhundert – Dokumente«, Moskau: Internationale Stiftung Demokratie 1999

Hearing on the Threat of Russian Organized Crime, »House Committee on International Relations« des US-Repräsentantenhauses, Washington, D.C., 30. April 1996

Hearing on Russian Corruption, »Committee on Bank Activities« des US-Repräsentantenhauses, Washington, D.C., 22. September 1999

Bildnachweis

AKG, Berlin: Tafel 2, 3 oben, 6, 7 · AKG, Paris: Tafel 1, 4, 5, 11 oben · Corbis/Bettmann: Tafel 13 · Corbis/R. Bossu: Tafel 15 unten · Fraudeau: Tafel 10 · Gamma/S. Gouneev: Tafel 15 oben · Hoa-Qui/Valentine: Tafel 11 unten · Hoa-Qui/Explorer/Raga: Tafel 8 und 9 · Keystone: Tafel 14 · SIPA: Tafel 16 · SV-Bilderdienst: Tafel 3 unten, 12 unten · Ullstein-Bild: Tafel 12 oben

PIPER

Wladimir Fedorowski

Die Zarinnen

Rußlands mächtige Frauen. Aus dem Französischen von
Enrico Heinemann und Cäcilie Plieninger. 288 Seiten mit
12 Abbildungen. Serie Piper

Seit dem Ende des 15. Jahrhunderts prägen gekrönte und un-
gekrönte Kaiserinnen das Geschick des Landes. In seinem
spannend erzählten Band versammelt Fedorowski die Geschichten über Rußlands einflußreiche Frauen: von der
deutschen Fürstentochter, die als Katharina die Große eine der
mächtigsten Herrscherinnen wurde, und der schweren
Aufgabe, die Tochter Peters des Großen zu sein, bis hin zum
Wirken von Raissa Gorbatschowas und Tatjana Jelzinas.

»Ein romanesker Streifzug durch die russische Geschichte.«
Stuttgarter Zeitung

01/1435/01/R

PIPER

Erika Bestenreiner
Franz Ferdinand und Sophie von Hohenberg

Verbotene Liebe am Kaiserhof. 320 Seiten mit 16 Seiten
Bildteil. Gebunden

Ihre Liebe triumphierte über alle Konventionen des Standes –
ihre Ermordung in Sarajewo 1914 wurde zum zündenden
Funken, der schließlich ganz Europa in Brand setzte: Erzher-
zog Franz Ferdinand und Sophie von Hohenberg. Die
skandalöse Verbindung des österreichischen Thronfolgers mit
der mittellosen Hofdame von niederem Adel löste am Wie-
ner Hof 1900 heftige Wogen der Empörung aus. Kaiser Franz
Joseph wie auch der gesamte Hofadel versuchten erbittert,
eine nicht standesgemäße Ehe des Thronerben zu verhindern.
Doch keiner noch so raffiniert eingefädelten Intrige sollte
es gelingen, die Liebenden zum Verzicht zu bewegen ...

Die mitreißend erzählte Geschichte einer großen Leidenschaft
am Vorabend des Ersten Weltkriegs, eingewoben in das
Spannungsfeld europäischer Mächtepolitik.

01/1432/01/R

PIPER

Hélène Carrère d'Encausse
Lenin

Aus dem Französischen von Enrico Heinemann. 539 Seiten
mit 23 Abbildungen. Serie Piper

Ohne ihn wäre »Kommunismus« eine politische Philosophie
geblieben, hätte es keine Sowjetunion gegeben und keine
Zweiteilung der Welt im 20. Jahrhundert. Kurz: Ohne Lenin
wäre die Geschichte anders verlaufen. Doch wer war dieser
Mann? Die berühmte Rußlandkennerin Hélène Carrère d'Encausse durchleuchtet in ihrer hervorragend recherchierten
Biographie das Phänomen Lenin und entmystifiziert dabei
weitverbreitete Legenden.

»Im richtig berechneten Abstand zwischen Expertentum
und Allgemeinverständlichkeit gelingt es der Autorin, ihr Spe-
zialgebiet auf die Bestsellerlisten zu bringen.«
Frankfurter Allgemeine Zeitung

01/1436/01/R

PIPER

Heinz Ohff
Preußens Könige

Mit 39 Schwarzweißabbildungen. 400 Seiten. Serie Piper

Um kaum eine Dynastie ranken sich so viele Geschichten wie um die Hohenzollern, die über 200 Jahre lang die Krone Preußens trugen. Anschaulich, kenntnisreich und unterhaltsam porträtiert Heinz Ohff alle preußischen Könige von 1701 bis 1918. Er schildert nicht nur das Leben der Herrscher von Friedrich I. bis Wilhelm II. an ihren Königshöfen, sondern auch ihr privates Umfeld. Damit macht er einen wesentlichen Teil der deutschen Geschichte lebendig und verständlich.

»Ohff beschreibt mit der flotten Feder des gelernten Journalisten nicht nur die staatsmännischen Leistungen und Schwächen der Friedrichs, Wilhelms und Friedrich Wilhelms, er stellt auch die Ehefrauen und Hofkreise vor, erzählt Anekdoten, gibt Bonmots wieder und erwähnt skurrile Begebenheiten.«
Berliner Morgenpost

01/1431/01/R